elefante

conselho editorial
Bianca Oliveira
João Peres
Tadeu Breda

edição
Tadeu Breda

preparação
Barbara Zocal da Silva

revisão técnica
Mariléa de Almeida

revisão
Daniela Uemura
Natalia Engler
Laura Massunari

capa & projeto gráfico
Leticia Quintilhano

diagramação
Denise Matsumoto

direção de arte
Bianca Oliveira

bell hooks

tradução
Cátia Bocaiuva Maringolo

erguer a voz

pensar como feminista, pensar como negra

prefácio à edição brasileira

a voz, a coragem e a ética feminista

Mariléa de Almeida

Meu primeiro encontro com *Erguer a voz: pensar como feminista, pensar como negra* aconteceu em 2015, durante o doutorado-sanduíche que realizei na Universidade de Colúmbia, em Nova York. Planejei ler o livro na biblioteca do campus, mas, logo nas primeiras páginas, fui me dando conta de que a narrativa me interpelava de tal maneira que era preciso estar em espaço privado. Fui pra casa. No meu quarto, pude chorar, respirar, voltar a ler, chorar de novo. As experiências narradas por bell hooks mesclavam-se às minhas: a dor pelo recente término de um longo casamento, a vergonha de revisitar memórias da infância, a angústia com a escrita. Seu texto me tocou como uma espécie de convocatória: aprenda a usar sua voz por meio de um dizer comprometido com a liberdade humana.

Hoje percebo que *Erguer a voz* articula simultaneamente corpo (a voz), prática (a coragem) e ética (compromisso com a dignidade humana). Três dimensões fundantes nos projetos políticos feministas. Seguimos por essas trilhas.

Publicado pela primeira vez em 1989 nos Estados Unidos

com o título *Talking Back: Thinking Feminist, Thinking Black*, este é o primeiro livro de bell hooks em que, no âmbito acadêmico, ela radicaliza a máxima feminista de que o pessoal é político. Escrever sobre aspectos íntimos já era uma prática que bell hooks realizava em seus poemas, mas articular dimensões privadas às teorizações feministas foi, naquele momento, algo inédito em seu fazer como pensadora crítica.

Apesar da inegável singularidade da autora, o projeto político que atravessa sua narrativa informa sobre condições históricas das décadas de 1970 e 1980. Naquele contexto, nos Estados Unidos, intelectuais negras se empenhavam em produzir e publicar textos cujas abordagens tornavam visíveis as múltiplas experiências das mulheres negras, denunciando silenciamentos e ocultamentos. Revelando a atmosfera do período, bell hooks afirma: "recentemente, os esforços de mulheres negras escritoras para chamar a atenção para o nosso trabalho servem para sublinhar tanto nossa presença quanto nossa ausência".

Diante dos medos e angústias de um texto que "politiza o eu" e que se fez rente ao corpo, bell hooks foi trazendo devagar o livro ao mundo: "alguma coisa sempre aparecia no meio do caminho — fins de relacionamentos, exílio, solidão, alguma dor recém-descoberta". No seu dizer, era um "esforço em ser genuína", mas também em ficar atenta a "não me tornar um entretenimento barato".

Escrever, nesse sentido, integra um processo de *autorrecuperação* que, no entender da autora, diz respeito a "quando trabalhamos para reunir os fragmentos do ser, para recuperar nossa história". Seja no espaço público, dominado pela violência da segregação racial, seja no âmbito privado, atravessado pela "violência patriarcal", nascer mulher e negra em 1952, no sul dos Estados Unidos, significava vir ao mundo em um tempo e espaço em que dizer o que se pensa era considerado inadequado. Por isso, como práticas de sobrevivência, conforme aponta bell hooks, "muitos indivíduos de grupos oprimidos aprendem a reprimir ideias, especialmente aquelas consideradas opositoras".

No que tange ao ambiente familiar, bell hooks sublinha que não se tratava apenas de ficar em silêncio, ser discreta. Ao contrário, ela descreve que foi criada em um "mundo de falas de mulher, conversas barulhentas, palavras irritadas, mulheres com línguas rápidas e afiadas, línguas doces e macias, tocando nosso mundo com suas palavras". Apesar de ser fascinante crescer cercada por mulheres negras que tinham prazer de conversar umas com as outras, hooks foi percebendo que aquelas que usavam suas vozes para denunciar opressões corriam o risco de ser punidas. As hierarquias construídas sob as diferenças de raça, classe e gênero, ou seja, os "sistemas interligados de dominação", definiam não apenas quem podia falar e onde falar, mas sobretudo o conteúdo desse dizer.

A escolha da expressão *Talking Back* como título do livro sugere uma intenção da autora que percorre toda a obra, que é a de desnaturalizar regimes de verdade e posições de poder. O termo, formado por um *phrasal verb*,[1] fala do ato de responder a uma figura de autoridade, quebrando hierarquias, atrevendo-se a discordar e, às vezes, a simplesmente ter uma opinião. Conforme comentou a filósofa estadunidense

1. Os *phrasal verbs*, muito usados na língua inglesa, não podem ser traduzidos literalmente. Em geral, são formados por um verbo acrescido de preposição, advérbio ou palavras de uma outra classe gramatical.

Donna-Dale Marcano, a expressão implica uma relação entre aqueles que são autorizados e aqueles que não são autorizados a falar — ou seja, aqueles que *sabem* que não podem erguer a voz para um parente, para a polícia, para um professor.[2] Durante o processo de tradução e revisão da edição brasileira de *Talking Back*, a dificuldade de encontrar um termo que se aproximasse dos sentidos da quebra de hierarquia explicita um dos sintomas de uma sociedade colonizada: o apreço às distinções. Os limites do dizer exprimem a conexão intrínseca entre as palavras e as coisas. Aqui, ensina-se a *passar pano*. Não por acaso, em solo brasileiro brotou, floresceu e espalhou-se feito erva daninha o mito da "democracia racial", cuja narrativa pressupõe a inexistência de conflitos raciais.

Ao contrário disso, valendo-se de uma tessitura narrativa que parece uma conversa, bell hooks, em *Erguer a voz*, chama para um *papo reto*. Sem cair nos lugares-comuns e nos chavões fáceis, ela aborda temas espinhosos. Dentre eles, destacam-se as problematizações em torno de identidade e representação, as possibilidades e os limites de uma política de alianças com pessoas brancas e homens, o uso da supremacia branca para expressar as hierarquias raciais, a homofobia nas comunidades negras, a violência no espaço íntimo, o culto narcisista à personalidade como epifenômeno das relações capitalistas e os perigos do confinamento das discussões feministas estritamente no âmbito acadêmico. A introdução, os 23 ensaios e a entrevista que compõem o livro problematizam, em certa medida, a ênfase

2. MARCANO, Donna-Dale. "Talking Back: bell hooks feminism, and Philosophy", em DAVIDSON, Maria del Guadalupe & YANCY, George (org.). *Critical Perspectives on bell hooks.* Nova York: Routledge, 2016, p. 113.

em uma prática feminista cujo foco reforça apenas o estilo de vida pessoal, destacando a necessidade de criação de paradigmas políticos e modelos radicais de mudança social que enfatizem tanto a mudança coletiva quanto a individual.

É uma escrita que evoca uma atitude *parresiástica* que, em linhas gerais, diz do falar francamente e do risco desse dizer, exprimindo uma coragem da verdade. Apesar das dessemelhanças entre a abordagem de hooks e os estudos sobre *parrhesia* de Michel Foucault, vale sublinhar algumas convergências. O autor francês, estudando os usos da prática na Antiguidade Clássica, destacou três momentos principais: a oposição diante da retórica; a relação com a política e sua associação com a filosofia; e o *cuidado de si*.[3] Considero que esses eixos atravessam o falar verdadeiro em bell hooks.

A retórica, conhecida como a arte de bem argumentar, enfatiza os recursos de persuasão em detrimento do conteúdo ético desse dizer. bell hooks, ao contrário, sublinha a importância do que se diz, pois é por meio do conteúdo que se denunciam as opressões. Ademais, tomando a política como campo de ação, toda escrita da autora sugere que a coragem não está apenas em denunciar o outro, mas igualmente na capacidade de realizarmos uma dobra sobre nós mesmas, a fim de avaliarmos de que forma reproduzimos aquilo que estamos denunciando. Nessa perspectiva, o falar de si em bell hooks não pode ser compreendido como um ato narcísico de autopromoção, mas como um exercício de *autorrecuperação*, prática que exprime uma ética

3. Sobre o estudo da *parrhesia* em Michel Foucault, ver VIEIRA, Priscila Piazentini. *A coragem da verdade e a ética do intelectual em Michel Foucault*. São Paulo: Intermeios & Fapesp, 2015.

do *cuidado de si* que, conforme enfatizou Foucault, nunca está apartado do cuidado com os outros.[4]

Em tempos sombrios, quando dizer a verdade tornou-se sinônimo do *ganhar no grito*, a publicação de *Erguer a voz* funciona como caixa de ferramentas que nos ajuda no aprendizado da *coragem da verdade*. É preciso que muitas vozes se ergam contra o genocídio da população negra, o aumento crescente da população de rua, o avanço criminoso do agronegócio sobre os territórios indígenas e quilombolas, o assassinato das mulheres cis e trans, as práticas de ódio contra a população LGBT, a criminalização dos movimentos sociais e a repressão ao conhecimento por meio do ataque às escolas e às universidades.

Para além de tomarmos este livro como objeto de consumo e deleite individual, que possamos usá-lo como uma possibilidade de encontros. Oxalá cada leitora e cada leitor faça as ideias de bell hooks circularem por meio de leituras silenciosas, em voz alta, em língua de sinais, em praças, ruas, favelas, associações de moradores, sindicatos, presídios, escolas, saraus, terreiros, templos religiosos, botecos, universidades. Afinal, o sentido político profundo da prática feminista sugere que a transformação individual colabore com as mudanças no mundo.

Pronto, falei.

4. FOUCAULT, Michel. "A Ética do cuidado do si como prática da liberdade", em *Ditos e escritos V: ética, sexualidade e política*. Rio de Janeiro: Forense Universitária, 2010, pp. 264-300.

Mariléa de Almeida doutorou-se em história cultural pela Universidade Estadual de Campinas (Unicamp) com a tese *Territórios de afetos: práticas femininas antirracistas nos quilombos contemporâneos do Rio de Janeiro*. Em 2015, realizou pesquisas na Universidade de Colúmbia, em Nova York, enfocando as experiências teóricas interseccionais dos feminismos negros estadunidenses entre as décadas de 1980 e 1990. É integrante do grupo de pesquisa Gênero, experiência e subjetividade, da Unicamp, e do Laboratório de estudos das relações de gênero, masculinidade e transgêneros (LabQueer), da Universidade Federal Rural do Rio de Janeiro (UFRRJ). Tem experiência na área de ensino e pesquisa com ênfase em história do Brasil República, teoria da história, educação e cultura.

prefácio à nova edição

Frequentemente, estereótipos racistas e sexistas caracterizam mulheres negras como barulhentas, mal-educadas, autoritárias e, em relação aos homens negros, dominadoras e castradoras. Estudos otimistas sobre os padrões de condutas das garotas na adolescência têm conectado ser expansiva com ter a autoestima saudável. Infelizmente, porque muitas garotas negras costumam se manifestar com franqueza, pensadoras feministas mal-informadas têm visto tais atos de fala como performances de poder, quando poderiam mais adequada e simplesmente ser um reflexo de valores culturais diferentes. Mesmo quando pensadoras críticas, como eu mesma, chamam a atenção para a realidade de que, em comunidades negras de diversas classes, garotas falantes não podem ser interpretadas como indicativo adequado de forte autoestima, garotas negras continuam a ser julgadas por normas sociológicas e políticas que são, primeiro e acima de tudo, justificadas por percepções de garotas brancas (por exemplo, se o silêncio entre garotas brancas indica obediência e autoanulação, por consequência o ato de falar entre garotas não brancas, especialmente entre garotas negras, pode ser lido como um sinal de poder).

Em contraste com as garotas brancas privilegiadas, socializadas no silêncio e, portanto, ensinadas a ser subordinadas, garotas negras de classe baixa que se posicionam são codificadas como atrevidas. Se um grupo é visto como quieto e discreto, por consequência garotas barulhentas e agressivas são vistas como mais poderosas. Porém, em muitos grupos étnicos não brancos, o ato de uma mulher se manifestar não é visto como um gesto de poder. Nessas culturas, manifestar-se é considerado a realização de um papel feminino machista, como o silêncio em outras culturas. Não é de se surpreender que garotas barulhentas e expansivas se vejam como fortes e/ou poderosas. Entretanto, isso raramente corresponde à verdadeira realidade de suas vidas. Quando o assunto é se posicionar, o conteúdo do que é dito é mais importante do que os atos discursivos.

Em vez de fazer do ato da fala um sinal de poder assertivo para as garotas, o foco no conteúdo fornece meios mais precisos de estabelecer a conexão entre falar e ter uma autoestima saudável. Quem está falando não é nunca tão importante quanto o que está sendo dito, mesmo que quem fale seja crucial para nossa compreensão de qualquer política de gênero.

Quando comecei a escrever meu primeiro livro, achei que era necessário seguir à risca o treinamento acadêmico que me ensinou a não focar no pessoal, a manter um tom erudito. Entretanto, conforme meu engajamento com o pensamento e a prática feminista progredia, eu começava a questionar a noção dessa voz acadêmica que soa mais neutra. Com o desejo de escrever uma teoria feminista que pudesse reforçar a inter-relação entre raça, gênero e classe, que atraísse um público amplo e diverso, percebi a importância de manter uma voz na escrita que me fortalecesse para falar sobre questões de uma maneira mais ampla, quase conversacional. Essencialmente, isso também significava me arriscar a falar a respeito de assuntos sobre os quais nós, como defensoras do feminismo, tínhamos mantido silêncio.

O comprometimento feminista de romper os silêncios inspirou as próprias mulheres negras a escrever teoria para criar trabalhos que nos conectassem às mulheres negras que não sabiam sobre o feminismo ou eram hostis ao movimento, vendo-o somente como para garotas brancas. Quando a poeta negra e ativista lésbica Audre Lorde compartilhou com o mundo o poema "A Litany for Survival" [Uma litania por sobrevivência] (que se tornaria seu poema mais lido mundo afora), ela fazia referência à questão do silêncio, incitando todas as mulheres, especialmente as mulheres negras, a romper os silêncios se manifestando, contando nossas histórias. No poema, Lorde dizia às exploradas e oprimidas que o silêncio não irá nos salvar, e que superar o medo de falar é um gesto necessário de resistência. Lorde declara: "e quando falamos temos medo / de nossas palavras não serem ouvidas / nem bem-vindas / mas quando estamos em silêncio / ainda assim temos medo / É melhor falar então". Desafiar mulheres a se manifestar, a contarmos nossas histórias, tem sido um dos aspectos transformativos centrais do movimento feminista.

Enfrentar o medo de se manifestar e, com coragem, confrontar o poder continua a ser uma agenda vital para todas as mulheres. Minhas ancestrais mais velhas me deram o importante presente da fala contundente. Elas foram mulheres corajosas, de visão e propósito. Desejando se encaixar nas noções machistas mais convencionais sobre o papel adequado da mulher na vida, Rosa Bell, minha mãe, não foi uma mulher de fala corajosa. Ela se esforçava em ser vista, não ouvida, e quando falava era para dizer as palavras certas. Quando ficou nítido que eu, sua terceira filha, queria me tornar uma mulher de fala corajosa, mamãe fez tudo que pôde para me silenciar. Quando eu erguia a voz, era punida.

Como as mulheres do sul dos Estados Unidos naquele tempo, mamãe acreditava no culto à privacidade, especialmente em relação à família e à vida doméstica. O que estava acontecendo nas famílias não importava, sempre nos diziam que quebrar o código do silêncio e falar aberta e honestamente era o equivalente à traição. Falar corajosamente sobre a vida de alguém e ousar fazer daquela fala uma crítica era, aos olhos de mamãe e aos olhos da cultura da verdadeira feminilidade de classe média, uma traição. Obviamente, essa era uma das primeiras formas de jovens mulheres, como eu, desafiarem o pensamento patriarcal.

Seja escrevendo em diários (minha irmã mais velha sempre lia meus pensamentos e reportava meus segredos para nossa mãe) ou me manifestando, logo compreendi claramente que "erguer a voz" era uma forma de rebelião consciente contra a autoridade dominante. Desde o começo, meu engajamento no movimento feminista contemporâneo demandou de mim ter a coragem de "erguer a voz" caso eu quisesse compartilhar minha perspectiva sobre ser negra e feminista. Parecia adequado, então, que eu chamasse este livro de *Erguer a voz*, pois seria a primeira publicação em que eu vincularia a narração da minha história com a escrita teórica.

Erguer a voz tem sido e continua a ser um trabalho que encoraja leitoras e leitores, especialmente as pessoas de grupos oprimidos e explorados que lutam para romper silêncios, a encontrar e/ou celebrar o alcance da voz. Encontrar nossa voz e usá-la, especialmente em atos de rebelião crítica e de resistência, afastando o medo, continua a ser uma das formas mais poderosas de mudar vidas por meio do pensamento e da prática feministas. Quando leitoras e leitores aplicam a teoria de encontrar uma voz em suas vidas, especialmente em relação a compreender a dominação e criar uma consciência crítica atenta, acontece uma transformação significativa para o eu e a sociedade. Quando a discussão sobre encontrar a voz teve início em círculos feministas, todo mundo pensou que ela logo seria comumente compreendida como um aspecto necessário da autorrealização feminista, a ponto de se tornar um processo automático. Isso não aconteceu. Muitas leitoras e leitores ainda precisam que aqueles de nós, que há décadas têm trabalhado por transformações feministas, assentem os alicerces. Nós sempre precisaremos promover e encorajar o ato de "erguer a voz".

introdução: algumas notas de abertura

Este trabalho se estruturou bem devagar em mim. Alguma coisa sempre aparecia no meio do caminho — fins de relacionamento, exílio, solidão, alguma dor recém-descoberta — e eu tinha que me machucar de novo, me machucar por todo o caminho da escrita e da reescrita, juntando o livro. Por fim, tive que parar e dar uma olhada, tipo: "o que está acontecendo aqui?". E lá, bem na minha frente, olhando pra mim, estava o motivo de eu ter tanta dificuldade para terminar este trabalho. Nos outros dois livros,[5] eu não tinha falado muito sobre mim mesma — sobre Gloria Jean. Havia uma razão para isso, uma estratégia, algum pensamento por trás do uso do pseudônimo bell hooks, e tudo estava ligado a sentimentos sobre representações do eu, sobre identidade. E mesmo quando as pessoas escreviam coisas sobre mim que não tinham nenhuma relação comigo, coisas que às

5. Lançado originalmente em 1989, *Erguer a voz: pensar como feminista, pensar como negra* foi o quarto livro publicado por bell hooks. Antes dele, a autora já havia lançado *And There We Wept: poems* [E lá nós choramos: poemas], em 1978; *Ain't I a Woman: Black Women and Feminism* [Eu não sou uma mulher: mulheres negras e feminismo], em 1981; e *Feminist Theory: From Margin to Center* [Teoria feminista: da margem ao centro], em 1984. Nesta passagem, a autora se refere aos dois últimos. [N.E.]

vezes não eram verdadeiras, eu não sentia vontade de rebater. Mas neste livro eu estava fazendo as coisas de outra maneira, e o que me atrasava tinha a ver com a revelação, com o que significava revelar coisas pessoais. Na própria construção deste livro, *erguer a voz*, como apresentado no primeiro ensaio, é a explicação para o meu incômodo, minha relutância. Tem a ver com revelar o pessoal. Tem a ver com escrita — com o que significa dizer as coisas no papel. Tem a ver com punição — com todos aqueles anos da infância em diante, quando me machucaram por eu dizer verdades, por falar do ultrajante, falar do meu jeito chocante, indomável e sagaz, ou com "temos que ir tão fundo assim?", como às vezes questionam os amigos.

Pessoas que me conhecem na vida real e na vida irreal dos livros podem ser testemunhas de uma corajosa abertura na fala que geralmente me distingue, torna-se o modo pelo qual sou conhecida. Sou franca, direta, sincera, não só falando sobre ideias, mas sobre o eu — aquele eu — que nos dizem ser privado, não público. Desde que *Feminist Theory: From Margin to Center* [Teoria feminista: da margem ao centro] foi publicado, tenho tido tempo para pensar ainda mais criticamente sobre a divisão entre público e privado, tempo para experimentar e tempo para analisar o que eu tenho experimentado. Refletindo, vi o quanto essa divisão está profundamente conectada a práticas de dominação correntes (especialmente pensando sobre relacionamentos íntimos, formas de racismo, machismo e exploração da classe trabalhadora em nossas vidas diárias, naqueles espaços privados — lá onde geralmente estamos mais feridos, machucados, desumanizados, lá onde nós mesmos somos mais repelidos, aterrorizados e partidos). A realidade pública e as estruturas institucionais de dominação tornam concreto — real — a opressão e a exploração no espaço privado. É por isso que eu acredito ser crucial falar sobre os pontos nos quais convergem o público e o privado, conectar os dois. E mesmo as pessoas que falam sobre o fim da opressão parecem ter medo de derrubar o espaço que separa ambos.

Num espaço privado com alguém que eu amo, conversávamos sobre honestidade e sinceridade. Eu falava de experiências difíceis da infância sobre as quais não queremos conversar, e discutíamos sobre o que deveria ser ou não falado. Foi naquele momento que percebi que há algumas pessoas para as quais a sinceridade não é sobre "vou escolher compartilhar isso ou dizer aquilo", mas sim "vou sobreviver — vou chegar até o fim — vou ficar viva". E sinceridade é sobre como estar bem, e falar a verdade é sobre como pôr os cacos partidos do coração no lugar mais uma vez. É sobre ser completa — ser plena.

A disposição para me abrir sobre coisas pessoais, que sempre existiu na minha fala, só tem sido mais trabalhada na minha escrita recentemente. Levei mais tempo para publicizar questões privadas na escrita, pois o medo da punição estava à minha espreita — o medo de dizer algo sobre pessoas amadas que sentiriam que aquilo não deveria ser dito; o medo de que a punição se expresse pela perda, pelo rompimento de relações importantes. Isso é verdadeiramente, num nível profundo, um problema real de raça e classe, pois muitas pessoas negras são criadas para acreditar que há muitas coisas sobre as quais não se deve falar, nem no privado nem em público. Muitas pessoas pobres e da classe trabalhadora de todas as raças têm tido as mesmas coisas enfiadas goela abaixo. Uma das piadas que costumávamos contar sobre as pessoas brancas "que têm tudo" era sobre como revelam tudo de suas vidas, sobre como põem as coisas pra fora. Um ponto da negritude então surgiu: como manter as coisas para si, o quão privado você consegue ser com a vida? Neste ponto eu tenho sido machucada por familiares, por pessoas negras de fora da família, por amigos que dizem: "você nem devia estar falando sobre isso, garota!". E então pareceu que, ao longo de toda a pós-graduação, e quando meu primeiro livro foi publicado, pessoas brancas me perguntavam a mesma coisa: "e a gente por acaso quer ouvir o que você está dizendo?". É sério. Para mim tem sido um esforço político me agarrar à crença de que há muito sobre o que nós — pessoas negras — precisamos falar, muito que é privado e que deve ser compartilhado abertamente, se for para curarmos nossas feridas (dores causadas pela dominação e exploração e opressão), se for para nos recuperarmos e conscientizarmos.

Quando eu dava palestras, falava sobre minha vida muito mais do que na minha escrita. Geralmente, aquela reunião de ideia, teoria e experiências pessoais em comum era o momento em que o abstrato se tornava concreto, tangível, algo ao qual as pessoas poderiam se agarrar e que poderiam levar junto com elas. Aquilo era importante para mim. Aprendi com isso. E, em toda essa conversa, eu me preocupava em não me perder, não perder minha alma, em não me tornar um objeto, um espetáculo. Parte de ser verdadeira comigo mesma estava expressa no esforço em ser genuína (não me tornar um entretenimento barato), ser real (como o que as pessoas negras querem dizer quando falam "cair na real"). Um poema de indígenas nativos dos Estados Unidos tem estado em meu coração há algum tempo. É um poema que fala contra a traição, em palavras simples: "nós queremos o que é real. Nós queremos o que é real. Não nos engane". A história da colonização, do imperialismo, é um registro de traição, mentiras e enganações. A exigência do que é real é uma exigência por reparação, transformação. Na resistência, o explorado, o oprimido, trabalha para expor a falsa realidade — para reivindicar e recuperar a nós mesmos. Nós fazemos a história revolucionária, contando o passado como aprendemos no boca a boca, contando o presente como o vemos, sabemos e sentimos em nossos corações e com nossas palavras. Ao manter esse espírito, me aproximo desses ensaios, palestras e comentários enraizando-os numa reflexão pessoal, pensando como feminista e pensando como negra.

Conversando com estudantes, com pessoas que assistem às palestras, tenho sentido a dor da fragmentação profundamente impressa em minha consciência; o distanciamento sentido por muitas pessoas que estão preocupadas com a dominação — a forma como temos que lutar apenas para fazer de nossas palavras uma linguagem que possa ser compartilhada, compreendida. Há momentos nessa escrita em que parece que estou dizendo o que já se sabe, me repetindo, mostrando o respeito que sinto por Paulo Freire citando-o com muita frequência, pois ele me ensina por suas palavras, sua presença. Porém, tem sido uma experiência de humildade falar sobre esses sentimentos, sobre a escrita com outras pessoas, as quais me lembram de aceitar que pode haver muito que eu precise dizer pelo bem de outros e que talvez não me comova ou gratifique, ou não faça as pessoas me verem como "tão esperta assim". Ou que pode haver muito por dizer que eu preferiria manter em silêncio — em segredo. Muitas vezes evito ficar editando, trabalhando para construir "a pensadora feminista politicamente correta" com minhas palavras, para estar ali vulnerável, como às vezes me sinto.

Então, há momentos em que tanta conversa ou escrita, tantas ideias parecem ficar no caminho, bloqueando a compreensão de que, para o oprimido, o explorado, o dominado, a dominação não é somente um assunto para o discurso radical, para livros. É sobre dor — a dor da fome, a dor do excesso de trabalho, a dor da degradação e da desumanização, a dor da solidão, a dor da perda, a dor do isolamento, a dor do exílio — espiritual e física. Mesmo antes das palavras, nos lembramos da dor. Como companheiros de luta que escreveram sobre o esforço para acabar com a dominação racial na África do Sul expressaram na *Carta da Liberdade*: "nossa luta é também uma luta da memória contra o esquecimento".

01.
erguer a voz

No mundo da comunidade negra do sul dos Estados Unidos onde cresci, "erguer a voz", "responder", "retrucar" significava falar como uma igual a uma figura de autoridade. Significava atrever-se a discordar e, às vezes, significava simplesmente ter uma opinião. Na educação "à moda antiga", crianças deviam ser vistas, não ouvidas. Meus bisavôs, avôs e pais eram todos dessa escola. Se você fosse uma criança, fazer-se ouvir era um convite à punição, à palmatória, ao tapa na cara que te pegaria desavisado, ou à sensação de varetas queimando seus braços e pernas.

Naquela época, falar sem ser convidado era um ato de coragem — um ato de risco e ousadia. E ainda assim era difícil não falar em cômodos aconchegantes onde discussões acaloradas começavam com o raiar do dia, vozes de mulheres enchendo o ar, dando ordens, fazendo ameaças, cismando. Os homens negros podem ter adquirido excelência na arte da pregação poética na igreja dominada por homens, mas na igreja do lar, onde se estabeleciam as regras cotidianas de como viver e agir, eram as mulheres negras que pregavam. Ali, as mulheres negras falavam uma língua tão rica, tão poética, que eu me sentia desligada da vida, sufocada até a morte por não me deixarem participar.

Foi nesse mundo de conversas de mulher (os homens

estavam ora silenciosos, ora ausentes) que nasceu em mim um anseio de falar, de ter uma voz, e não qualquer voz, mas uma que pudesse ser identificada como pertencente a mim. Para construir a minha voz, eu tinha que falar, me ouvir falar — e falar foi o que fiz —, lançando-me pra dentro e pra fora de conversas e diálogos de gente grande, respondendo a perguntas que não eram dirigidas a mim, fazendo perguntas sem-fim, discursando. Nem preciso dizer que as punições para esses atos discursivos pareciam infinitas. Elas tinham o propósito de me silenciar — a criança, mais particularmente a criança menina. Se eu fosse um menino, eles teriam me encorajado a falar, acreditando que assim, algum dia, eu poderia ser chamado para pregar. Não havia nenhum "chamado" para garotas falantes, nenhum discurso recompensado e legitimado. As punições que eu recebia por "erguer a voz" pretendiam reprimir qualquer possibilidade de criar minha própria fala. Aquela fala deveria ser reprimida para que "a fala correta da feminilidade" emergisse.

Dentro dos círculos feministas, o silêncio é geralmente visto como o "discurso correto de feminilidade" machista — o sinal da submissão da mulher à autoridade patriarcal. Essa ênfase no silêncio da mulher pode ser um registro preciso do que tem acontecido nos lares de mulheres de origem WASP[6] nos Estados Unidos, mas, em comunidades negras (e comunidades etnicamente diversas), as mulheres não são silenciosas. Suas vozes podem ser ouvidas. Certamente, para as mulheres negras, nossa luta não tem sido para emergir do silêncio para a

6. Sigla em inglês para *white anglo-saxon protestant*, ou seja, branco anglo-saxão protestante. [N.T.]

fala, mas para mudar a natureza e a direção da nossa fala, para fazer uma fala que atraia ouvintes, que seja ouvida.

Nossa fala, "a fala correta da feminilidade", frequentemente foi o solilóquio, a conversa ao vento, para ouvidos que não a escutavam — a conversa que simplesmente não é ouvida. Ao contrário dos pastores negros, que discursavam para serem ouvidos, que eram quem se deveria ouvir e cujas palavras deveriam ser lembradas, as vozes das mulheres negras — dando ordens, fazendo ameaças, cismando — podiam ser abstraídas, tornar-se um tipo de música de fundo, audível, mas não reconhecida como uma fala significativa. O diálogo — fala compartilhada e reconhecimento — não acontecia entre mãe e criança ou entre a mãe e a figura masculina de autoridade, mas entre mulheres negras. Eu me lembro de assistir fascinada a como minha mãe falava com sua mãe, suas irmãs e amigas: a intimidade e a intensidade da fala delas — a satisfação que tinham em falar uma com a outra, o prazer, a alegria. Foi nesse mundo de falas de mulheres, de conversas barulhentas, palavras irritadas, mulheres com línguas rápidas e afiadas, línguas doces e macias, tocando nosso mundo com suas palavras, que eu fiz da fala meu direito inato — e o direito à voz, à autoridade, um privilégio que não me seria negado. Foi naquele mundo e por causa dele que cheguei ao sonho da escrita, de escrever.

Escrever foi uma maneira de capturar, agarrar a fala e mantê-la por perto. E então eu escrevia os pedacinhos de conversas, fazendo confissões a diários baratos que logo caíam aos pedaços de tanto serem manuseados, expressando a intensidade da minha tristeza, a angústia da fala — por estar sempre dizendo a coisa errada, fazendo as perguntas erradas. Eu não conseguia restringir meu discurso aos limites e às preocupações necessárias da vida. Escondia esses escritos embaixo da cama, em enchimentos de travesseiros, entre roupas íntimas gastas. Quando minhas irmãs os encontravam e liam, elas me ridicularizavam e zombavam de mim, debochando. Eu me sentia violentada, envergonhada, como se partes secretas do meu eu tivessem sido expostas, trazidas para fora e penduradas como roupa recém-lavada a céu aberto para todo mundo ver. O medo da exposição, o medo de que os sentimentos mais profundos e os pensamentos mais íntimos fossem desprezados como meros devaneios, sentido por tantas garotas jovens que guardam diários, que recebem e escondem a fala, parece-me agora uma das barreiras que as mulheres sempre precisaram e ainda precisam destruir para que não sejamos mais empurradas para o segredo e o silêncio.

Apesar de meus sentimentos de violação, de exposição, continuei a falar e a escrever, escolhendo bem meus esconderijos, aprendendo a destruir o trabalho quando nenhum lugar seguro podia ser encontrado. Nunca fui ensinada ao silêncio absoluto; fui ensinada a que era importante falar, mas a conversar uma conversa que era em si um silêncio. Ensinada a falar, e consciente da traição que seria ouvir demais outras conversas, experimentei grande confusão e profunda ansiedade nos meus esforços para falar e escrever. Recitar poemas no culto da igreja na tarde de domingo poderia ser recompensado. Escrever um poema (quando seu tempo poderia ser "mais bem aproveitado" para varrer, passar roupa, aprender a cozinhar) era uma atividade de luxo, realizada à custa dos outros. Questionar a autoridade, levantar questões que não eram consideradas assuntos apropriados trazia dor, punições — como dizer a mamãe que eu queria morrer antes dela porque não conseguiria viver sem ela; essa era uma conversa doida, uma fala doida, do tipo que te levaria direto para uma instituição psiquiátrica. Diziam-me: "se você não parar com toda essa conversa doida e esse jeito doido, menina, vai acabar lá no hospício de Western State".

Loucura, não só abuso físico, era a punição para uma mulher que falasse muito. Porém, mesmo com esse medo da loucura me perseguindo, pairando sobre minha escrita como uma sombra monstruosa, eu não podia deter as palavras; elas criavam pensamentos, escreviam discursos. Porque essa terrível loucura que eu temia, que eu tinha certeza de que seria o destino das mulheres ousadas que nasceram para a fala intensa (afinal de contas, as autoridades enfatizavam esse ponto diariamente), não era tão ameaçadora quanto o silêncio imposto, quanto a fala reprimida.

Segurança e lucidez deveriam ser sacrificadas se eu quisesse experimentar a fala desafiadora. Embora eu arriscasse as duas, medos e ansiedades profundamente alojados caracterizaram meus dias de infância. Eu falava, mas não andava de bicicleta, não jogava beisebol nem segurava o gatinho cinza. Escrevendo sobre as maneiras como somos traumatizadas na nossa fase de crescimento, a psicanalista Alice Miller argumenta em *For Your Own Good* [Para o seu próprio bem] que não é evidente a razão pela qual as feridas da infância se tornam para algumas pessoas uma oportunidade de crescimento, de seguir em frente no processo de autorrealização, em vez de retroceder. Com certeza, quando reflito sobre as provações da minha fase de crescimento, tantas punições, posso ver agora que na resistência aprendi a ser vigilante e alimentar meu espírito, a ser forte, a proteger corajosamente esse espírito das forças que podiam parti-lo.

Enquanto me puniam, meus pais falavam sobre a necessidade de "me subjugar". Hoje, quando reflito sobre os silêncios, as vozes que não são ouvidas, as vozes daqueles indivíduos feridos e/ou oprimidos que não falam ou escrevem, contemplo os atos de perseguição, tortura — o terrorismo que subjuga, que torna a criatividade impossível. Escrevo estas palavras para serem testemunhas da primazia da luta de resistência em qualquer situação de dominação (mesmo dentro da vida familiar); da força e do poder que emergem da resistência constante e da profunda convicção de que essas forças podem ser curativas, podem nos proteger da desumanização e do desespero.

Essas primeiras provações, quando aprendi a me manter firme, a manter meu espírito intacto, vieram vividamente à minha mente depois que publiquei *Ain't I a Woman: Black Women and Feminism* [Eu não sou uma mulher: mulheres negras e feminismo] e o livro foi cruel e duramente criticado. Ao mesmo tempo que esperava um clima de diálogo crítico, não esperava uma avalanche crítica com o poder, em sua intensidade, de esmagar o espírito, de empurrar alguém para o silêncio. Desde então, tenho ouvido histórias sobre mulheres negras, sobre mulheres não brancas, que escrevem e publicam (mesmo quando o trabalho é muito bem-sucedido) sob crises nervosas, sendo levadas à loucura porque não conseguem aguentar as severas críticas de familiares, amigos e críticos desconhecidos; isso quando não permanecem em silêncio, improdutivas. Sem dúvida, a falta de respostas críticas humanizadas tem tremendo impacto no escritor de qualquer grupo oprimido, colonizado, que se esforça para falar. Para nós, a fala verdadeira não é somente uma expressão de poder criativo; é um ato de resistência, um gesto político que desafia políticas de dominação que nos conservam anônimos e mudos. Sendo assim, é um ato de coragem — e, como tal, representa uma ameaça. Para aqueles que exercem o poder opressivo, aquilo que é ameaçador deve ser necessariamente apagado, aniquilado e silenciado.

Recentemente, os esforços de mulheres negras escritoras para chamar a atenção para o nosso trabalho servem para sublinhar tanto nossa presença quanto nossa ausência. Sempre que examino livrarias especializadas em mulheres, não fico impressionada com o rápido crescimento do corpo de literatura feminista escrita por mulheres negras, mas com a escassez de material publicado disponível. O número daquelas de nós que escrevem e são publicadas continua reduzido. As razões do silêncio são variadas e multidimensionais. As mais óbvias são as expressões do racismo, do machismo e da exploração de classe para reprimir e silenciar. As menos óbvias são as lutas internas, os esforços feitos para ganhar a confiança necessária para escrever, reescrever, desenvolver por completo a arte e a habilidade — e o ponto em que tais esforços falham.

Embora desde a infância eu quisesse fazer da escrita o trabalho da minha vida, tem sido difícil para mim reivindicar a palavra "escritora" como parte do que identifica e configura minha realidade cotidiana. Mesmo depois de publicar livros, eu costumava falar sobre querer ser uma escritora como se esses trabalhos não existissem. E, embora me dissessem "você é uma escritora", eu ainda não estava pronta para declarar completamente essa verdade. Parte de mim ainda era mantida em cativeiro por forças dominadoras da história, pela vida familiar que me havia traçado um mapa de silêncio, de fala correta. Eu não tinha me libertado totalmente do medo de dizer a coisa errada, de ser punida. Em algum lugar nos recônditos da minha mente, eu acreditava que podia evitar tanto a responsabilidade quanto a punição se não me declarasse uma escritora.

Uma das muitas razões pelas quais escolhi escrever usando o pseudônimo bell hooks, um nome de família (mãe de Sara Oldham, avó de Rosa Bell Oldham e minha bisavó), foi para construir uma identidade-escritora que desafiasse e dominasse todos os impulsos que me levavam para longe da fala e em direção ao silêncio. Eu era uma jovem garota comprando chiclete na loja da esquina quando realmente ouvi pela primeira vez o nome completo Bell Hooks. Tinha acabado de "responder" a uma pessoa adulta. Eu me lembro até hoje do olhar de surpresa, do tom malicioso que me inteirou de que eu deveria ser parente de Bell Hooks — uma mulher de língua afiada, uma mulher que falava o que vinha à cabeça, uma mulher que não tinha medo de erguer a voz. Reivindiquei esse legado de enfrentamento, de vontade, de coragem, afirmando minha ligação com mulheres ancestrais que foram destemidas e ousadas em suas falas. Diferentemente de minhas destemidas e ousadas mãe e avó, que não eram apoiadoras da insolência mesmo sendo assertivas e poderosas em suas falas, Bell Hooks, da forma como a descobri, reivindiquei e inventei, era minha aliada, meu apoio.

Aquele primeiro ato de insolência fora de casa foi empoderador. Foi o primeiro de muitos atos de fala desafiadores que tornariam possível que eu emergisse como uma pensadora e escritora independente. Olhando para trás, "erguer a voz" foi para mim um ritual de iniciação, testando minha coragem, fortalecendo meu comprometimento, me preparando para os dias vindouros— os dias em que a escritura, os comentários de rejeição, os períodos de silêncio, a publicação, o desenvolvimento contínuo pareciam impossíveis, mas necessários.

Fazer a transição do silêncio à fala é, para o oprimido, o colonizado, o explorado, e para aqueles que se levantam e lutam lado a lado, um gesto de desafio que cura, que possibilita uma vida nova e um novo crescimento. Esse ato de fala, de "erguer a voz", não é um mero gesto de palavras vazias: é uma expressão de nossa transição de objeto para sujeito — a voz liberta.

02.

“quando eu era uma jovem soldada da revolução”: encontrando a voz

Foi Angela Davis quem pronunciou essas palavras. Elas me comoveram. Eu as escrevo aqui e espero repetir em muitos lugares. Foi assim que me tocaram profundamente: evocando memórias de inocência, de compromisso inicial apaixonado com a luta política. Elas foram ditas numa palestra de Davis em um congresso cujo foco era "Poesia e política: a poesia afro-americana de hoje". Comecei a escrever poesia quando era jovem, aos dez anos de idade. A poesia entrou na minha vida, o sentido de poesia, por meio da leitura das escrituras com aquelas pequenas rimas desajeitadas e engraçadas que memorizávamos e recitávamos no domingo de Páscoa. Depois, entrou na minha vida na escola de ensino fundamental Booker T. Washington, onde aprendi que poesia não era um assunto silencioso. Aquele momento de aprendizado foi puro encanto, pois ouvindo e recitando aprendemos que as palavras colocadas assim juntinhas, ditas assim juntinhas, podiam ter o mesmo impacto na nossa psique que a música, podiam elevar e exaltar nossos espíritos, nos proporcionando tremenda alegria, ou nos levar pra baixo, até o mais imediato e profundo sentido de perda e luto.

Como muitos afro-americanos, eu me tornei escritora por meio da criação de poemas. Poesia era uma expressão literária super-respeitada na nossa família de classe trabalhadora. Nas noites quando a luz acabava, quando tempestades caíam, nos sentávamos sob a luz fraca de velas na sala de estar e fazíamos um show de talentos. Eu recitava poemas: Wordsworth, James Weldon Johnson, Langston Hughes, Elizabeth Barrett Browning, Emily Dickinson, Gwendolyn Brooks. A poesia dos escritores brancos sempre estava lá, nas escolas e nas prateleiras das casas, em antologias das "grandes" obras, vendidas por vendedores de porta em porta, livreiros ambulantes, que espalhavam seus produtos como se fôssemos pessoas de um deserto escuro e eles, exaustos viajantes que nos traziam a luz de lugares longínquos. A poesia de escritores negros tinha de ser procurada, um poema copiado de livros que ninguém emprestava com medo de perder, ou tirado de livros encontrados por bibliotecários do sul intrigados, ávidos por ver que você "sabia ler". Eu estava no ensino médio quando descobri a coleção *American Negro Poetry* [Poesia negra americana], de James Weldon Johnson. Ela nunca havia sido retirada da biblioteca, embora estivesse nas prateleiras há algum tempo. Eu ficava com esse livro o máximo que podia, esforçando-me para memorizar cada poema até saber todos de cor.

Para mim, a poesia era o lugar da voz secreta, de tudo o que não podia ser diretamente afirmado ou nomeado, de tudo que não se poderia deixar de expressar. Poesia era o discurso privilegiado — simples, às vezes, mas nunca ordinário. A mágica da poesia era a transformação, palavras mudando de formato, significado e forma. Poesia não era um mero registro da maneira como nós, pessoas negras do sul, falávamos umas com as outras, mesmo que nossa linguagem fosse poética. Era um discurso transcendente. Era feita para transformar a consciência, levar nossa mente e nosso coração para uma nova dimensão.

Foram esses os meus pensamentos primitivos sobre poesia, como eu a experimentava e via à medida que crescia.

Quando me tornei aluna das aulas de escrita criativa na faculdade, aprendi uma noção de "voz" relacionada a incorporar a expressão distintiva de um escritor individual. Nossos esforços para virarmos poetas deviam ser concretizados neste vir a ter consciência e expressão de uma voz. Em todas as minhas aulas de escrita, eu era a única aluna negra. Sempre que lia um poema escrito em um dialeto específico da fala do negro do sul, o professor e meus colegas de sala me pediam para usar minha voz "verdadeira", autêntica, e me encorajavam a desenvolver essa "voz", a escrever mais poemas como esses. Isso me preocupava desde o início. Esses comentários pareciam mascarar um viés racial sobre o que minha voz autêntica seria ou deveria ser.

Por um lado, ter frequentado escolas segregadas só de negros, com professoras e professores negros, significava que eu conseguia compreender poetas negras e negros como sendo capazes de falar em muitas vozes; que o Dunbar do poema escrito em dialeto não era nem mais nem menos autêntico que o Dunbar que escrevia um soneto.[7] Por outro, era ouvindo músicos negros como Duke Ellington, Louis Armstrong e, mais tarde, John Coltrane que um sentido de versatilidade foi impregnado na nossa consciência — eles tocavam todos os tipos de música, tinham vozes múltiplas. Era assim também com a poesia. Poetas negras e negros, como Gwendolyn Brooks e, mais tarde, Amiri Baraka, tinham muitas vozes — e nenhuma voz identificada como mais ou menos

7. Paul Laurence Dunbar, poeta, romancista e dramaturgo negro nascido em 1872 na cidade de Dayton, Ohio, nos Estados Unidos. [N.E.]

autêntica. A insistência em encontrar uma voz, um estilo definitivo de escrever e ler a poesia de alguém, encaixava-se perfeitamente numa noção estática do eu e da identidade, dominante em ambientes universitários. Parecia que muitos estudantes negros achavam nossa situação problemática precisamente porque nossa noção de eu e, por definição, nossa voz não eram unilaterais, monológicas ou estáticas, mas multidimensionais. A gente se sentia tão em casa com os dialetos quanto com o inglês padrão. Indivíduos que falam outras línguas além do inglês, que falam tanto o patoá quanto o inglês padrão, veem como um importante aspecto de autoafirmação não se sentirem forçados a escolher uma ou outra voz, a reivindicar uma como a mais autêntica; em vez disso, buscam construir realidades sociais que celebrem, reconheçam e defendam diferenças, variedades. Em *Borderlands: La Frontera* [Margens: a fronteira], Gloria Anzaldúa escreve sobre a necessidade de reivindicarmos todas as línguas que falamos, de transformar em discurso as muitas línguas que dão expressão à realidade cultural característica de um povo:

> Para um povo que não é espanhol nem mora em um país onde o espanhol é a primeira língua; para um povo que não é anglo, mas vive em um país onde o inglês é a língua reinante; para um povo que não se identifica totalmente com nenhum espanhol padrão (formal, castelhano) nem com o inglês padrão, que recurso lhe resta a não ser criar sua própria língua? Uma língua que possa conectar à sua identidade, capaz de comunicar realidades e valores verdadeiros para ele próprio.

Nos últimos anos, qualquer escrita sobre feminismo tem ofuscado a escrita de poesia. Porém, há espaços onde os pensamentos e as preocupações convergem. Um desses espaços tem sido a proposta feminista de encontrar a voz — de fazer a transição do silêncio para a fala como um gesto revolucionário. Mais uma vez, a ideia de encontrar uma voz ou ter uma voz assume primazia na fala, no discurso, na escrita e na ação. Como metáfora de autotransformação, isso tem sido especialmente relevante para grupos de mulheres que previamente nunca haviam tido uma voz pública, mulheres que estão falando e escrevendo pela primeira vez, incluindo muitas mulheres não brancas. A ênfase feminista na busca da voz pode parecer clichê às vezes, especialmente quando se insiste em que as mulheres compartilham uma fala comum ou que todas as mulheres têm algo significativo a dizer o tempo todo. Entretanto, para as mulheres de grupos oprimidos que têm reprimido tantos sentimentos — desespero, fúria, angústia —, que não falam, como escreve a poeta Audre Lorde, "pelo medo de nossas palavras não serem ouvidas nem bem-vindas", encontrar a voz é um ato de resistência. Falar se torna tanto uma forma de se engajar em uma autotransformação ativa quanto um rito de passagem quando alguém deixa de ser objeto e se transforma em sujeito. Apenas como sujeitos é que nós podemos falar. Como objetos, permanecemos sem voz — e nossos seres, definidos e interpretados pelos outros. É sobre essa fala libertadora que Mariana Romo-Carmono escreve em sua introdução a *Compañeras: Latina Lesbians* [Companheiras: lésbicas latinas]:

> Toda vez que uma mulher começa a falar, inicia-se um processo libertador, que é inevitável e tem implicações políticas poderosas. Nestas páginas, vemos se repetirem os processos de autodescoberta, de afirmação em sair do armário, a busca por uma definição de

> nossa identidade dentro da família e fora da comunidade, a busca por respostas, por significado em nossas lutas pessoais e o comprometimento com uma luta política para acabar com todas as formas de opressão. Os estágios de conscientização se tornam claros quando começamos a recontar a história de nossas vidas para outras pessoas, para alguém que vivencia as mesmas mudanças. Quando escrevemos ou falamos sobre essas mudanças, estabelecemos nossas experiências como válidas e reais, começamos a analisar e essa análise nos dá a perspectiva necessária para pôr nossas vidas em um contexto em que sabemos o que fazer em seguida.

Consciência da necessidade de falar, de dar voz às variadas dimensões de nossas vidas, é uma maneira de a mulher não branca começar o processo de se educar para a consciência crítica.

A necessidade de tal fala é frequentemente validada pelos escritos de pessoas engajadas nas lutas de libertação no Terceiro Mundo, pelas literaturas de povos que globalmente sofrem opressão e dominação. O escritor salvadorenho Manlio Argueta estrutura seu poderoso romance *Un día en la vida* em torno da insistência de que desenvolver a consciência política e compartilhar conhecimento é o que faz o pensador revolucionário e ativista. É José o personagem mais comprometido em compartilhar sua conscientização com a família e a comunidade, especialmente com Lupé, sua amiga e mulher, para quem ele diz:

> é por isso que os problemas não podem ser resolvidos por uma única pessoa, mas por todos nós trabalhando juntos, os humildes e os perspicazes. E isso é muito importante; você pode ser humilde e viver na escuridão. Bom, não é uma questão de ser ou não humilde.

> O problema reside na nossa consciência. A consciência que vamos ter. Então a vida se tornará tão límpida quanto água da nascente.

Eu li esse romance pela primeira vez num curso que ministrei sobre literatura do Terceiro Mundo e ficou nítido, então, que se manifestar livre e abertamente tem significados diferentes para as pessoas de grupos explorados e oprimidos.

Trabalhos não literários de escritores que se opõem à dominação também falam da importância, para o oprimido, de encontrar a voz, de falar. Ao manter essa ênfase na fala, Alicia Partnoy declara, em seu corajoso trabalho *The Little School: Tales of Disappearance and Survival in Argentina* [A pequena escola: contos de desaparecimento e sobrevivência na Argentina]: "cortaram minha voz fora, então cultivei duas vozes, em diferentes línguas minhas músicas eu derramo". Aqui, a fala tem dupla implicação. Há o silêncio do oprimido que nunca aprendeu a falar e há a voz daqueles que têm sido forçadamente silenciados porque ousaram falar e, ao fazer isso, resistem. A escritora egípcia Nawal el Sa'adawi protesta contra tais silêncios em suas *Memoirs from the Women's Prison* [Memórias da prisão feminina]. Ela dedicou seu livro "a todos que têm odiado a opressão até a morte, que têm amado a liberdade até o aprisionamento, e que têm rejeitado a falsidade até a revolução". Ou a resistência a ser silenciada, como descreve Theresa Had Cha em *Dictee* [Ditado]:

> Mãe, você é uma criança ainda. Aos dezoito anos. Mais como uma criança, já que você está sempre doente. Eles têm protegido você dos outros. Não é seu. Mesmo sem saber você deve. Você é *bi-língue*. Você é *tri-língue*. A língua proibida é a sua própria língua materna. Você fala no escuro, em segredo. A sua. Sua própria. [...] A língua

materna é seu refúgio. É estar em casa. Sendo quem você é. De verdade. Falar te deixa triste. Expressar cada palavra é um privilégio com risco de morte.

Na ficção, como também na escrita confessional, aqueles que compreendem o poder da voz como um gesto de rebelião e resistência incitam o explorado — o oprimido — a falar.

Falar como um ato de resistência é bastante diferente de uma conversa corriqueira, ou da confissão pessoal que não tem nenhuma relação com alcançar consciência política, desenvolver consciência crítica. Essa é uma diferença sobre a qual devemos falar nos Estados Unidos, pois aqui a ideia de encontrar uma voz corre o risco de ser banalizada ou romantizada na retórica daqueles que advogam uma política feminista rasa, que privilegiam atos de fala em detrimento do conteúdo do discurso. Tal retórica frequentemente transforma vozes e identidades de mulheres não brancas em produto, espetáculo. Num estado de supremacia branca, capitalista e patriarcal, onde os mecanismos de cooptação são tão avançados, muito do que é potencialmente radical é enfraquecido, transformado em produto, discurso da moda, como em "mulheres negras escritoras estão na moda agora". Geralmente, a questão de quem está ouvindo e o que está sendo ouvido não é respondida. Quando o reggae se popularizou nos Estados Unidos, eu frequentemente me perguntava se as pessoas brancas privilegiadas que ouviam essa música estavam aprendendo com ela a resistir, a se rebelar contra a supremacia branca e o imperialismo branco. O que ouviam quando Bob Marley dizia "nos recusamos a ser o que vocês queriam que fôssemos"?[8] Pensavam em colonização, em racismo internalizado? Certa noite, num show de Jimmy Cliff frequentado predominantemente por pessoas brancas jovens, Cliff começou um coro de chamada e resposta e nós, o público, tínhamos que falar "África para os africanos". Então se fez um silêncio repentino no recinto, como se os ouvintes finalmente escutassem na letra da música a revolta contra a supremacia branca, contra o imperialismo. Ficaram em silêncio, aparentemente incapazes de compartilhar esse gesto que afirmava a solidariedade negra. Quem está ouvindo e o que escutam?

A apropriação da voz marginal ameaça a própria essência da autodeterminação e da livre expressão de si de pessoas exploradas e oprimidas. Se o público que se identifica, aqueles para quem se fala, é determinado somente pelos grupos dominantes que controlam a produção e a distribuição, então é fácil que a voz marginal, esforçando-se por uma escuta, permita que o que é dito seja sobredeterminado pelas necessidades daquele grupo majoritário que parece estar ouvindo, concentrado. Fica fácil falar sobre o que aquele grupo quer ouvir, descrever e definir a experiência numa linguagem compatível com as imagens e modos de saber existentes, construídos dentro de uma estrutura social que reforça a dominação. Em qualquer situação de colonização, de dominação, o oprimido, o explorado desenvolve vários estilos de relato, falando de outra maneira para aqueles que têm o poder de oprimir e dominar, uma maneira que permite que seja compreendido por quem não conhece sua maneira de falar, sua língua.

8. "We refuse to be / What you wanted us to be", trecho da letra de "Babylon System", do álbum *Survival*, lançado em 1979. [N.E.]

A luta para acabar com a dominação, a luta individual para se opor à colonização, deslocar-se de objeto para sujeito, expressa-se no esforço de estabelecer uma voz libertadora — aquela maneira de falar que não é mais determinada por sua posição como objeto, como ser oprimido, mas caracterizada pela oposição, pela resistência. Ela demanda que paradigmas mudem — que aprendamos a falar e também a escutar, para ouvir de uma nova maneira.

Para criar a voz libertadora, deve-se confrontar a questão do público: devemos saber para quem falamos. Quando comecei a escrever meu primeiro livro, *Ain't I a Woman*, o primeiro manuscrito completo estava excessivamente longo e muito repetitivo. Ao lê-lo criticamente, não só vi que tentava dirigir o livro a todos os diferentes potenciais públicos — homens negros, mulheres brancas, homens brancos etc. —, mas também que minhas palavras estavam escritas para explicar, aplacar, agradar. Havia nelas o medo de falar que frequentemente caracteriza os modos daqueles que, na posição mais baixa de uma hierarquia, dirigem-se àqueles numa posição mais alta de autoridade. Aquelas passagens em que eu falava diretamente às mulheres negras tinham a voz que eu sentia ser a minha voz mais verdadeira — nesse momento, minha voz era desafiadora, corajosa. Quando pensei sobre o público — a forma como a linguagem que escolhemos usar declara quem colocamos no centro de nossa fala —, confrontei meu medo de pôr eu mesma e outras mulheres negras no centro da conversa. Escrever *Ain't I a Woman* foi pra mim uma atitude radical, que não só me deixou frente a frente com essa questão de poder, mas me forçou a resolvê-la, a agir, a encontrar minha voz, a me tornar a sujeita que poria a si mesma e a outras como ela no centro do discurso feminista. Minha consciência e meu ser foram transformados.

Quando o livro foi publicado pela primeira vez, leitoras brancas muitas vezes me diziam: "eu não sinto que este livro está realmente conversando comigo". Com frequência, essas leitoras interpretavam o discurso franco e direto como raiva, e eu tinha que falar contra essa interpretação e insistir na diferença entre o discurso direto e a hostilidade. Uma vez, numa discussão em que a questão do público foi levantada, respondi dizendo que, embora desejasse que os leitores fossem diversos, o público que eu mais queria alcançar eram as mulheres negras, que eu queria nos colocar no centro. Então uma mulher branca me questionou: "como você pode fazer isso em um contexto cultural no qual as mulheres negras não são as principais compradoras de livros e as mulheres brancas são as principais compradoras de livros feministas?". Pareceu que ela estava sugerindo que o público deveria ser determinado por quem compra determinados livros. Nunca me ocorreu que mulheres brancas não comprariam um livro se elas não se vissem no centro, porque, mais do que qualquer outro grupo de pessoas que eu podia identificar, pessoas brancas têm viajado o globo consumindo artefatos culturais que não as põem no centro. Minha postura de colocar as mulheres negras no centro não foi uma ação para excluir as outras; foi, ao contrário, um convite, um desafio para aqueles que nos ouviriam falar, para mudar paradigmas ao invés de apropriar, para fazer todos os leitores ouvirem a voz de uma mulher negra falando de um assunto, e não como uma desprivilegiada. Eu não escrevi *Ain't I a Woman* para informar mulheres brancas sobre mulheres negras, mas para expressar meu desejo de saber mais e pensar mais profundamente sobre nossa experiência.

Ao celebrar nosso encontro da voz, mulheres do Terceiro Mundo, mulheres afro-americanas devem trabalhar contra falar como "outra", falar da diferença como ela é construída na imaginação da supremacia branca. Portanto, é crucial que examinemos nossos corações e nossas palavras para ver se nosso verdadeiro objetivo é a libertação, para ter certeza de que eles não subjugam, criam armadilhas, confinam. Não por acaso, saber quem está ouvindo dá uma indicação de como nossas vozes são ouvidas. Minhas palavras são ouvidas de modo diferente pelos poderosos opressores. São ouvidas de uma maneira diferente por mulheres negras que, como eu, estão lutando para se recompor dos efeitos destrutivos da colonização. Para conhecer nosso público, para saber quem ouve, precisamos estar em diálogo. Devemos falar com, e não somente falar para. Ao ouvir as respostas, começamos a compreender se nossas palavras agem para resistir, transformar, mudar. Em uma cultura consumista na qual somos todos levados a acreditar que o valor de nossa voz não é determinado pela sua capacidade de desafiar ou possibilitar uma reflexão crítica, mas pelo nível em que é apreciada (às vezes até por nós), é difícil manter uma mensagem libertadora. É difícil manter um senso de direção, uma estratégia para a fala libertadora, se não desafiamos constantemente esses padrões de valorização. Quando comecei a falar publicamente sobre meu trabalho, ficava desapontada quando o público era provocado e desafiado e, ainda assim, parecia me desaprovar. Meu desejo por aprovação era tão inocente (desde então comecei a entender que é bobo pensar que se pode desafiar e também obter aprovação) quanto bastante perigoso, pois tal desejo pode enfraquecer um comprometimento radical, levando a uma mudança na voz a fim de ganhar reconhecimento.

Manifestar-se não é um simples gesto de liberdade numa cultura de dominação. Somos frequentemente enganados (sim, mesmo aqueles de nós que têm experimentado a dominação) pela ilusão da liberdade de expressão, acreditando falsamente que podemos dizer o que quisermos numa atmosfera de abertura. Não haveria necessidade de falar sobre o oprimido e o explorado encontrarem a voz, articulando e redefinindo a realidade, se não houvesse mecanismos opressivos de silenciamento, submissão e censura. Quando pensamos estar falando em um ambiente onde a liberdade é valorizada, frequentemente nos surpreendemos com o quanto nos vemos agredidos e como nossas palavras são desvalorizadas. É preciso entender que a voz libertadora irá necessariamente confrontar, incomodar, exigir que ouvintes até modifiquem as maneiras de ouvir e ser. Eu me lembro de conversar com Angela Davis há alguns anos sobre as ameaças de morte que ela recebe com frequência antes de falar. Nossa conversa teve um efeito profundo em minha consciência; como ouvinte, mudou minha compreensão sobre o que significa falar a partir de uma posição radical nesta sociedade. Quando se ameaça, se está em risco.

Frequentemente, eu me surpreendo como professora na sala de aula com o quanto meus alunos têm medo de falar. Uma jovem estudante negra me escreveu estas palavras:

> Minha voz não é adequada para ser ouvida por 120 pessoas. Para produzir tal voz, a minha temperatura aumenta e minhas mãos tremem. Minha voz é calma e quieta e consoladora; não é um meio de anunciar os muitos segredos que meus amigos me contam — ela acalma a turbulência do curso corrente que é a vida deles, desacelerando para se tornar um espelho refletor das preocupações deles, então assim elas podem ser analisadas e os problemas, retificados. Eu não sinto alívio em dar voz às minhas opiniões. Expor minha opinião para ser julgada pelo público é uma forma de me abrir à

crítica e à dor. Aqueles que não compartilham de meus olhos não podem ver onde pisar com cuidado em mim.

Eu tenho medo. Eu tenho e sempre terei medo. Meu medo é de não ser compreendida. Eu tento aprender o vocabulário de meus amigos para garantir uma comunicação nos termos deles. Não há um vocabulário singular de 120 pessoas. Eu vou ser mal compreendida, eu não vou ser respeitada como enunciadora, eles vão me chamar de estúpida em suas mentes, vão me desmerecer. Eu tenho medo.

Quando encorajo os estudantes a falar, digo para eles imaginarem o que deve significar viver numa cultura em que, para falar, corre-se o risco de punição brutal — encarceramento, tortura, morte. Peço a eles que pensem o que significa a falta de coragem de falar numa cultura em que falar acarreta poucas consequências — se houver alguma. Será que o medo deles pode ser compreendido somente como timidez, ou é uma expressão de restrições socialmente construídas, profundamente enraizadas, contra a fala numa cultura de dominação, um medo de possuir suas palavras, de tomar uma posição? O poema de Audre Lorde, "A Litany for Survival", aborda nosso medo da fala e nos incentiva a superá-lo:

e quando falamos temos medo
de nossas palavras não serem ouvidas
nem bem-vindas
mas quando estamos em silêncio
ainda assim temos medo

É melhor falar então
lembrando
sobreviver nunca foi nosso destino

É importante para aqueles que permanecem em solidariedade conosco compreender que encontrar uma voz é parte essencial da luta libertadora — um ponto de partida necessário para o oprimido, o explorado —, uma mudança em direção à liberdade. Aquela conversa que nos identifica como descompromissados, sem consciência crítica — que significa uma condição de opressão e exploração —, é absolutamente transformada quando nos engajamos em uma reflexão crítica e quando agimos para enfrentar a dominação. Só estamos preparados para lutar pela liberdade quando essa base está estabelecida.

Quando nos desafiamos a falar com uma voz libertadora, ameaçamos até aqueles que podem, a princípio, afirmar que querem ouvir nossas palavras. No ato de superar nosso medo da fala, de sermos vistas como ameaçadoras, no processo de aprendizagem de falar como sujeitas, participamos da luta global para acabar com a dominação. Quando acabamos com nosso silêncio, quando falamos com uma voz libertadora, nossas palavras nos conectam com qualquer pessoa que viva em silêncio em qualquer lugar. A ênfase feminista em encontrar uma voz no silêncio das mulheres negras, das mulheres não brancas, tem aumentado o interesse por nossas palavras. Este é um momento histórico importante. Estamos tanto falando de nossa própria vontade, a partir de nosso comprometimento com a justiça, com a luta revolucionária para acabar com a dominação, como também somos chamadas para falar, "convidadas" a compartilhar nossas palavras. É importante que falemos. Sobre o que falamos é ainda mais importante. É nossa responsabilidade, coletiva e individual, distinguir entre a mera fala de autoexaltação, de exploração do exótico "outro", e aquele encontro da voz que é um gesto de resistência, uma afirmação de luta.

03.
feminismo: uma política transformadora

Vivemos em um mundo em crise governado por políticas de dominação, um mundo onde a crença em uma noção de superior e inferior e sua concomitante ideologia — de que o superior deveria governar o inferior — afetam a vida de todas as pessoas em todos os lugares, sejam pobres ou privilegiadas, letradas ou iletradas. A desumanização sistêmica, a fome, a devastação ecológica, a contaminação industrial e a possibilidade de destruição nuclear são realidades que nos lembram diariamente de que estamos em crise. Pensadoras feministas contemporâneas frequentemente citam as políticas sexuais como a origem dessa crise. Elas insistem na diferença como o fator que dá oportunidade para a separação e a dominação, e sugerem que a diferenciação do status entre mulheres e homens é uma indicação de que a dominação patriarcal do planeta é a raiz do problema. Tal hipótese tem fomentado a noção de que a eliminação da opressão machista conduziria necessariamente à erradicação de todas as formas de dominação. É um argumento que tem levado influentes mulheres brancas ocidentais a acreditar que o movimento feminista deveria ser *a* agenda política central de mulheres em todo o mundo. Ideologicamente, pensar nessa direção permite às mulheres ocidentais, especialmente às mulheres brancas privilegiadas, sugerir que a exploração racista e de classe é apenas fruto do sistema maior: o patriarcado. Dentro do movimento feminista no Ocidente, isso tem levado à hipótese de que enfrentar a dominação patriarcal é uma ação feminista mais legítima do que enfrentar o racismo ou outras formas de dominação. Tal pensamento prevalece, apesar das duras críticas feitas por mulheres negras e outras mulheres não brancas que questionam essa premissa. Especular sobre uma divisão antagônica entre homens e mulheres existente nas primeiras comunidades humanas é impor ao passado, aos grupos não brancos, uma visão de mundo que se encaixa perfeitamente nos paradigmas feministas contemporâneos que nomeiam o homem como inimigo e a mulher como vítima.

Claramente, a diferenciação entre forte e fraco, poderoso e impotente, tem sido um aspecto central definidor de gênero no mundo, carregando consigo o pressuposto de que homens deveriam ter maior autoridade e governar as mulheres. Tão significativo e importante quanto esse fato é que não se deveria encobrir a realidade de que mulheres podem participar — e realmente participam — das políticas de dominação, tanto como perpetradoras quanto como vítimas: dominamos, somos dominadas. Se o foco na dominação patriarcal mascara essa realidade, ou se torna o meio pelo qual as mulheres desviam a atenção das reais condições e situações de nossas vidas, então as mulheres cooperam com a submissão e a promoção da falsa consciência, inibindo nossa capacidade de assumir responsabilidades pela transformação de nós mesmas e da sociedade.

Especulando sobre os primeiros arranjos sociais humanos, sobre mulheres e homens lutando para sobreviver em pequenas comunidades, é possível que a relação pai/mãe-criança, com sua real, perene e imposta estrutura de dependência, de forte e fraco, de poderoso e impotente, seja um lugar para a construção de um paradigma de dominação. Enquanto essa circunstância de dependência não necessariamente conduz à dominação, presta-se à encenação de um drama social em que a dominação poderia facilmente ocorrer como um meio de exercitar e manter o controle. Essa especulação não põe mulheres fora da prática de dominação, no papel exclusivo de vítimas. Ela, sobretudo, nomeia mulheres como agentes de dominação, como potenciais teóricas e criadoras de um paradigma de relacionamentos sociais no qual aqueles grupos de indivíduos designados como "fortes" exercem poder tanto de forma benevolente quanto coerciva sobre aqueles designados como "fracos".

Enfatizar paradigmas de dominação que chamam a atenção para a capacidade da mulher de dominar é uma maneira de desconstruir e desafiar a noção simplista de que o homem é o inimigo, e a mulher, a vítima — a noção de que os homens sempre foram os opressores. Tal pensamento nos permite examinar nosso papel como mulheres na perpetuação de sistemas de dominação. Para compreender dominação, precisamos compreender que nossa capacidade como mulheres e homens de ser dominados ou dominadores é um ponto de conexão, uma convergência. Mesmo falando a partir da experiência particular de viver como uma mulher negra nos Estados Unidos, uma sociedade de supremacia branca, capitalista, patriarcal, onde um pequeno número de homens brancos (e ilustres "homens brancos") constitui os grupos dominantes, compreendo que em muitos lugares no mundo oprimidos e opressores compartilham a mesma cor. Compreendo que bem aqui, neste recinto, oprimidos e opressores compartilham do mesmo gênero. Bem agora, enquanto eu falo, um homem que é vitimado, ferido, machucado pelo racismo e pela exploração de classe está ativamente dominando uma mulher em sua vida; mesmo enquanto eu falo, mulheres também exploradas, vitimadas, estão dominando crianças. É preciso lembrar, enquanto pensamos criticamente sobre dominação, que nós todos temos a capacidade de agir de maneiras que oprimem, dominam, machucam (seja esse poder institucionalizado ou não). É preciso lembrar que, primeiro, precisamos enfrentar o opressor em potencial dentro de nós — precisamos resgatar a vítima em potencial dentro de nós. Caso contrário, não podemos ter esperança de liberdade, de ver o fim da dominação.

Esse conhecimento parece especialmente importante neste momento histórico, quando mulheres negras e outras mulheres não brancas trabalham para criar consciência sobre as maneiras como o racismo dá poder a mulheres brancas para agirem como exploradoras e opressoras. Cada vez mais, esse fato é considerado uma razão pela qual nós não deveríamos apoiar a luta feminista, muito embora o machismo e a opressão machista sejam um problema real em nossas vidas como mulheres negras (ver, por exemplo, o livro *Black Women, Feminism, Black Liberation: Which Way?* [Mulheres negras, feminismo, libertação negra: qual caminho?], de Vivian Gordon). É necessário que falemos continuamente sobre as convicções que configuram nossa contínua defesa da luta feminista. Ao chamar a atenção para o entrelaçamento de sistemas de opressão — sexo, raça e classe —, mulheres negras e muitos outros grupos de mulheres reconhecem a diversidade e a complexidade da experiência de ser mulher, de nossa relação com o poder e a dominação. A intenção não é dissuadir as pessoas não brancas de se tornarem engajadas no movimento feminista. A luta feminista para acabar com a dominação patriarcal deveria ser de primeira importância para mulheres e homens em todo o mundo, não porque seja a base de todas as outras estruturas opressivas, mas porque é a forma de dominação que estamos mais propensos a encontrar de modo permanente na vida cotidiana.

Diferentemente de outras formas de dominação, o machismo molda e determina diretamente relações de poder em nossas vidas privadas, em espaços sociais familiares, no contexto mais íntimo (casa) e nas esferas mais íntimas de relações (família). Geralmente é dentro da família que testemunhamos a dominação coerciva e aprendemos a aceitá-la, seja a dominação de pai/mãe sobre a criança, seja a do homem sobre a mulher. Embora as relações familiares possam ser — e com mais frequência sejam — caracterizadas pela aceitação de uma política de dominação, elas são simultaneamente relações de cuidado e conexão. É essa convergência de dois impulsos contraditórios — a insistência em promover o crescimento e a insistência em inibir o crescimento — que fornece um contexto prático para a crítica, a resistência e a transformação feministas.

Crescendo numa casa de classe trabalhadora, negra, dominada por um pai, eu experimentei a autoridade coerciva de um adulto como uma ameaça mais imediata, mais propensa a causar dor imediata do que a opressão racista ou a exploração de classe. Era também evidente que experimentar exploração e opressão dentro de casa faria com que alguém se sentisse ainda mais impotente quando encontrava forças dominantes fora de casa. Isso é verdade para muitas pessoas. Se somos incapazes de enfrentar e acabar com a dominação nas relações em que há cuidado, parece totalmente inimaginável que possamos enfrentar e acabar com ela em outras relações institucionalizadas de poder. Se não podemos convencer nossas mães e/ou pais a se preocuparem com não nos humilhar e diminuir, como podemos pensar em convencer ou enfrentar um empregador, alguém que se ama, um estranho que sistematicamente humilha e deprecia?

O esforço feminista para acabar com a dominação patriarcal deveria ser uma preocupação primária precisamente porque insiste na erradicação da exploração e da opressão no contexto familiar e em todos os outros relacionamentos íntimos. É esse movimento político que mais radicalmente se dirige à pessoa — ao pessoal — mencionando a necessidade de transformação do eu, dos relacionamentos, para que possamos ser mais capazes de agir de um modo revolucionário, desafiando e enfrentando a dominação, transformando o mundo fora do eu. Estrategicamente, o movimento feminista deveria ser um componente central de todas as lutas de libertação, pois desafia cada um de nós a modificar nossa pessoa, nosso comprometimento pessoal (seja como vítimas, perpetradores ou ambos) num sistema de dominação.

O feminismo, como luta libertadora, deve existir à parte de e como parte de uma luta maior para erradicar a dominação em todas as suas formas. Devemos compreender que a dominação patriarcal compartilha uma base ideológica com o racismo e outras formas de opressão de grupo, que não há esperança de que seja erradicada enquanto esses sistemas permanecerem intactos. Esse conhecimento deveria diligentemente configurar a direção da teoria e da prática feministas. Infelizmente, o racismo e o elitismo de classe entre mulheres têm conduzido à repressão e à distorção dessa conexão. Portanto, é necessário agora que pensadoras feministas critiquem e revisem a teoria feminista e a direção do movimento feminista. Esse esforço de revisão é talvez mais evidente no reconhecimento amplo e constante de que machismo, racismo e exploração de classe constituem sistemas interligados de dominação — de que sexo, raça e classe, e não somente sexo, determinam a natureza da identidade, do status e da circunstância de qualquer mulher, o grau em que ela será ou não dominada, o quanto ela terá ou não poder para dominar.

Ao mesmo tempo que o reconhecimento da complexa natureza da condição de mulher (impresso na consciência de todos, sobretudo, por mulheres não brancas radicais) é um disciplinador significativo, também é somente um ponto de partida. Ele fornece uma estrutura de referência que deve servir como base para alterar e revisar meticulosamente teoria e prática feministas. Ele nos desafia e nos chama a repensar os pressupostos comuns sobre a natureza do feminismo que têm tido o mais profundo impacto na grande maioria das mulheres, na consciência de massa — e questiona radicalmente a noção de uma experiência feminina fundamentalmente comum, que tem sido vista como um pré-requisito para nossa união, para a unidade política. O reconhecimento da interconexão entre sexo, raça e classe enfatiza a diversidade da experiência, forçando uma redefinição dos termos para a unidade. Se mulheres não compartilham "opressão comum", o que pode servir então como base para nos juntar?

Diferentemente de muitas companheiras feministas, acredito que mulheres e homens devem compartilhar uma compreensão comum — um conhecimento básico sobre o que é feminismo — se for para o feminismo, algum dia, se tornar um poderoso movimento político de massa. No livro *Feminist Theory: From Margin to Center*, sugeri que definir feminismo amplamente como "um movimento para acabar com o machismo e a opressão sexista" nos permitiria ter um objetivo político comum. Teríamos então uma base sobre a qual construir a solidariedade. Definições múltiplas e contraditórias de feminismo criam confusão e enfraquecem o esforço para construir um movimento feminista que inclua todo mundo. Compartilhar um objetivo em comum não implica que mulheres e homens não tenham perspectivas radicalmente divergentes de como esse objetivo poderá ser alcançado. Cada indivíduo começa o processo de engajamento na luta feminista em um nível único de consciência; diferenças reais de experiência, perspectiva e conhecimento fazem do desenvolvimento de estratégias variadas de participação e transformação uma agenda necessária.

Mulheres engajadas em revisar radicalmente os pilares centrais do pensamento feminista devem sempre enfatizar a importância do sexo, da raça e da classe como fatores que, *juntos*, determinam a construção social da feminilidade, visto que está profundamente enraizado na consciência de muitas mulheres ativas no movimento feminista que o gênero é o único fator determinante. Entretanto, o trabalho de educar para uma consciência crítica (geralmente chamado de conscientização) não acaba aí. Muito da conscientização feminista no passado buscou identificar as maneiras particulares pelas quais os homens oprimem e exploram as mulheres. Usar o paradigma de sexo, raça e classe significa que o foco não começa com os homens e o que eles fazem às mulheres, mas, ao contrário, começa com as mulheres trabalhando para identificar, tanto individual quanto coletivamente, o caráter específico de nossa identidade social.

Imagine um grupo de mulheres de diversas origens se juntando para falar sobre feminismo. Primeiro, elas se concentram em resolver sua condição em termos de sexo, raça e classe, usando isso como o ponto de vista a partir do qual começam a discutir o patriarcado ou suas relações particulares com homens individualmente. Dentro da antiga estrutura de referência, uma discussão poderia consistir somente de conversas sobre as experiências delas como vítimas em relação aos homens opressores. Duas mulheres — uma pobre, outra bem rica — poderiam descrever o processo pelo qual têm sofrido abuso físico de parceiros e encontrar certas convergências que poderiam servir como base para a criação de laços. Porém, se essas mesmas mulheres se envolvessem numa discussão sobre classe, não só divergiriam no que diz respeito a construção social e expressão de feminilidade, mas também a suas ideias sobre como confrontar e mudar sua condição de abuso. Ampliar a discussão incluindo uma análise de raça e classe poderia expor muitas outras diferenças, mesmo que emergissem convergências.

Claramente, o processo de criar laços é mais complexo, porém essa ampla discussão propiciaria a troca de perspectivas e estratégias para a mudança que, mais do que diminuir, enriqueceriam nossa compreensão sobre gênero. Enquanto feministas têm cada vez mais concordado com a ideia de diversidade "da boca pra fora", não temos desenvolvido estratégias de comunicação e inclusão que permitam uma implementação bem-sucedida dessa visão feminista.

Pequenos grupos não são mais o lugar central para a conscientização feminista. Grande parte da educação feminista para a consciência crítica acontece nas aulas de estudos sobre mulheres ou em congressos sobre gênero. Livros são uma fonte primária de educação, o que significa que a massa de pessoas que ainda não leem não consegue acessá-la. A separação entre as formas como os movimentos de base compartilham o pensamento feminista, ao redor de mesas de cozinha, e as esferas onde grande parte do pensamento é gerado — a academia — enfraquece o movimento feminista. O pensamento feminista avançaria se o novo pensamento feminista pudesse ser compartilhado no contexto de pequenos grupos, integrando a análise crítica com a discussão de experiências pessoais. Seria útil promover mais uma vez o cenário do pequeno grupo como uma arena de educação para a consciência crítica; assim, mulheres e homens poderiam se juntar em bairros e comunidades para discutir questões feministas.

Pequenos grupos continuam sendo um importante espaço de educação para a consciência crítica, por várias razões. Um aspecto especialmente importante para o contexto de pequenos grupos é a ênfase na comunicação do pensamento feminista e da teoria feminista de um modo que seja facilmente compreendido. Em pequenos grupos, os indivíduos não precisam ser igualmente letrados ou totalmente letrados, pois a informação é primeiro compartilhada por meio da conversa, em diálogo, que é necessariamente uma expressão libertadora. (A alfabetização deveria ser um objetivo para as feministas ao mesmo tempo que devemos garantir que não se torne uma exigência para a participação na educação feminista.) Reformar pequenos grupos subverteria a apropriação do pensamento feminista por um grupo seleto de mulheres e homens acadêmicos, geralmente brancos, com origem em classes privilegiadas.

Pequenos grupos de pessoas engajando-se juntos numa discussão feminista, numa luta dialética, criam um espaço onde o "pessoal é político" como ponto de partida da educação para a consciência crítica — e, como tal, pode ser estendido a uma politização do eu focada em fazer compreender as maneiras pelas quais sexo, raça e classe, juntos, determinam nosso destino individual e nossa experiência coletiva. O movimento feminista avançaria se muitas pensadoras feministas renomadas participassem de pequenos grupos, reexaminando criticamente como seus trabalhos podem ser modificados ao incorporar perspectivas mais amplas. Todos os esforços de autotransformação nos desafiam a nos engajar em permanente autoexame crítico e de reflexão sobre a prática feminista, sobre como vivemos no mundo. Esse comprometimento individual, quando aliado ao engajamento numa discussão coletiva, proporciona um espaço para a resposta crítica que fortalece nossos esforços para mudar e nos tornarmos novos. É nesse comprometimento com os princípios feministas em nossas palavras e feitos que reside a esperança de uma revolução feminista.

É trabalhando coletivamente para confrontar a diferença e para expandir nossa consciência sobre sexo, raça e classe como sistemas interligados de dominação, sobre os modos pelos quais reforçamos e perpetuamos essas estruturas, que aprendemos o verdadeiro significado da solidariedade. Esse é o trabalho que deve ser a base do movimento feminista. Sem isso, não podemos efetivamente enfrentar a dominação patriarcal; sem isso, permanecemos indiferentes e alienados uns dos outros. O medo do enfrentamento doloroso leva mulheres e homens ativos no movimento feminista a evitar encontros críticos rigorosos; porém, se não podemos nos engajar dialeticamente de uma maneira comprometida, rigorosa, humanizada, não podemos ter esperança de mudar o mundo. A verdadeira politização — alcançando consciência crítica — é um processo difícil, "de tentativa", que demanda desistir de determinadas maneiras de pensar e ser, mudar nossos paradigmas, nos abrirmos para o desconhecido, o não familiar. Ao passar por esse processo, aprendemos o que significa lutar e, nesse esforço, experimentamos a dignidade e a integridade de ser, que vem com a transformação revolucionária. Se não transformamos nossa consciência, não podemos mudar nossas ações ou demandar que os outros mudem.

Nosso comprometimento renovado com um processo rigoroso de educação para a consciência crítica irá determinar a forma e a direção do futuro movimento feminista. Não conseguiremos ser símbolos de poder do pensamento feminista até que novas perspectivas sejam criadas. Dadas as condições privilegiadas de muitas pensadoras feministas de destaque em termos de status, classe e raça, é mais difícil convencer as mulheres da importância desse processo de politização nos dias de hoje. Mais e mais, parecemos formar seletos grupos de interesse compostos por indivíduos que compartilham perspectivas similares. Isso limita nossa capacidade de se envolver em discussões críticas. É difícil envolver as mulheres em novos processos de politização feminista porque muitas de nós pensam que identificar homens como o inimigo, enfrentar a dominação masculina, ganhar igual acesso ao poder e ao privilégio é o fim do movimento feminista. Isso não é o fim — e sequer é o lugar onde queremos que se inicie um movimento feminista revitalizado. Queremos começar, como mulheres, nos dirigindo a nós mesmas seriamente, não somente em relação aos homens, mas em relação à completa estrutura de dominação da qual o patriarcado é apenas uma parte. Se a luta para erradicar o machismo e a opressão sexista é — e deveria ser — o impulso principal do movimento feminista, devemos primeiro aprender a ser solidárias e a lutar juntas para nos prepararmos politicamente para esse esforço.

Somente quando confrontarmos as realidades de sexo, raça e classe, as maneiras como nos dividem, nos diferenciam e nos opõem, e trabalharmos para reconciliar e resolver esses problemas, é que seremos capazes de participar da realização da revolução feminista, da transformação do mundo. O feminismo, como Charlotte Bunch enfatiza repetidas vezes em *Passionate Politics* [Política apaixonada], é uma política transformadora, uma luta contra a dominação na qual o esforço é mudar a nós mesmas, bem como as estruturas. Falando sobre a luta para confrontar a diferença, Bunch afirma:

> Um ponto crucial do processo é entender que a realidade não parece a mesma a partir da perspectiva de diferentes pessoas. Não é de se surpreender que uma das maneiras pelas quais feministas começaram a compreender a diferença foi por meio do amor de uma pessoa de outra cultura ou raça. É preciso persistência e motivação — o que o amor frequentemente gera — para ir além de hipóteses etnocêntricas e realmente aprender sobre outras perspectivas. Nesse processo, e enquanto se busca eliminar opressão, também descobrimos novas possibilidades e ideias que vêm da experiência e da sobrevivência de outras pessoas.

Imerso no comprometimento com a revolução feminista está o desafio de amar. O amor pode ser e é uma importante fonte de empoderamento quando lutamos para confrontar questões de sexo, raça e classe. Ao trabalhar juntos para identificar e enfrentar nossas diferenças — enfrentar as maneiras como dominamos e somos dominados — e transformar nossas ações, precisamos de uma força de mediação que nos apoie para que não nos quebremos no processo, não nos desesperemos.

Os trabalhos feministas dedicados a documentar e compartilhar como indivíduos enfrentam diferenças construtivamente e com sucesso são insuficientes. Mulheres e homens precisam saber o que está do outro lado da dor experimentada na politização. Precisamos de relatos detalhados sobre como nossas vidas são mais plenas e ricas quando mudamos e crescemos politicamente, quando aprendemos a viver cada momento como feministas comprometidas, como companheiras trabalhando para acabar com a dominação. Ao redefinir e reformular estratégias para o futuro movimento feminista, precisamos nos concentrar na politização do amor, não somente no contexto de falar sobre vitimização em relacionamentos íntimos, mas em uma discussão crítica, na qual o amor é compreendido como uma força poderosa que desafia e resiste à dominação. Quando trabalhamos para sermos amados, para criar uma cultura que celebra a vida, que torna o amor possível, nós nos movemos contra a desumanização, contra a dominação. Na *Pedagogia do oprimido*, Paulo Freire evoca o poder do amor, declarando:

> Cada vez mais nos convencemos da necessidade de que os verdadeiros revolucionários reconheçam na revolução, porque um ato criador e libertador, um ato de amor. Para nós a revolução, que não se faz sem teoria da revolução, portanto sem ciência, não tem nesta uma inconciliação com o amor. [...] Não é devido à deterioração a que se submete a palavra amor no mundo capitalista que a revolução vá deixar de ser amorosa, nem os revolucionários façam silêncio de seu caráter biófilo.

Aquele aspecto da revolução feminista que chama as mulheres a amarem a feminilidade, que chama os homens a resistirem aos conceitos desumanizantes da masculinidade, é uma parte essencial da nossa luta. É o processo pelo qual deixamos de nos ver como objetos para agir como sujeitos. Quando mulheres e homens compreendem que o trabalho de acabar com a dominação patriarcal é uma luta enraizada no desejo de fazer um mundo onde todas as pessoas possam viver de forma completa e livre, então sabemos que nosso trabalho é um gesto de amor. Vamos fazer uso desse amor para aumentar nossa consciência, aprofundar nossa compaixão, intensificar nossa coragem e fortalecer nosso comprometimento.

04.
sobre a autorrecuperação

Muitas vezes, quando a voz radical fala sobre dominação, está falando com aqueles que dominam. A presença deles muda a direção e a forma de nossas palavras. A linguagem é também um lugar de luta. Eu era apenas uma garota me tornando mulher quando li as palavras de Adrienne Rich: "essa é a linguagem do opressor, porém eu ainda preciso falar com você". Essa linguagem que me permitiu terminar a pós-graduação, escrever uma dissertação, falar em entrevistas de emprego carrega o cheiro da opressão. Os aborígenes australianos dizem: "o cheiro do homem branco está nos matando". Eu me lembro dos cheiros da minha infância: *cornbread*[9] frito, torta frita, cozido de folhas de nabo. Lembro do jeito como falávamos uns com os outros, nossas palavras carregadas do sotaque da fala negra do sul dos Estados Unidos. Estamos enraizados na linguagem, fincados, temos nosso ser em palavras. A linguagem é também um lugar de luta. O oprimido luta na linguagem para recuperar a si mesmo — para reescrever, reconciliar, renovar. Nossas

9. Espécie de panqueca de farinha de milho, muito consumida como acompanhamento de pratos no sul dos Estados Unidos. [N.T.]

palavras não são sem sentido. Elas são uma ação — uma resistência. A linguagem é também um lugar de luta.

Ouso falar com oprimido e opressor com a mesma voz? Ouso falar com você em uma língua que nos levará além das fronteiras da dominação, uma língua que não irá te cercar, prender, segurar? A língua é também um lugar de luta. O oprimido luta na linguagem para ler a si mesmo — para reunir, reconciliar, renovar. Nossas palavras não são sem sentido. Elas estão em ação — em resistência. A linguagem é também um lugar de luta.

Ultimamente, luto para ser uma mulher de palavra. A poeta negra Mari Evans nos encoraja: "fale a verdade para o povo". O contexto acadêmico, o discurso acadêmico, no qual eu trabalho, não é um lugar conhecido por dizer verdades. Não é um lugar em que os oprimidos nos juntamos para falar sobre nossa saída da servidão, para escrever nosso caminho em direção à liberdade, publicar artigos e livros que façam mais do que informar, que testemunhem, que sejam testemunhas da importância da luta, de nosso esforço coletivo para transformar. Porém, essa é a nossa necessidade mais urgente, a mais importante de nosso trabalho — o trabalho de libertação. Presos como geralmente estamos a um contexto cultural que define liberdade somente em termos de aprendizagem da língua do opressor (língua como cultura; aprendendo a viver a cultura do opressor, o que Baba, minha avó, o que indígenas nativos dos Estados Unidos antes dela chamavam de "aprender os modos dos brancos"), somos assimilados, mesmo que lentamente, à hegemonia dominante, ao convencional. Tem sido extremamente difícil caminhar para além dessa versão rasa, vazia, do que podemos fazer — meros imitadores de nossos opressores —, em direção a uma visão libertadora que transforme nossas consciências, nosso próprio ser.

O mais importante do nosso trabalho — o trabalho da libertação — demanda que criemos uma nova linguagem, que criemos o discurso oposto: a voz libertadora. Fundamentalmente, a pessoa oprimida que se move de objeto para sujeito fala com a gente de um jeito novo. Esse discurso, essa voz libertadora só emerge quando o oprimido experimenta a autorrecuperação. Paulo Freire afirma, na *Pedagogia do oprimido*: "não podem comparecer à luta como quase 'coisas', para depois ser homens". O ato de se tornar sujeito é ainda outra maneira de falar do processo de autorrecuperação.

Refletindo sobre a Guerra do Vietnã no começo dos anos 1970 — sobre protestos e resistência —, o monge budista Thich Nhat Hanhn, numa conversa com Daniel Berrigan, falou sobre como as forças de dominação fragmentam, dispersam e agridem nosso ser interior, partindo-nos; falou sobre a necessidade de reintegrar o eu a uma condição de completude: "em francês, a palavra *recueillement* descreve a atitude de alguém tentando ser ele mesmo ou ela mesma, sem se dispersar, com um membro do corpo aqui, outro lá. Alguém que tenta se recuperar, estar mais uma vez em boa forma, tornar-se completo novamente". As palavras dele foram especialmente emocionantes para mim, pois cheguei a elas num momento da vida em que não havia desenvolvido completamente a consciência crítica, quando ainda estava perdida, buscando, tentando entender a mim mesma e o mundo ao meu redor. Estas palavras persistiram na minha consciência:

> Na tradição budista, costuma-se falar de "iluminação" como um tipo de volta para casa. Os três mundos — os mundos da forma, da não forma e do desejo — não são seus lares. Esses são lugares onde nós vagamos por muitas existências, alienados de nossa própria

> natureza. Então a iluminação é a maneira de voltar. E fala-se sobre os esforços para voltar — descritos em termos de recuperação de si, da própria integridade.

As palavras de Nhat Hanhn introduziram na minha consciência a ideia de autorrecuperação. Mesmo falando de um assunto político — o protesto antiguerra —, ele fala sobre autorrecuperação em termos espirituais (o que também tem um profundo significado para mim). No meu pensamento, eu conectava inúmeras vezes autorrecuperação com todo o esforço do oprimido, do dominado, para desenvolver consciência daquelas forças que exploram e oprimem; com os esforços de educar para uma consciência crítica, para criar resistência efetiva e significativa, para fazer a transformação revolucionária. Toni Cade Bambara, editora da antologia *The Black Women* [A mulher negra], em seu ensaio inovador "On the Issue of Roles" [Sobre a questão dos papéis], enfatiza que "a revolução começa com o ser e no ser". Acatando suas palavras, eu me tornei ainda mais vigilante no meu esforço de praticar um autoexame constante, rigoroso e crítico. Conforme eu me deslocava para além das fronteiras da nossa pequena comunidade negra segregada do sul para a universidade, para o mundo maior, percebia (e foi uma descoberta dolorosa e potencialmente devastadora) que não compreendia totalmente o que significava ser uma mulher negra nos Estados Unidos, as políticas da nossa realidade. Comecei a procurar desesperadamente a compreensão. Aquela busca me levou às aulas de estudos sobre mulheres e à escrita feminista, lugares onde eu não encontrava o que eu precisava para nutrir meu espírito. Foi então que comecei a escrever *Ain't I a Woman*, embora o livro só tenha sido publicado alguns anos mais tarde, quando foi criado dentro do movimento feminista dos Estados Unidos um espaço para que as vozes das mulheres negras pudessem ser reconhecidas e ouvidas.

Agora eu digo: "*Ain't I a Woman* é o livro da minha autorrecuperação, a expressão do meu despertar para a consciência crítica". Eu digo: "é o livro do meu coração, que eu não vou escrever de novo". Digo isso agora. Na época, foi algo experimentado, e sentido, como uma alegria íntima — naquele momento eu não tinha linguagem para falar dessa alegria em termos políticos. Ao escrever aquele livro, fui compelida a confrontar a realidade das mulheres negras, nossa história negada e enterrada, nossas circunstâncias presentes. O pensamento, a escrita, foi um ato de restauração, permitindo que eu me recuperasse, que fosse completa.

Eu chamo essa experiência de "autorrecuperação". Mas tive que viver com esse termo para pensá-lo de forma crítica. Eu estava particularmente indecisa sobre a palavra "autorrecuperação", a insistência contida nela de que uma completude do ser — chamado aqui de eu — está presente, é possível, que temos que experimentar, que é um estado para o qual podemos regressar. Eu queria saber no meu coração se isso era verdade para o oprimido, o dominado, o desumanizado, que as condições para a completude, o eu completo, existiam anteriormente à exploração e à opressão, um eu que pudesse de fato se restaurar, recuperar.

Descartando a noção de que o eu existe em oposição a outro que deve ser destruído, aniquilado (pois, quando saí do mundo segregado de casa e passei a viver com e entre pessoas brancas e seus saberes, aprendi essa maneira de compreender a construção social do eu), evoquei os saberes que havia aprendido de pessoas negras do sul não escolarizadas. Nós aprendemos que o eu existia em relação, era dependente, para sua própria existência, das vidas e das experiências de todas as pessoas; o eu não como "um eu", mas a junção de "muitos eus", o eu como a incorporação de uma realidade coletiva passada e presente, família e comunidade. A construção social do eu "em relação" significava, então, que conheceríamos as vozes do passado que falam em e para nós, que estaríamos em contato com o que Paule Marshall chama de "nossas propriedades ancestrais" — nossa história. Porém, são precisamente essas vozes que são silenciadas, reprimidas, quando somos dominados. É essa voz coletiva que lutamos para recuperar. Dominação e colonização tentam destruir nossa capacidade de conhecer o eu, de saber quem somos. Nós nos opomos a essa violação, essa desumanização, quando buscamos autorrecuperação, quando trabalhamos para reunir os fragmentos do ser, para recuperar nossa história. Esse processo de autorrecuperação permite que nos vejamos como se fosse a primeira vez, pois nosso campo de visão não é mais configurado ou determinado somente pela condição de dominação. No trabalho de Carol Stack sobre pessoas negras deixando o norte para voltar ao sul, Joella, a mulher negra que fala de sujeito-para-sujeito com uma mulher branca pela primeira vez, diz dessa conversa: "foi como uma voz saindo de mim que eu não sabia que estava lá. E eu estava ouvindo essa voz pela primeira vez. Eu estava falando com minha própria voz". Anos atrás, eu não sentia a necessidade de contar a história da minha autorrecuperação, de como aquele trabalho, a pesquisa, suas revelações, me deram um senso de ser, uma base, porque nenhuma abordagem existente nos Estados Unidos privilegiava esse confronto com a realidade.

Agora compreendo que o processo pelo qual o colonizado e o oprimido cortamos nossos laços e nossa cumplicidade com o colonizador, com o opressor, constitui um modelo libertário para a mudança social, uma estratégia de resistência que deve ser compartilhada, sobre a qual se deve falar.

Dentro dos movimentos radicais políticos nos Estados Unidos, esse processo de autorrecuperação, de educação para a consciência crítica, permanece de muitas maneiras como um processo não reconhecido. Diferentemente de lutas revolucionárias mundo afora, onde o foco nas maneiras pelas quais os indivíduos desenvolvem consciência crítica é considerado essencial para o processo de radicalização, os modelos de mudança social radical nos Estados Unidos geralmente retiram a ênfase desse foco. Não há programas de alfabetização aqui que também eduquem para a consciência crítica. Concomitantemente, quase sempre se assume que aqueles que possuem o privilégio da educação universitária não precisam de uma educação para a consciência crítica. Isso é um grave erro. Nenhuma mudança radical, nenhuma transformação revolucionária poderá ocorrer nesta sociedade — nesta cultura de dominação — se nos recusarmos a reconhecer a necessidade de radicalizar a consciência em conjunto com a resistência política coletiva. Quando falo sobre radicalizar a consciência, penso na palavra *conscientização*, que implica muito mais do que a mera adoção de slogans politicamente corretos ou o apoio a causas politicamente corretas.

Nós devemos antever a universidade como um lugar central para a luta revolucionária, um lugar onde podemos trabalhar para educar para a consciência crítica, onde podemos ter uma pedagogia da libertação. Porém, como podemos transformar os outros se nossos hábitos de existência reforçam e perpetuam a dominação em todas as suas formas: racismo, machismo, exploração de classe? Isso nos traz de volta à questão da autorrecuperação, que expandimos para incluir modelos de transformação pessoal que abordem tanto o opressor quanto o oprimido. Em seu trabalho sobre criação de novas epistemologias, Nancy Hartsock relembra a obra de Albert Memmi e sua insistência em dizer que tanto o colonizador quanto o colonizado são desumanizados, não obstante suas formas diferentes e muito distintas dentro de uma cultura de dominação. Portanto, para a dominação acabar, deve haver mudança pessoal em ambos os lados. Para aqueles de nós que combatem e enfrentam a dominação, sejamos dominados ou dominadores, há o desejo compartilhado de transformação pessoal, de nosso próprio refazimento e reconstituição para que sejamos radicais.

É crucial que não ignoremos o eu nem o desejo das pessoas de transformar o eu, que criemos as condições para a completude de tal forma que as pessoas se espelhem tanto em nossos próprios seres quanto na realidade social e política.

Usando o movimento feminista recente como exemplo, podemos olhar as maneiras pelas quais ativistas feministas tentaram educar para a consciência crítica. Dentro desse movimento feminista, o processo de promover a conscientização foi, em determinado momento, uma abordagem central para o desenvolvimento de consciência crítica. Embora frequentemente o foco estivesse apenas em nomear determinado opressor — nomear a dor —, aquele slogan poderoso "o pessoal é político" aborda a conexão entre o eu e a realidade política. Muitas vezes, porém, foi interpretado no sentido de que nomear a dor pessoal de alguém em relação às estruturas de dominação não era só um estágio inicial no processo de se chegar à consciência política, à conscientização, mas tudo o que era necessário. Na maior parte dos casos, o ato de nomear determinada dor pessoal não estava suficientemente ligado à educação geral para a consciência crítica de resistência política coletiva. Focar no pessoal, numa abordagem que não obriga o reconhecimento da complexidade das estruturas de dominação, poderia facilmente conduzir à nomeação errônea, à criação de ainda outro sofisticado nível de não consciência ou consciência distorcida. Isso costuma acontecer em contextos feministas em que raça e/ou classe não são vistos como fatores determinantes na construção social da realidade de gênero e, ainda mais importante, da medida em que se irá sofrer exploração e dominação.

Nomear a dor ou revelar a dor num contexto que não está ligado a estratégias de resistência e transformação criou para muitas mulheres condições ainda maiores de hostilidade, alienação, isolamento e, às vezes, desespero. Ao invés de ajudar no processo de autorrecuperação, muitas mulheres sentiram um senso de desintegração, como se suas vidas se tornassem ainda mais fragmentadas e partidas (aquelas mulheres que nomearam a dor engendrada pelo machismo e pela opressão de gênero, que continuaram a imitar os homens e a trabalhar na assimilação da cultura do patriarcado, da cultura da dominação, foram capazes de experimentar um senso de realização negado àquelas de nós que buscávamos transformação tanto do eu quanto do mundo ao nosso redor). Na busca por autorrecuperação — não apenas a descrição de determinadas feridas, a vitimização ou a discussão repetida dos problemas —, muitas mulheres simplesmente ficaram desiludidas e desinteressadas do feminismo, incertas sobre se o feminismo era realmente um movimento radical.

Uma visão completa da autorrecuperação, do processo pelo qual o indivíduo dominado e explorado experimentaria uma nova e diferente relação com o mundo, estava ausente. Sem dúvida, o movimento feminista contemporâneo permitiu às mulheres se tornarem mais conscientes do impacto da dominação machista e da opressão machista em nossas vidas. Mas essa consciência não tem levado massas de mulheres a se comprometer com a luta feminista, precisamente porque ela não está totalmente ligada à educação para a consciência crítica, para a resistência coletiva.

Despertar as mulheres para a necessidade de mudar, sem fornecer modelos substanciosos e estratégias para a mudança, é frustrante: cria uma situação na qual as mulheres são deixadas com desejos de transformação não realizados. Podemos saber que precisamos de transformação, podemos almejar transformação, mas falta uma percepção de que esses desejos podem ser abordados por políticas feministas e políticas radicais. É esse espaço de desejo que tem sido preenchido por uma variedade de livros de autoajuda, que oferecem modelos de transformação pessoal aplicáveis à vida cotidiana: *Do I Think I'm Nothing Without a Man?* [Acho que sou nada sem um homem?], de Penelope Russianoff; *Complexo de Cinderela*, de Colette Dowling; *O homem é a sobremesa*, de Sonya Friedman; *Homens que odeiam suas mulheres & as mulheres que os amam*, de Susan Foward e Joan Torres; e, o mais importante, o favorito de todos os tempos, *Mulheres que amam demais*, de Robin Norwood.

O pensamento e a análise feminista sobre os papéis de gênero foram a abordagem radical que legitimou e privilegiou o direito das mulheres de articular problemas relacionados a gênero. Isso proporcionou um estímulo, um empurrão que tem infelizmente obrigado muitas mulheres a se agarrar a soluções onde quer que as encontrem. Ironicamente, esses mesmos livros que alegam oferecer modelos de autorrecuperação que o trabalho feminista não oferece atrasam e enfraquecem o crescimento da consciência política das mulheres e o progresso do movimento feminista. Nos tais livros de autoajuda para mulheres, patriarcado e dominação masculina raramente são identificados como forças que conduzem à opressão, à exploração e à dominação das mulheres. Ao invés disso, sugere-se que os relacionamentos individuais entre homens e mulheres podem ser modificados exclusivamente pelas mulheres ao fazerem as escolhas certas. No seu próprio cerne, muitos desses livros demonstram ódio pelas mulheres. Todos eles postulam uma visão de mundo segundo a qual as mulheres só podem ser libertas se fizerem as escolhas certas. Isso é especialmente verdade para *Mulheres que amam demais*, de Robin Norwood.

É uma obra singular, uma vez que é lida por massas de mulheres de raças, classes e preferências sexuais de todos os tipos. O livro de Norwood é atraente precisamente porque aborda o desejo por autorrecuperação de uma maneira essencial. Ela usa essa frase não num sentido político radical, mas da forma como é utilizada em círculos de saúde mental para identificar indivíduos que trabalham para lidar com vários vícios. Ela fala da dor e da angústia que muitas mulheres sentem em relacionamentos pessoais, particularmente a dor que mulheres heterossexuais sentem em relacionamentos com homens. Porém, não reconhece de nenhum modo as realidades políticas, a opressão e a dominação das mulheres. Palavras como "dominação masculina", "feminismo" ou "libertação das mulheres" nunca são usadas, e embora ela consiga compartilhar com as leitoras que o marido dela realiza as tarefas domésticas enquanto ela escreve, ela o faz como se todos os homens, em especial os homens certos, automaticamente assumissem tais tarefas, cuidando dos filhos enquanto as mulheres desempenham um trabalho criativo.

Assim como o trabalho de Nancy Hartsock nos incentiva a questionar por que somos solicitadas a nos render à preocupação com o assunto neste momento histórico, quando as mulheres lutam para se deslocar da posição de objeto para sujeito, devemos perguntar por que as mulheres são seduzidas por modelos de mudança individual que implicam que nenhuma mudança tem que acontecer nas realidades políticas e sociais mais amplas. Devemos nos perguntar por que isso é tão atraente. Por que as mulheres estão dispostas a voltar aos velhos padrões, às narrativas que sugerem que somos responsáveis pela dominação masculina? Como ativistas feministas, como teóricas feministas, devemos reconhecer nosso fracasso em criar modelos adequados para a mudança radical na vida cotidiana que tenham sentido e importância para as massas de mulheres. Até que — e a menos que — construamos tais modelos, o movimento feminista não terá um impacto revolucionário transformador sobre o eu e a sociedade.

05.
teoria feminista: uma agenda radical

Qualquer exame construtivo dos estudos feministas e de sua implicação política deve necessariamente focalizar a teoria feminista. Nestes tempos de grave crise política e econômica, quando estamos sujeitos a ataques mais evidentes de antifeministas que negam a validade da luta pela libertação feminista ou simplificam a natureza de tal luta, devemos estar ativamente engajadas num contínuo diálogo crítico sobre o futuro do movimento feminista, sobre a direção e a forma da teoria feminista.

Sem uma teoria feminista libertadora não pode haver nenhum movimento feminista efetivo. Para alcançar esse propósito, a teoria feminista deve fornecer uma estrutura de análise e pensamento que sintetize aquilo que é mais visionário no pensamento, na conversa e no discurso feminista — aqueles modelos de mudança que emergem da nossa compreensão do machismo e da opressão sexista na vida cotidiana, junto com estratégias de resistência que efetivamente erradiquem a dominação e nos engajem numa práxis libertadora.

Dada essa abordagem, a teoria feminista deveria necessariamente ser direcionada às massas de mulheres e homens em nossa sociedade, educando-nos coletivamente para uma consciência crítica, para que possamos explorar e compreender melhor as operações do machismo e da opressão sexista — a base política da crítica feminista — e ser mais capazes de exercitar estratégias de resistência. Atualmente, nos Estados Unidos, o principal lugar para a produção de teoria feminista são as universidades privadas, e os trabalhadores desse setor são principalmente acadêmicos de nível universitário, em geral de classes e origens privilegiadas, com poucas exceções. Como o trabalho de teóricas feministas precisa de questionamentos fundamentais e de críticas das estruturas ideológicas da hegemonia supremacista branca, patriarcal, dominante, é apropriado que a universidade seja identificada como um lugar útil para o trabalho político radical, para o movimento feminista. Deve-se lembrar, porém, que a universidade não é e não deveria ser o único lugar para tal trabalho. Mulheres e homens acadêmicos engajados na produção de teoria feminista devem ser responsáveis por estabelecer maneiras de disseminar o pensamento feminista que não só transcendam as fronteiras do cenário universitário, mas também da página impressa. É também nossa responsabilidade promover e encorajar o desenvolvimento de teoria feminista por pessoas que não são acadêmicas. Enquanto a universidade permanecer como "o" lugar central para o desenvolvimento de estudos feministas, é necessário que examinemos como nosso trabalho é e pode ser enfraquecido.

Problemas sérios com a produção e a disseminação da teoria feminista estão enraizados nas várias contradições que confrontamos dentro de cenários universitários. Cada vez mais, somente um tipo de teoria é visto como valioso — aquele que é eurocêntrico, linguisticamente empolado e embasado em abordagens filosóficas ocidental-masculino-branco-machistas e racialmente tendenciosas. Quero deixar claro aqui que minha crítica não se dirige ao fato de que as teóricas feministas se dediquem a tal tipo de teoria, mas a que tal tipo de teoria seja cada vez mais vista como a única com significado e importância. Isso é problemático. Ao invés de expandir nossas noções de teoria, incluindo teorias que podem ser produzidas em diversos estilos de escrita (com sorte, até produziremos teoria começando com o empírico antes de entrar na fase escrita), a visão do que é teoria se torna um conceito estreito e redutivo. Ao invés de derrubar estruturas de dominação, tal teoria é geralmente empregada para promover um elitismo acadêmico que abarca estruturas tradicionais de dominação. Acadêmicos que produzem teoria seguindo essas linhas se veem com frequência como superiores àqueles que não o fazem. A hierarquia opressiva é, portanto, reforçada e mantida. A teoria feminista está se tornando rapidamente outra esfera do elitismo acadêmico, no qual o trabalho que é linguisticamente ininteligível, que se aproxima de outros trabalhos similares, é considerado mais sofisticado intelectualmente, mais teórico, do que o trabalho que é mais acessível (uma vez que o estereótipo de teoria é sinônimo de empolado, difícil de compreender). Toda vez que isso acontece, o potencial radical, subversivo, dos estudos feministas — e da teoria feminista, em particular — é enfraquecido.

Quando Audre Lorde fez aquela tão citada, embora mal compreendida, declaração — "a ferramenta do senhor jamais desmantelará a casa do senhor" —, ela nos advertia de que, se estivermos dispostos de verdade a fazer uma mudança revolucionária, devemos nos envolver num processo de pensamento visionário que transcenda os caminhos do conhecimento privilegiado pelo poder opressivo. Na profunda estrutura dessa declaração, Lorde estava nos lembrando de que é fácil para as mulheres e qualquer grupo oprimido e explorado tornar-se conivente com as estruturas de dominação, usando o poder para reforçá-las ao invés de desafiá-las ou mudá-las. Enquanto as estruturas institucionais impõem valores, modos de pensamento e maneiras de ser à nossa consciência, aqueles de nós que trabalham em ambientes acadêmicos frequente e involuntariamente, de maneira involuntária, passam a se comprometer com a produção de teoria feminista que objetiva criar uma nova esfera de elitismo teórico. Pesquisadoras feministas que fazem um trabalho que não é considerado teórico e intelectualmente rigoroso são excluídas desse setor de união privilegiada. Isso enfraquece seriamente o movimento feminista. Significa que não só perdemos de vista a necessidade de produzir teoria feminista relacionada diretamente com as vidas concretas de mulheres e homens afetados pela opressão sexista, mas também que nos comprometemos com uma disputa de poder improdutiva e desnecessária, que desvia nossas energias críticas e leva nossos propósitos à derrota.

A produção e a disseminação de teoria feminista em formas que alienam, que não podem ser compreendidas, têm promovido o crescimento contínuo do feminismo anti-intelectualista e intensificado a resistência à teoria dominante no movimento feminista recente. Desde cedo, educadoras feministas como Charlotte Bunch enfatizaram a necessidade de uma educação feminista que procurasse modificar o impulso antiteórico aprendido por muitas mulheres com o condicionamento patriarcal. Quando a mais valiosa teoria feminista é articulada de forma a não permitir a comunicação efetiva de ideias, ela reforça o medo, especialmente por parte do explorado e do oprimido, de que a intenção de teorizar não seja libertar, mas mistificar. A reação antiteórica tende a privilegiar as ações concretas e a resistência empírica ao machismo, porém estritamente focada em seu impacto.

Enquanto o ambiente universitário for o lugar central para a produção de teoria e as acadêmicas e acadêmicos estiverem engajados num setor de trabalho competitivo, apoiador e perpetuador de todas as formas de dominação, teóricas e teóricos feministas precisarão estar conscientes de não apoiar noções monolíticas de teoria. Precisamos constantemente defender a necessidade de múltiplas teorias emergindo de diversas perspectivas em diversos estilos. Com frequência, aceitamos simples e passivamente essa falsa dicotomia entre o assim denominado "teórico" e aquela escrita mais parecida com e relacionada ao empírico.

Em muitas aulas de teoria feminista, esse problema é resolvido pela inclusão do trabalho usado para representar a experiência da "vida real" ou representações ficcionais da realidade concreta junto com o trabalho considerado altamente teórico. Com frequência, tais tentativas reforçam o racismo e o elitismo ao identificar a escrita de mulheres da classe trabalhadora e de mulheres não brancas como "empíricas", enquanto a escrita de mulheres brancas representa a "teoria". Anos atrás, vi a ementa de um curso de estudos de teoria feminista em que o único trabalho de uma mulher não branca e o único trabalho não teórico era o romance *A cor púrpura*, de Alice Walker. Outro curso tinha uma lista obrigatória que incluía material das mulheres brancas Nancy Hartsock, Zillah Eisenstein, Julia Kristeva e Alice Jardine, e também *A cor púrpura*. É comum que romances ou escritas confessionais autobiográficas sejam usadas pra mediar a tensão entre a escrita acadêmica — a teoria — e o empírico. Isso parece ser o caso em particular quando o assunto é a inclusão de trabalhos de mulheres não brancas em cursos de teoria feminista. Muito do pouco trabalho teórico feito por mulheres não brancas não é de fácil acesso, embora possa ser encontrado.

As tendências anti-intelectuais dentro do movimento feminista afetam diretamente a inclinação das mulheres não brancas a produzir teoria feminista. Muitas de nós viemos de classes em que a atividade intelectual e a escrita eram vistas como um trabalho não valioso, e já estamos trabalhando para superar esse obstáculo. É bastante perturbador ver como tão pouca teoria feminista está sendo escrita por mulheres negras e mulheres não brancas. A escassez de material não está somente ligada à ausência de motivação; está relacionada ao privilégio que se concede dentro dos círculos feministas ao material de mulheres não brancas que não só não é teórico, mas, em alguns casos, é antiteórico. Por que mulheres não brancas deveriam trabalhar para produzir teoria feminista que potencialmente será ignorada ou depreciada? Quantas mulheres não brancas ensinam em cursos de teoria feminista? Embora eu tenha escrito teoria, tenho mais chances de ser chamada para ministrar um curso sobre mulheres e raça do que sobre teoria. Naqueles ambientes universitários onde converso com mulheres brancas em posições mais altas acerca de meu desejo de ministrar um curso de teoria feminista, a resposta é sempre que é uma área já contemplada. Teóricas não brancas são depreciadas devido a enviesamentos raciais. Geralmente nosso trabalho é apropriado por outros.

No meu ensino e na minha escrita, tenho tentado, no espírito de Charlotte Bunch (cujos primeiros textos sobre mulheres e educação foram importantes precisamente porque incentivavam mulheres a não ter medo da teoria), encorajar mulheres — e, em particular, mulheres negras — a reconhecer o valor e a importância da teoria, a reconhecer que todas nós utilizamos teoria na nossa vida diária. Teoria não é uma esfera alienígena. Embora haja muitos escritos teóricos difíceis de entender, acredito que não nos é útil simplesmente desconsiderar ou rebaixar a teoria, mas sim falar sobre por que ela intimida, quais são seus possíveis usos e como ela pode ser interpretada, traduzida, de modo a ser compreendida.

É um desserviço para as escritoras negras e todas as mulheres escritoras quando leitoras feministas exigem que nosso trabalho imaginativo sirva a propósitos que deveriam ser abordados pela teoria feminista. Romances e escrita confessional podem e devem aumentar nossa compreensão de como indivíduos refletem criticamente sobre gênero, de como desenvolvemos estratégias para enfrentar o machismo, para mudar vidas; mas não podem e não devem tomar o lugar da teoria. E, sobretudo, não serve aos interesses do movimento feminista o apoio de pesquisadoras feministas a essa separação desnecessária e perigosa entre trabalho "teórico" e aquele trabalho mais no empírico. Foi perturbador, para mim, ler recentemente o ensaio "The Race for Theory" [A raça/corrida para a teoria], de Barbara Christian, no qual ela sugeria repetidas vezes que mulheres negras e "pessoas não brancas sempre teorizaram — mas de formas bem diferentes da forma ocidental de lógica abstrata". Essa afirmação é simplesmente equivocada. Se tivesse sido feita por uma pessoa branca, acredito que muitas pessoas teriam se incomodado com essa mensagem. Quando a li, logo pensei em diferentes grupos de pessoas africanas, como os Dogon,[10] que têm esquemas lógicos muito abstratos para apoiar rituais focados na criação de sujeitos engendrados. Sempre digo a estudantes que usam

10. Etnia que habita uma região compreendida entre o que hoje conhecemos como Mali, Níger e Burquina Fasso, no oeste da África. [N.E.]

a palavra "abstrato" para criticar um trabalho que na vida cotidiana usamos tanto uma linguagem quanto conceitos que são muito abstratos. Esse ponto é mostrado maravilhosamente no trabalho coletivo *Female Sexualization* [Sexualização feminina], editado por Frigga Haug, que escreve: "ao contrário de sua reputação, nossa linguagem cotidiana é mais do que um pouco abstrata: ela suprime a concretude dos sentimentos, pensamentos e experiências, falando deles apenas à distância". Recentemente, passando por um homem negro que vive em situação de rua, eu o cumprimentei, dizendo: "ei, como tá indo?". E ele respondeu: "meio do caminho, tô só no meio do caminho". No meu curso de literatura afro-americana daquele dia, usei o comentário dele para falar sobre abstração, linguagem e interpretação, e sobre o problema de supor que "pessoas negras comuns" ou gente do dia a dia não usam teoria abstrata. Em determinado momento, Barbara Christian escreve: "eu e muitas de minhas irmãs não vemos o mundo como sendo tão simples. E talvez seja por isso que não temos pressa em criar teorias abstratas".

Sim! Nós não temos pressa em criar teoria feminista abstrata — e eu, pelo menos, acredito que isso é trágico. Não fazemos isso precisamente por nossos medos de articular aquilo que é abstrato. Toda teoria que eu vejo emerge do campo da abstração, mesmo aquelas que emergem do mais concreto das experiências do cotidiano. Meu objetivo como pensadora e teórica feminista é pegar aquela abstração e articulá-la numa linguagem que se torne acessível, não menos complexa ou rigorosa, mas simplesmente acessível.

Apesar de concordar com a crítica de Barbara Christian sobre a maneira pela qual certos tipos de teoria feminista não são vistos como um "discurso de autoridade", apontando para os perigos disso — uma preocupação deste ensaio —, é importante que não resistamos a essa tendência hierárquica desmerecendo a teoria em geral. Existe um lugar para a teoria que usa linguagem empolada, metalinguagem; entretanto, tal teoria não pode se tornar a base para o movimento feminista, a menos que seja mais acessível. Não é incomum que mulheres que escrevem teoria diminuam sua importância quando questionadas sobre como ela se relaciona com a "vida real", com a experiência do dia a dia das mulheres. Tais rejeições reforçam a hipótese equivocada de que toda teoria é e tem sido inacessível. Nos últimos anos, o foco de alguns círculos feministas no empírico — como parte das tentativas de desviar a atenção para longe do trabalho teórico — tem anuviado falhas críticas no pensamento feminista e bloqueado a conscientização da necessidade urgente de produção de teoria feminista visionária. Tal teoria emerge somente a partir de um contexto no qual há tanto uma integração de pensamento crítico e experiência concreta quanto um reconhecimento de como ideias críticas, formuladas abstratamente, impactarão a experiência cotidiana. A teoria feminista visionária deve estar articulada de um modo acessível, se quiser ter impacto significativo. Isso não sugere que todos serão capazes de ler tal trabalho. A incapacidade de ler ou escrever torna impossível para massas de pessoas aprender sobre teoria feminista escrita. A alfabetização deve se tornar uma prioridade estratégica para feministas. Ainda assim, o que não pode ser lido pode ser falado, e falar, tanto em palestras quanto em conversas cotidianas, é uma maneira efetiva de compartilhar informação sobre teoria feminista, como o material impresso também é. Mesmo que a base da teoria esteja apoiada no discurso escrito, ela não precisa acabar aí.

Existem trabalhos de estudos feministas e teoria feminista que são acessíveis a um grande número de leitores e podem ser facilmente discutidos. Para nomear apenas alguns: *Class and Feminism* [Classe e feminismo], editado por Charlotte Bunch e Nancy Myron em 1974; *Women and the New World* [Mulheres e o Novo Mundo], um panfleto anônimo publicado em 1976; *Top Ranking: Essays on Racism and Classism in Lesbian Communities* [No topo do ranking: ensaios sobre racismo e classismo nas comunidades lésbicas], editado por Joan Gibbs e Sara Bennet em 1979; *Building Feminist Theory* [Construindo teoria feminista], de 1981; e *The Politics of Reality: Essays in Feminist Theory* [Políticas da realidade: ensaios em teoria feminista], de Marilyn Frye, também de 1981. Muitos desses trabalhos não aparecem nas bibliografias de cursos de teoria feminista atualmente. De fato, com uma ou duas exceções, esse material tem publicações esgotadas, ou é difícil de encontrar, ou não é muito conhecido. Não por acaso, um trabalho dentro da teoria feminista que é difícil de compreender tem mais possibilidades de ser lido em cursos de teoria, especialmente no nível da pós-graduação. A recente proeminência de um estilo particular da teoria feminista francesa, que é linguisticamente empolado, é um exemplo dessa tendência. Ao mesmo tempo que tal trabalho enriquece nossa compreensão sobre políticas de gênero, é importante lembrar que não é um discurso universal, que é política e culturalmente específico, e emerge de relações particulares que pesquisadoras e pesquisadores franceses feministas têm com sua realidade política e social. Duas pensadoras cujos trabalhos me vêm à mente de imediato são Luce Irigaray (*Speculum of the Other Woman* [Espelho da outra mulher]) e Julia Kristeva (*Desire in Language* [Desejo na linguagem]). Embora esses trabalhos honrem a relação entre o discurso feminista e a prática política, são usados com frequência dentro de ambientes universitários, estabelecendo uma seleta elite intelectual, reforçando e perpetuando sistemas de dominação — mais obviamente, o imperialismo cultural branco ocidental. Quando qualquer teoria feminista é empregada dessa maneira, o movimento feminista para o fim da dominação machista é enfraquecido.

Neste estágio particular do movimento feminista nos Estados Unidos, pesquisadoras feministas precisam dar uma pausa para reconsiderar a abordagem que escolhemos em nosso trabalho dentro da universidade. Devemos estar dispostas a reexaminar criticamente as tensões que surgem quando, ao mesmo tempo, tentamos educar de modo a garantir a continuidade de um movimento feminista libertário e trabalhamos para criar um lugar respeitado para pesquisadoras feministas dentro de instituições acadêmicas. Devemos também reexaminar as tensões que surgem quando tentamos subverter enquanto batalhamos para manter nossos empregos e sermos promovidas. Essas preocupações práticas são fatores que influenciam e/ou determinam o tipo de pesquisa considerada importante. Frequentemente, tentativas para mediar ou reconciliar essas tensões levam à frustação, ao desespero, à cooptação, à conivência ou a mudanças de aliança. Para reafirmar a primazia da luta feminista, as pesquisadoras feministas devemos renovar nosso comprometimento com uma agenda teórica radical, para uma educação feminista que seja uma prática de liberdade. Começamos essa tarefa ao reconhecer que a teoria feminista está perdendo sua conexão vital com a luta feminista, e que essa conexão deve ser firmemente restabelecida e compreendida, se nosso trabalho quiser ter impacto político significativo.

06.
estudos feministas: questões éticas

Quando estudantes de um curso que eu lecionava sobre mulheres e raça começaram a discutir sobre o trabalho de Bettina Aptheker, *Woman's Legacy: Essays on Race, Sex, and Class* [O legado da mulher: ensaios sobre raça, sexo e classe], questionamos se mulheres brancas deveriam ou não escrever sobre vidas de mulheres negras. A classe era composta por trinta estudantes brancos e três estudantes não brancos, três homens e trinta mulheres. Poucos estudantes abordaram o assunto rapidamente, respondendo: "obviamente, todos nós deveríamos escrever sobre o que quisermos escrever". Outros estudantes disseram: "não — claro que não —, mulheres brancas não deveriam escrever sobre mulheres negras ou qualquer outro grupo de mulheres não brancas". Muitas estudantes da sala eram lésbicas e a maioria concordou que mulheres não lésbicas não deveriam escrever livros que abordassem a experiência lésbica. Falamos sobre o fato de que houve um tempo em que quase todos os livros sobre o movimento feminista eram escritos por homens brancos, em que uma vasta maioria de livros sobre a escravidão e a experiência negra — especialmente livros acadêmicos — era escrita por pessoas brancas (e, às vezes, homens negros), em que os poucos livros sobre a experiência homossexual eram escritos por não homossexuais, relacionando nossa discussão ao aumento da conscientização de que uma dimensão da relação opressor/oprimido, explorador/explorado é que aqueles que dominam são vistos como sujeitos e aqueles que são dominados, como objetos. Como sujeitos, as pessoas têm o direito de definir sua própria realidade, estabelecer suas próprias identidades, nomear sua história. Como objetos, a sua realidade é definida por outros, a sua identidade é criada por outros, sua história somente é nomeada de maneiras que definem sua relação com aqueles que são sujeitos.

Falamos sobre como toda luta libertadora iniciada por grupos de pessoas que têm sido vistos como objetos começa com um processo revolucionário no qual afirmam que são sujeitos. É esse processo que Paulo Freire enfatiza: "não podem comparecer à luta como quase 'coisas', para depois ser homens". Pessoas oprimidas resistem identificando-se como sujeitos, definindo sua realidade, configurando sua nova identidade, nomeando sua história, contando sua história. Para mulheres brancas, mulheres não brancas, pessoas negras e todos os indivíduos gays de diversos grupos étnicos, houve momentos históricos em que cada uma de nossas experiências era majoritariamente estudada, interpretada e escrita só por homens brancos, ou só por grupos mais poderosos. Aquele grupo se tornava a "autoridade" a ser consultada caso qualquer pessoa quisesse compreender as experiências dos grupos sem poder. Esse processo foi uma manifestação das políticas de dominação. Foi essa noção de "autoridade" que começamos a criticar e discutir em sala.

Mesmo que essas ditas "autoridades" que escrevem sobre um grupo ao qual não pertencem e/ou sobre o qual exercem poder sejam progressistas, cuidadosas e corretas em todos os sentidos, enquanto sua autoridade for constituída tanto pela ausência de vozes dos indivíduos cujas experiências elas buscam abordar quanto pela rejeição dessas vozes por sua desimportância, a dicotomia sujeito/objeto é mantida e a dominação, reforçada. Em alguns casos, o indivíduo que deseja ser percebido como "a autoridade" pode chegar ao extremo de enfatizar aos leitores, por exemplo, que está escrevendo a partir da perspectiva dela como uma mulher branca sem nenhuma intenção de diminuir a experiência da mulher negra ou nosso direito de contar nossa história. Dada a estrutura da supremacia branca, a versão dela, a perspectiva dela sobre nosso passado, pode ser vista como mais legítima do que trabalhos similares feitos por mulheres negras.

Quando escrevemos sobre experiências de grupos aos quais não pertencemos, devemos pensar sobre a ética de nossas ações, considerando se nosso trabalho será usado ou não para reforçar e perpetuar a dominação. Eu discutia esse assunto com outra professora negra, e ela disse: "houve um tempo em que nós, pessoas negras, precisávamos que outras pessoas falassem por nós porque não podíamos sempre falar por nós mesmas. E embora eu seja imensamente grata aos historiadores brancos e semelhantes que trabalharam para informar as pessoas sobre a experiência negra, nós podemos falar e de fato falamos sobre nós mesmas. E nossa luta hoje é para sermos ouvidas". Dadas as políticas de dominação — exploração de raça, sexo e classe —, a tendência nesta sociedade é de dar mais valor ao que uma pessoa branca está escrevendo sobre pessoas negras ou pessoas não brancas do que ao que nós escrevemos sobre nós mesmos. Com esse comentário, não quero sugerir que pessoas brancas não têm escrito excelentes livros sobre a experiência negra; algumas fazem isso. Eu quero dizer, ao contrário, que esses livros não deveriam ser vistos como mais significativos ou valiosos do que livros similares escritos por pessoas negras. Até que se dê respeito e consideração séria ao trabalho de escritores e pesquisadores negros, essa supervalorização do trabalho feito por brancos, que geralmente existe num contexto em que o trabalho feito por negros é desvalorizado, ajuda a manter atitudes de racismo e supremacia branca.

Uma estudante branca judia comentou comigo que, embora tenha considerado previamente o estudo e a interpretação intelectual branca judaica da experiência negra como um sinal de não racismo, de identificação e preocupação com a difícil situação política das pessoas negras, começava a ver isso como um sinal de privilégio de raça e, em alguns casos, de classe. Ela perguntou aos demais estudantes se pesquisadores judeus tinham, em algum momento, encorajado pessoas negras a estudar e escrever um corpo de literatura que pretendesse abordar e explicar aspectos da experiência branca judaica; ninguém conseguiu pensar em um exemplo. Porém, todos concordamos que, se tal pesquisa existisse em um contexto de diversidade onde pessoas negras escrevessem sobre a experiência anglo-americana, ou a experiência sino-americana, e vice-versa, não seria no sentido de manter a supremacia branca. Numa conversa com um historiador mexicano sobre pesquisadores brancos que escrevem sobre a história *chicana*,[11] ele mencionou uma conferência na qual um famoso homem branco falou sobre a necessidade de

11. Palavra utilizada nos Estados Unidos para se referir a estadunidenses de origem mexicana (*Mexican American*). O termo pode ser empregado com objetivos racistas, mas também tem sido reivindicado orgulhosamente pelos membros da comunidade, sobretudo após mobilizações *chicanas* por direitos civis e sindicais nos anos 1960. [N.E.]

pessoas brancas escreverem sobre *chicanos* para então dar à disciplina legitimidade acadêmica, para garantir que tal trabalho receba a devida atenção, consideração e respeito acadêmico. Esse historiador não podia entender que são atitudes de supremacia branca como esta que fazem a história *chicana* ser mais digna de nota se forem escritas por pessoas brancas, e que tal "legitimação", enquanto pode levar renomados pesquisadores brancos a reconhecerem o valor da experiência *chicana*, também perpetua e mantém a supremacia branca e a dominação racista sobre os *chicanos*. Obviamente, o que é negativo sobre essa situação não é o historiador branco escrever sobre a experiência de mexicanos e outros latino-americanos nos Estados Unidos, mas a atitude em relação à escrita. Pesquisadores que escrevem sobre grupos étnicos aos quais não pertencem raramente discutem nas introduções de seus trabalhos as questões éticas de seu privilégio de raça, ou o que os motiva, ou por que sentem que sua perspectiva é importante.

É ainda mais difícil para pesquisadores que escrevem sobre um grupo étnico ao qual não pertencem reconhecer que seu trabalho difere significativamente do trabalho feito por um membro daquele grupo étnico. Com frequência, pesquisadores com as mesmas qualificações intelectuais que as suas ou os seus colegas brancos, que têm também a autoridade da experiência vivida, estão na melhor posição possível para compartilhar informações sobre aquele grupo. Quando eu estava ministrando um curso chamado "Mulheres do Terceiro Mundo nos Estados Unidos", no programa de estudos sobre mulheres na Universidade de San Francisco, no qual eu me esforçava para ensinar aspectos da história e da experiência de mulheres de vários grupos étnicos, eu estava bastante consciente de que minha perspectiva, embora interessante e informada, era limitada. Senti que se qualquer estudante na sala tivesse o mesmo conhecimento que eu, ou mais avançado, aliado à experiência da cultura que estávamos estudando, eu ficaria ávida para aprender com ele, para abdicar do meu papel de professora/autoridade.

De modo crucial, escrever sobre culturas ou experiências de grupos étnicos diferentes do seu próprio torna-se mais político quando o assunto é quem será considerado a voz de "autoridade". Eu me lembro de me sentar em uma sala de aula onde uma estudante branca — que tinha escrito, como eu, sobre a experiência da escravatura negra, lido e estudado muito do material, mas o interpretava de maneira diferente — era vista pelo professor branco e pelos colegas da sala como a "autoridade" em experiência negra. Eu fazia algum comentário sobre a cultura negra e eles olhavam para essa mulher branca para confirmar a veracidade ou a inverdade da minha afirmação. Quando compartilhei essa observação com eles, disseram-me que ela era uma "autoridade". O que fez dela uma autoridade foi sua escrita e treinamento serem reconhecidos como importantes por acadêmicas e acadêmicos brancos, mesmo que ela tenha coletado muito de seu material com mulheres negras. Não importava para aquele grupo o fato de que ela jamais saberia o que é ser negro, ou como era viver como uma pessoa negra naquele mesmo sul sobre o qual ela escrevia. Ao mesmo tempo que eu concordava que o trabalho dela era importante, e não sentia necessidade de diminuí-lo ou de sugerir que não deveria ter sido feito, eu sentia que também era importante questionar seriamente as políticas racistas e machistas que determinam quem é uma autoridade. Mulheres brancas ativas no movimento feminista não encorajam homens brancos a tomarem o papel de liderança na elaboração de teoria e pesquisa feministas, embora seja óbvio que muitos acadêmicos brancos têm mais experiência e prestígio, e se possa argumentar que estão nas melhores posições para serem vistos como "vozes de autoridade". Porém, pesquisadoras feministas reconhecem que enviesamentos sexistas podem limitar o tipo de trabalho que eles produziriam ou, se eles não são machistas, que a "masculinidade" pode também servir como uma barreira para a compreensão. Isso não significa que o trabalho de pesquisadores brancos sobre história e sociologia de mulheres brancas não seja valioso. Significa, sim, que esse trabalho não é percebido como "definitivo", ou que os próprios pesquisadores não são considerados como as vozes mais relevantes a articular o pensamento feminista. Mulheres brancas, porém, que facilmente veem os problemas que emergem quando homens brancos são vistos como vozes de autoridade dentro da área de estudos sobre mulheres, têm dificuldade em ver os mesmos problemas com relação aos estudos de brancos sobre grupos não brancos. Simultaneamente, assim como o racismo pode significar que o estudo de uma mulher negra sobre mulheres negras seja visto como menos definitivo, tal mulher também pode não receber nenhuma validação na escrita sobre assuntos não relacionados a raça e gênero.

Argumentar, como fazem muitas pesquisadoras feministas, contra a noção de trabalho definitivo ou contra a própria ideia de "autoridade" pode ajudar a criar um clima no qual a pesquisa de diversos grupos floresce e somos mais capazes de apreciar o significado do estudo que emerge de uma perspectiva particular de raça, sexo e classe. Em nossas aulas, lemos *Woman's Legacy*, de Bettina Aptheker, e *Soul Sister* [Irmã de alma], de

Grace Halsell, e discutimos como as identidades brancas das autoras dos dois livros teriam moldado suas perspectivas e pensamentos; ao mesmo tempo que destacávamos o valor dessas perspectivas, olhávamos as potenciais áreas de conhecimento que sentíamos que elas podiam ter ignorado. Fizemos a mesma coisa com livros de mulheres negras. Os estudantes desse curso sentiram que, sem as escritas de mulheres negras, haveria uma lacuna enorme na nossa compreensão; que foi importante para eles ler a escrita de mulheres negras sobre nossa história coletiva, contando histórias, interpretando nossa experiência, ao invés de somente lerem perspectivas brancas. Como essas escritas pareceram muito mais relevantes para os estudantes do que as escritas de mulheres brancas, foi importante para eles conhecer pontos de vista brancos como comparação e contraste, para ver similaridades e diferenças em perspectiva.

Com certeza é relevante e necessário para pessoas de qualquer grupo étnico/racial realizar um importante papel na criação e disseminação de material sobre suas experiências particulares. É também importante para todos nós trabalhar para aprender mais um sobre o outro, e tal aprendizagem é frequentemente mais bem expressa em trabalhos e estudos concentrados sobre outro grupo. Eu não desencorajaria nenhum estudante negro que quisesse escrever sobre a experiência dos nipo-estadunidenses nos campos de detenção dos Estados Unidos durante a Segunda Guerra Mundial; mas gostaria que o estudante tivesse clareza de por que ele ou ela quer escrever sobre esse assunto, e sugeriria uma análise cuidadosa para garantir que a perspectiva do estudante não refletisse enviesamento racial. Aprender sobre outros grupos e escrever sobre o que nós aprendemos pode ser uma maneira de desaprender o racismo, de desafiar estruturas de dominação. Isso é especialmente verdade em estudos que pessoas não brancas fazem umas sobre as outras. Muitas pessoas negras sabem pouco sobre a experiência de asiáticos ou indígenas dos Estados Unidos. Embora haja muitos livros novos sobre negros interligados com diferentes grupos indígenas, ainda não há nenhum trabalho feito a partir de uma perspectiva negra (que eu conheça) que poderia adicionar muito à nossa compreensão dessa experiência. Quando o pesquisador branco Robert Hemenway publicou sua biografia de Zora Neale Hurston, ele escreveu, na introdução:

> Minha intenção sempre foi muito simples. Zora Neale Hurston é uma artista literária de talento suficiente para merecer um estudo intensivo, tanto como artista quanto como intelectual. Ela merece um lugar importante na história literária norte-americana. Eu tento demonstrar o porquê disso, não no interesse de produzir um livro "definitivo" — esse livro ainda precisa ser escrito, e por uma mulher negra —, mas a fim de fornecer uma nova e mais aproximada análise da carreira incomum dessa complexa autora.

Como crítica literária negra, sempre apreciei essa afirmação, não porque eu compartilho da noção de trabalhos "definitivos", mas porque compartilho da ideia de uma mulher negra poder escrever sobre Hurston de maneiras que iluminariam sua escrita e que seriam radicalmente diferentes daquelas de outros pesquisadores. Ao refutar efetivamente a posição de "autoridade", Hemenway encoraja mulheres negras a participarem da construção dos estudos sobre Hurston e abre caminho para a possibilidade de uma mulher negra que escreva sobre Hurston ter uma percepção especial.

No primeiro dia da minha aula sobre romancistas negras contemporâneas — uma aula na qual todos os alunos eram brancos —, estudantes expressaram desconforto por não haver nenhuma mulher negra na sala, e então outros estudantes expressaram sentimentos similares. Quando pedi que explicassem por que isso os incomodava, eles responderam que parecia um pouco absurdo ouvirem um ao outro falando sobre ficção de mulheres negras, que provavelmente diriam coisas estúpidas, coisas racistas, e que queriam ouvir de uma mulher negra. Ainda que eu acredite que é um gesto significativo de jovens mulheres brancas em uma cultura de supremacia branca procurar ouvir de mulheres negras, desejar ouvir e aprender a partir de mulheres negras, adverti os estudantes dos riscos de transformar as esferas de discussão sobre tópicos raciais (ou, nesse caso, a escrita de mulheres negras) em mais um setor onde nós, como pessoas negras, somos convocadas a assumir a principal responsabilidade por compartilhar experiências, ideias e informação. Tal gesto põe pessoas negras mais uma vez numa posição de servidão, atendendo às necessidades dos brancos. Enfatizei que a situação ideal para o aprendizado é sempre aquela em que há diversidade e diálogo, em que haveria mulheres e homens de vários grupos. Mas também insisti que todos nós devemos ser capazes de aprender sobre um grupo étnico/racial e estudar sua literatura mesmo se nenhuma pessoa daquele grupo estiver presente. Eu disse aos estudantes que não achava que precisasse ser um homem branco para compreender *O sol também se levanta*, de Hemingway, nem achava que precisasse estar numa sala com homens brancos para estudar esse romance. Entretanto, reconheço que, como mulher negra lendo esse escritor branco, eu poderia ter *insights* e interpretações bastante diferentes daqueles de leitores brancos, que poderiam abordar o texto supondo que a representação da realidade social do homem branco do romance era compartilhada por eles. Entretanto, eu consideraria meus *insights* igualmente válidos, como pensei que meus alunos deveriam ver seus *insights* sobre a ficção de mulheres negras como válidos, mesmo que a discussão fosse mais complexa e interessante se essas percepções fossem compartilhadas num ambiente com ideias de mulheres negras.

Eu compartilhei com essa turma uma preocupação sobre como o recente foco feminista nas diferenças, especialmente diferenças raciais, tem levado à ideia de que mulheres brancas devem abdicar da responsabilidade de responder a trabalhos escritos por "outros diferentes". Eu fiquei incomodada quando li *How to Suppress Women's Writing* [Como suprimir a escrita de mulheres], de Joanna Russ, no qual ela enfatizava a importância da literatura de mulheres não brancas dizendo que não acreditava que, como pesquisadora branca, estivesse em posição de falar sobre esses trabalhos. Ao final do livro, ela listou muitas citações de trabalhos de mulheres não brancas, encorajando ostensivamente os leitores a ler tais autoras, a enxergar suas palavras como relevantes. Esse gesto me incomodou porque também implicava que mulheres não brancas representavam um grupo cujas experiências e cuja escrita estão tão distantes das de uma mulher branca que ela não pode abordar tal trabalho crítica e analiticamente. Essa hipótese pode muito bem reforçar o racismo. Ajuda — como estudantes brancos na sala apontaram — a tirar o fardo da responsabilidade das mulheres brancas e a depositá-lo somente sobre mulheres não brancas. Ao mesmo tempo que reconheço que há provavelmente mulheres não brancas que veem como apropriado Russ assumir essa posição passiva, evitando afirmar seus pensamentos sobre a literatura de mulheres negras, eu adoraria ouvir tais pensamentos. Eu adoraria uma frase começando com: "como uma mulher branca lendo *Sula*, de Toni Morrison, eu estava...". Tal posição permitiria que pesquisadoras brancas compartilhassem suas ideias sobre a escrita de mulheres negras (ou a escrita de qualquer grupo de mulheres) sem supor que seus pensamentos seriam vistos como "definitivos", ou que estivessem tentando ser a "autoridade". Novamente, só posso reiterar um ponto discutido ao longo deste texto: que problemas surgem não quando pessoas brancas escolhem escrever sobre as experiências de pessoas não brancas, mas quando tal material é apresentado como "de autoridade".

Estudos feministas interétnicos deveriam enfatizar o valor de um trabalho de pesquisa, bem como a perspectiva singular que todo pesquisador traz para dar base ao assunto. Eu não desejo uma situação na qual somente mulheres negras sejam encorajadas a escrever sobre assuntos relacionados à experiência da mulher negra. Mas desejo ajudar a construir um mundo onde a pesquisa e o trabalho de mulheres negras sejam valorizados de modo que possamos ser motivadas a fazer tal trabalho, para que nossas vozes sejam ouvidas. Desejo ajudar a construir um mundo onde nosso trabalho seja levado a sério, valorizado e aclamado, um mundo onde tal trabalho seja visto como necessário e significativo.

07.
por uma pedagogia feminista revolucionária

Minha professora favorita no ensino médio era a senhora Annie Mae Moore, uma mulher negra baixa e corpulenta que tinha dado aulas para minha mãe e minhas tias. Ela contava uma história atrás da outra sobre a rapidez e a rebeldia delas, e me falava dos jeitos em que eu era como mamãe, dos jeitos em que eu era mais verdadeiramente eu mesma. Ela poderia te agarrar e te virar do avesso, pôr nos eixos — esses eram os comentários que o pessoal fazia sobre o ensino dela: assim saberíamos o que iríamos enfrentar quando entrássemos em sua sala de aula. Ela era apaixonada por seu modo de ensinar, confiante de que seu trabalho na vida era uma pedagogia de libertação (palavras que ela não usou, mas viveu instintivamente), que abordaria e confrontaria nossas realidades como crianças negras crescendo no sul segregado, crianças negras crescendo dentro de uma cultura de supremacia branca. A senhora Moore sabia que, se era para sermos completamente autorrealizados, então o trabalho dela, e o trabalho de todos os nossos professores progressistas, não era só nos ensinar o conhecimento dos livros, mas nos ensinar uma visão de mundo contestadora — diferente daquela de nossos exploradores e opressores —, uma visão de mundo que nos permitisse ver a nós mesmos não através das lentes do racismo ou de estereótipos racistas, mas que nos permitisse focar de forma clara e nítida, olhar para nós mesmos e para o mundo ao redor crítica e analiticamente, ver a nós mesmos primeiro e acima de tudo nos esforçando pela completude, pela união de coração, mente, corpo e espírito.

Foi como estudante de escolas negras segregadas — a Booker T. Washington e a Crispus Attucks — que testemunhei o poder transformador do ensino, da pedagogia. Especialmente daqueles professores que abordavam seu trabalho como se fosse de fato uma pedagogia, uma ciência de ensino, exigindo diversas estratégias, abordagens, explorações, experimentações e riscos, que demonstravam o valor — o poder político — do ensino. O trabalho deles era verdadeiramente educar para uma consciência crítica. Nessas escolas segregadas, os professores eram quase todos mulheres negras. Muitas tinham escolhido ensinar num momento histórico em que os costumes exigiam delas que continuassem solteiras e sem filhos, sem vida erótica ou sexual aparentes. Entre elas havia professoras excepcionais, que dedicavam ao trabalho uma paixão, uma devoção, que até parecia um verdadeiro chamado, uma verdadeira vocação. Elas eram as professoras que concebiam visões de mundo contestadoras, que ensinavam a nós, jovens mulheres negras, que devíamos exaltar e glorificar o poder e a beleza de nosso intelecto. Elas nos ofereciam um legado de pedagogia libertadora que demandava resistência ativa e rebelião contra o machismo e o racismo. Elas incorporavam a seu trabalho, a suas vidas (pois nenhuma aparentava ser uma torturada solteirona distanciada e alienada do mundo ao redor), um espírito feminista. Eram participantes ativas na comunidade negra, moldando nossos futuros, mapeando nossos terrenos intelectuais, compartilhando fervor e visão revolucionária. Eu escrevo estas palavras, este ensaio, para expressar a honra e o respeito que tenho por elas, porque elas têm sido minhas guardiãs pedagógicas. O trabalho delas teve um profundo impacto na minha consciência, no meu desenvolvimento como professora.

Durante meus anos na pós-graduação, eu esperava por aquela fase dos estudos quando abordaríamos o significado e a importância da pedagogia, quando aprenderíamos sobre ensino, sobre como ensinar. Esse momento nunca chegou. Por anos, para me guiar, eu me apoiava naqueles primeiros modelos de ensino de excelência. Mais especificamente, compreendi a partir das professoras daquelas escolas segregadas que o trabalho de qualquer professor comprometido com a autorrealização total dos estudantes é necessária e fundamentalmente radical, que ideias não são neutras, que ensinar de forma a libertar, expandir a consciência, despertar, é desafiar a dominação em sua própria essência. É isso que Paulo Freire chama de "educação como prática da liberdade". Na introdução da edição em inglês da *Pedagogia do oprimido*, de Freire, Richard Shaull escreve:

> A educação funciona tanto como um instrumento utilizado para facilitar a integração das gerações mais jovens à lógica do sistema presente e dar conformidade a isso, quanto se torna "a prática da liberdade", o meio pelo qual homens e mulheres lidam crítica e criativamente com a realidade e descobrem como participar da transformação de seu mundo.

Um movimento feminista libertador pretende transformar a sociedade erradicando o patriarcado, acabando com o machismo e a opressão sexista, desafiando as políticas de opressão em todas as frentes. A pedagogia feminista só pode ser libertadora se for verdadeiramente revolucionária, pois os mecanismos de apropriação dentro do patriarcado de supremacia branca e capitalista são capazes de cooptar com tremenda facilidade o que meramente parece radical ou subversivo. Nos Estados Unidos, o movimento feminista recente foi sustentado em parte pelos esforços de mulheres acadêmicas para constituir o ambiente universitário como um local central de desenvolvimento e disseminação do pensamento feminista. Os estudos sobre mulheres têm sido o lugar desse esforço. Dada a maneira como universidades trabalham para reforçar e perpetuar o *statu quo*, o modo como o conhecimento é oferecido como mercadoria, os estudos sobre mulheres podem facilmente se tornar um lugar onde pensamento feminista revolucionário e ativismo feminista são submersos ou secundarizados para os propósitos do carreirismo acadêmico. Sem menosprezar qualquer luta nossa como acadêmicas que batalham para ter sucesso nas instituições, tal esforço apenas será completamente compatível com uma luta feminista libertadora quando conectarmos estas duas dimensões de maneira consciente, cuidadosa e estratégica. Quando essa conexão é feita, mas não consolidada, ou quando nunca é evidente, os estudos sobre mulheres se tornam tanto um terreno exótico para aqueles poucos politicamente chiques buscando afirmação quanto um pequeno acordo dentro de uma estrutura institucional maior na qual mulheres (principalmente mulheres brancas) têm uma base de poder que, ao invés de se opor, simplesmente espelha o *statu quo*. Quando a luta feminista é o alicerce central para a educação feminista, os estudos sobre mulheres e a sala de aula feminista (que pode existir fora dos domínios dos estudos sobre mulheres) podem ser lugares onde a educação é a prática da liberdade, o lugar para a pedagogia libertadora.

Neste momento histórico, existe uma crise de comprometimento dentro das universidades, pois, quando o conhecimento se mercantiliza, muito do ensino autêntico cessa. Estudantes que querem aprender estão ávidos por um espaço onde possam ser desafiados intelectualmente. Estudantes, assim como muitos de nós que ensinamos, sofrem de uma crise de significado, incertos sobre o que tem valor na vida, incertos até mesmo sobre se é importante continuar vivo. Eles esperam por um contexto em que suas necessidades de subjetividade possam ser integradas ao estudo, em que o principal foco é um espectro mais amplo de ideias e modos de questionamento — resumindo, um contexto dialético em que haja um sério e rigoroso intercâmbio crítico. Este é um tempo importante e empolgante para a pedagogia feminista, porque nosso trabalho atende a essas necessidades na teoria e na prática.

A educação feminista — a sala de aula feminista — é e deveria ser um lugar onde há um senso de luta, onde há um reconhecimento visível da união entre teoria e prática, onde trabalhamos juntos como professores e alunos para superar o distanciamento e a alienação que tanto têm se tornado a norma na universidade contemporânea. A pedagogia feminista deveria, sobretudo, envolver os estudantes em um processo de aprendizado que fizesse o mundo "mais real" e não "menos real". Nas minhas salas de aula, nós trabalhamos para afastar a noção de que nossa experiência não é uma experiência do "mundo real". Isso é especialmente fácil, uma vez que gênero é um assunto muito urgente na vida contemporânea. Cada aspecto da cultura popular nos alerta para a realidade de que as pessoas estão pensando sobre gênero tanto de maneira reacionária quanto progressista. O importante é que pensem criticamente. E é esse espaço que dá a possibilidade de intervenção feminista, seja em nossas salas de aulas, seja na vida dos estudantes fora da sala de aula. Ultimamente, tem havido um corpo discente bastante diverso em minhas aulas e em outras aulas feministas nas universidades ao redor dos Estados Unidos. Muitos de nós têm se perguntado "o que está acontecendo?", ou "por que todos esses homens e homens brancos nas aulas?". Esse corpo discente diverso reflete a preocupação sobre assuntos de gênero, um dos assuntos reais importantes na vida privada das pessoas que é abordado academicamente. Paulo Freire escreve: "a educação como prática da liberdade, ao contrário daquela que é prática de dominação, implica a negação do homem abstrato, isolado, solto, desligado no mundo, assim como também a negação do mundo como uma realidade ausente dos homens".

Para construir uma pedagogia feminista revolucionária, precisamos desatar nossas amarras às formas tradicionais de ensino que reforçam a dominação. Isso é muito difícil. Cursos de estudos sobre mulheres costuman ser vistos como insuficientemente acadêmicos porque discutem muita "coisa pessoal". O medo de que seus cursos sejam vistos como aulas "instintivas" tem levado muitas professoras feministas a se apoiar mais em estilos pedagógicos tradicionais. Isso é deplorável. Certamente, a alternativa radical para o *statu quo* nunca deveria ter sido uma mera inversão. Crítico à ausência de qualquer foco na experiência pessoal em salas de aula tradicionais, tal foco se torna a característica central nas salas de aula feministas. Esse modelo deve ser visto criticamente, pois, mesmo que o "pessoal" seja um tópico constante de conversa, uma aula ainda pode reforçar a dominação, sem transformar a consciência sobre gênero.

Para se ter uma pedagogia feminista revolucionária, devemos, primeiro, focalizar a relação professor-aluno e a questão do poder. Como nós, professoras feministas, usamos o poder de uma maneira que não seja coerciva, dominadora? Muitas mulheres têm tido dificuldades em afirmar o poder na sala de aula feminista por medo de, ao fazer isso, estar exercendo a dominação. Porém, é preciso reconhecer que o papel de professora é uma posição de poder sobre outras pessoas. Nós podemos usar esse poder de jeitos que as diminuam ou as enriqueçam, e é essa escolha que deveria diferenciar a pedagogia feminista do ensino que reforça a dominação. Um jeito simples de alterar a forma pela qual seu "poder" como professora é experimentado na sala de aula é eleger não assumir a postura de um professor sabe-tudo. Isso também é difícil. Quando reconhecemos que não sabemos tudo, que não precisamos ter todas as respostas, corremos o risco de estudantes deixarem nossas salas de aula e contarem para outras pessoas que não estamos preparados. É importante deixar claro para os alunos que estamos preparados e que a boa vontade em sermos abertos e honestos sobre o que não sabemos é um gesto de respeito a eles.

Para ser contestador na sala de aula feminista, deve-se ter um padrão de avaliação diferente da norma. Muitas de nós tentamos novas maneiras de ensinar sem mudar os padrões pelos quais avaliamos nosso trabalho. Frequentemente, saímos da sala de aula nos sentindo incertas sobre o processo de aprendizado, ou até mesmo preocupadas por estarmos falhando como professoras. Deixa eu compartilhar um problema em particular que enfrentei. Meu estilo de sala de aula é bastante confrontador. É um modelo de pedagogia baseado na hipótese de que muitos estudantes que farão aulas comigo têm medo de se afirmar como pensadores críticos, têm medo de falar (especialmente estudantes de grupos oprimidos e explorados). A esperança revolucionária que eu trago para a sala de aula é a de que ela se torne um espaço onde eles possam encontrar a voz. Diferente do modelo feminista estereotipado que sugere que mulheres encontrem a voz num ambiente seguro, onde nós todas somos gentis e afetivas, eu encorajo os estudantes a trabalharem para alcançar a voz numa atmosfera onde podem ter medo ou se ver em risco. O objetivo é permitir que todos os estudantes, não somente os poucos assertivos, sintam-se empoderados numa discussão rigorosa e crítica. Muitos estudantes acham essa pedagogia difícil, assustadora e muito exigente. Eles não costumam sair das minhas aulas falando sobre o quanto gostaram da experiência.

Um aspecto de modelos tradicionais de ensino que eu não abandonei foi o desejo por reconhecimento imediato do meu valor como professora, por consideração imediata. Muitas vezes eu não me sentia querida ou considerada, e isso era difícil de aceitar. Refleti sobre as experiências dos meus alunos e sobre o fato de que aprendi mais nas aulas das quais eu reclamava e de que não gostava, e isso me ajudou a retrabalhar a hipótese tradicional de que a resposta positiva imediata é digna de valor. Paralelamente a isso, descobri que os estudantes que muitas vezes sentiam que odiavam uma aula comigo voltavam mais tarde para dizer o quanto haviam aprendido, que compreendiam que era esse estilo diferente que fazia ser difícil, e também as diferentes exigências. Eu comecei a ver que os cursos que trabalhavam para trocar paradigmas, mudar consciências, não podiam necessariamente ser experimentados de imediato como divertidos ou positivos ou seguros, e que isso não era um critério digno de se usar em uma avaliação.

Na sala de aula feminista, é importante definir os termos do compromisso e identificar o que queremos dizer quando falamos que um curso será ministrado a partir de uma perspectiva feminista. Com frequência, as explicações iniciais sobre pedagogia têm um sério impacto em como os estudantes experimentam o curso. É importante falar sobre estratégia pedagógica. Por um tempo, eu supus que os alunos simplesmente pegariam o jeito da coisa, veriam que eu estava tentando ensinar de uma maneira diferente e aceitariam isso sem explicação — o que significava muitas vezes que eu explicava depois de ser criticada. É importante para professoras feministas explicar não só o que se distinguirá na experiência da sala de aula, mas reconhecer abertamente que os alunos devem considerar se desejam estar em tal espaço de aprendizado. No nível básico, muitas vezes os alunos ficam desgostosos com o fato de eu fazer chamada, mas vejo a experiência da sala de aula como uma experiência de aprendizado única: perder aula é realmente perder um aspecto significativo do processo. Afeta as notas se os alunos frequentam as aulas ou não, e isso incomoda aqueles que não estão acostumados a levar a presença a sério. Outro assunto importante para mim é que cada aluno participe da discussão em sala de aula, que cada aluno tenha uma voz. Essa é uma prática que acredito ser importante não só porque todo aluno tem algo valioso a dizer (isso nem sempre é verdade), mas porque, frequentemente, alunos que de fato têm comentários relevantes para contribuir ficam em silêncio. Nas minhas aulas, a voz de todos é ouvida enquanto os alunos leem parágrafos que podem explorar um assunto particular. Eles não têm a oportunidade de se recusar a ler os parágrafos. Quando ouço a voz deles, eu me torno mais consciente da informação que eles não sabiam que podiam fornecer. Não importa se uma sala é grande ou pequena, tento conversar com todos os alunos individualmente ou em pequenos grupos, de modo que eu tenha uma noção de suas necessidades. Como podemos transformar consciências se nós não temos nenhuma ideia de onde os estudantes estão intelectual e psicologicamente?

A preocupação com como e o que os alunos estão aprendendo valida e legitima uma abordagem, embora pequena, ao relato pessoal durante a discussão em sala de aula. Eu encorajo os alunos a relacionarem a informação que estão aprendendo com as identidades pessoais que estão querendo construir, mudar, afirmar socialmente. Se o objetivo do relato pessoal não é narcisista, ele deve acontecer dentro de uma abordagem crítica relacionada com o material que está sendo discutido. Quando, por exemplo, estou ensinando sobre o romance *O olho mais azul*, de Toni Morrison, peço para os alunos escreverem parágrafos pessoais sobre a relação entre raça e beleza física, que eles depois leem em sala. Esses parágrafos podem revelar dor, feridas, ao mesmo tempo que exploram e expressam modos pelos quais os alunos são vitimados pelo racismo e pelo machismo, ou podem expressar ideias racistas e machistas. Mesmo assim, os parágrafos permitem que eles abordem o texto de uma maneira diferente. Eles podem ler o romance de modo diferente. Podem conseguir ser mais críticos e analíticos. Se isso não acontece, então os parágrafos falham como instrumento pedagógico. Para fazer das salas de aula feministas um lugar de experiências de aprendizado transformadoras, devemos constantemente tentar novos métodos, novas abordagens.

Finalmente, não podemos ter uma pedagogia feminista revolucionária se não tivermos feministas revolucionárias na sala de aula. Disciplinas de estudos sobre mulheres devem mais do que oferecer um estilo de ensino diferente: devemos realmente desafiar questões de machismo e opressão machista, tanto pelo que ensinamos quanto por como ensinamos. É verdadeiramente um esforço coletivo. Devemos aprender uns com os outros, compartilhando ideias e estratégias pedagógicas. Eu convido colegas feministas a participarem de minhas aulas, mas elas não vão. A territorialidade da sala de aula é outro tabu tradicional. Ainda assim, se estamos aprendendo uns com os outros, se estamos desenvolvendo uma estratégia concreta para radicalizar nossas salas de aula, devemos estar mais comprometidos como grupo. Devemos estar dispostos a desconstruir essa dimensão de poder, desafiar, modificar e criar novas abordagens. Se vamos nos mover em direção a uma pedagogia feminista revolucionária, devemos nos desafiar e desafiar uns aos outros para restaurar a dimensão radical e subversiva da luta feminista. Nós devemos estar dispostos a restaurar o espírito do risco — a ser rápidos, selvagens, capazes de segurar as rédeas, dar a volta, transformar.

08.
negra e mulher: reflexões sobre a pós-graduação

Buscando material para ler durante uma aula sobre mulheres e raça, encontrei um ensaio que me fascinou na revista *Heresies: Racism Is the Issue* [Heresias: racismo é a questão]. Percebi que era uma das primeiras discussões escritas em língua inglesa sobre os esforços que graduandos negros (e principalmente mulheres negras) enfrentam quando estudam em universidades predominantemente brancas. O ensaio "On Becoming a Feminist Writer" [Sobre se tornar uma escritora feminista] é de Carole Gregory. Ela começa explicando que foi criada em bairros racialmente segregados, mas que ninguém tinha realmente lhe explicado "o racismo branco ou o machismo de homens brancos". Psiquicamente, ela não estava preparada para enfrentar esses aspectos da realidade social, embora eles fossem visíveis logo que ela se matriculou nas aulas:

> Mastigando um cachimbo marrom, o professor branco disse: "departamentos de inglês não contratam negros ou mulheres!". Como uma guilhotina, a voz dele parecia arrancar minha cabeça. Racismo na minha cidade natal era um código econômico de etiqueta que sufocava negros e mulheres.

> "Se você puder explicar esses cursos, é só o que eu quero", eu respondi. Porém, eu queria matar esse homem. Somente meu condicionamento como mulher me impediu de golpear a cara vermelho-vulcão dele. Meus impulsos assassinos estavam a mil.

O ensaio narra os esforços dela para buscar uma disciplina que a interessasse sem permitir que o racismo ou o machismo frustrassem ou destruíssem sua curiosidade intelectual, seu desejo de ensinar. As palavras daquele homem branco professor de literatura norte-americana ecoam na mente dela anos depois, quando tem dificuldade em conseguir um emprego, quando confronta a realidade de que professoras universitárias de inglês negras são raras. Embora ela o tenha escrito em 1982, o ensaio conclui com o seguinte comentário:

> Muitos anos atrás, um professor de literatura norte-americana tinha amaldiçoado o destino de "negros e mulheres". Havia verdade nas suas palavras horríveis. Você já teve uma mulher negra como professora de inglês no norte? Poucas de nós éramos capazes de ganhar a vida. Nos últimos anos, tenho trabalhado como professora adjunta de inglês. Ensinar me traz grande satisfação; passar fome, não... Ainda me lembro da cor vermelha do rosto que disse: "departamentos de inglês não contratam negros ou mulheres". As mulheres podem mudar essa condenação? Esses são fragmentos que eu acrescento ao meu ensaio.

Lendo o ensaio de Carole Gregory, eu me recordo de que, em todos os meus anos cursando as aulas no departamento de inglês, nunca fui ensinada por mulheres negras. Nos meus anos de docência, encontrei estudantes tanto nas aulas de inglês quanto em outras disciplinas que nunca tinham sido ensinados por mulheres negras. Criada em escolas segregadas até o segundo ano do ensino médio, eu tive maravilhosas professoras negras. Nunca me ocorreu que eu não as encontraria nas salas de aula da universidade. Embora eu tenha estudado em quatro universidades — Stanford, Wisconsin, Sul da Califórnia e Califórnia em Santa Cruz —, nunca tive a oportunidade de estudar com uma professora de inglês negra. Elas nunca eram membros do corpo docente. Eu me considerava sortuda por estudar com um professor visitante negro em Stanford e um outro na Universidade do Sul da Califórnia, mesmo que ambos relutassem em apoiar e encorajar alunas negras. Apesar do machismo e do racismo internalizados, gostei deles como professores e senti que afirmavam que pesquisadores negros podem ensinar literatura, podem trabalhar em departamentos de inglês. Eles ofereciam um grau de apoio e consideração, embora relativo, que combatia os intensos racismo e machismo de muitos professores brancos.

Mudanças nas práticas de contratação têm significado que há mais professores negros em universidades predominantemente brancas, mas a presença deles pouco suaviza o racismo e o machismo de professores brancos. Durante meus anos na pós-graduação, eu temia falar cara a cara com professores brancos, especialmente homens brancos. Eu não desenvolvi esse medo na graduação porque nas universidades se assumia simplesmente que estudantes negros, principalmente estudantes negras, não eram espertos o suficiente para fazer pós-graduação. Enquanto essas opiniões racistas e machistas raras vezes são afirmadas diretamente, a mensagem era transmitida por meio de várias humilhações direcionadas aos estudantes para envergonhá-los e quebrar seu espírito. Estávamos aterrorizados. Na graduação, eu cuidadosamente evitava aqueles professores que tinham deixado claro que a presença de qualquer estudante negro em suas aulas não era desejada. Ao contrário do primeiro encontro de Carole Gregory, eles não faziam comentários racistas. Ao invés disso, comunicavam suas mensagens de modo sutil, esquecendo seu nome quando liam a lista de presença, evitando olhar para você, fingindo que não ouviam quando você falava e, às vezes, ignorando-a completamente.

Na primeira vez em que isso aconteceu comigo, eu fiquei perplexa e aterrorizada. Era claro para mim e para todos os outros alunos brancos que o professor, um homem branco, estava dirigindo um tratamento agressivo somente a mim. Esses outros estudantes compartilharam comigo o fato de que eu provavelmente não passaria na disciplina: não importasse quão bom fosse meu trabalho, o professor encontraria alguma coisa errada nele. Eles nunca sugeriram que esse tratamento fosse causado por racismo e machismo — era só o professor que, por nenhuma razão "aparente", decidiu não gostar de mim. É claro, houve raras ocasiões em que fazer uma disciplina significava tanto para mim que eu tentava enfrentar o racismo, conversar com o professor; e havia aquelas disciplinas obrigatórias. Cada vez que eu tentava conversar com os professores sobre racismo, eles sempre negavam qualquer culpabilidade. Diziam quase sempre: "eu nem percebo que você é negra".

Na pós-graduação, foi especialmente difícil escolher disciplinas que não fossem ministradas por professores muito racistas. Embora fosse possível resistir nomeando o problema e enfrentando a pessoa, era raro encontrar alguém que levasse a sério tais acusações. A figura dos professores brancos era apoiada por instituições de supremacia branca, por colegas racistas, por hierarquias que punham a palavra do professor acima da do estudante. Quando eu falava para os professores mais solidários sobre comentários racistas ditos a portas fechadas, durante horários de atendimento ao aluno, havia sempre uma expressão de descrença, surpresa e suspeita sobre o rigor do que eu estava reportando. Normalmente eles ouviam porque sentiam que era sua obrigação liberal fazer isso. A descrença deles, a recusa em se responsabilizar pelo racismo branco, tornava impossível que mostrassem autêntica preocupação ou ajuda. Um professor de literatura de escritores brancos do século XVIII me convidou para sua sala e me disse que se esforçaria pessoalmente para que eu nunca recebesse um título de pós-graduação. Como muitos outros alunos da minha sala, escrevi um trabalho num estilo que ele desaprovava, embora somente eu tivesse recebido essa resposta. Era frequente nas próprias áreas de literatura britânica e norte-americana, onde o racismo é abundante nos textos estudados, que eu encontrasse indivíduos racistas.

Pouco a pouco comecei a mudar meu interesse, de literatura norte-americana antiga para trabalhos mais modernos e contemporâneos. Essa mudança foi bastante influenciada por um encontro com um professor branco de literatura norte-americana cujo racismo e machismo eram ilimitados. Nas aulas dele, eu, assim como outros estudantes, estava sujeita a piadas racistas e machistas. Qualquer um de nós que, segundo ele, não deveria estar numa pós-graduação era objeto de particular escárnio e ridicularização. Quando fazíamos apresentações orais, ele nos dizia que nosso trabalho era estúpido, patético, e que não poderíamos terminar. Se resistíamos de algum modo, a situação piorava. Quando fui falar com ele sobre sua atitude, ele me disse que eu realmente não tinha jeito para a pós-graduação, que eu deveria abandonar o curso. Minha raiva veio à tona e comecei a gritar e chorar. Eu me lembro de gritar ferozmente: "você me ama? Se não me ama, então como pode ter qualquer ideia sobre minhas preocupações e habilidades? E quem é você para sugerir isso com base em uma aula?". Ele, é claro, não estava sugerindo nada. A disciplina dele era uma das quais eu tinha que ser aprovada para me formar. Ele estava me dizendo que eu poderia evitar o abuso sistemático simplesmente largando o curso. Eu não ia largar. Continuei a trabalhar mesmo que estivesse claro que eu não teria sucesso, mesmo quando a perseguição se tornou mais intensa. E mesmo resistindo constantemente.

Naquele tempo, meus humores ficaram mais e mais depressivos. Comecei a sonhar que entrava na sala do professor com uma arma carregada. E ali eu exigiria que ele me ouvisse, que experimentasse o medo, a humilhação. Nos meus sonhos, eu podia ouvir sua voz de súplica me implorando para não atirar, para ficar calma. Assim que eu abaixava a arma, ele voltava a ser o que era. Quando esse sonho se tornou uma parte constante demais das minhas fantasias enquanto eu estava acordada, eu soube que era hora de dar uma pausa na pós-graduação. Mesmo assim, sentia como se o terrorismo dele tivesse sido bem-sucedido, que ele tinha de fato quebrado meu espírito. Foi esse sentimento que me levou a retomar a pós-graduação, as aulas dele, porque eu sentia que tinha dado a ele muito poder sobre mim e precisava reconquistar o sentido de existência e de integridade pessoal que eu permiti que ele diminuísse. Ao longo de grande parte da minha carreira na pós-graduação, disseram-me que "eu não tinha a postura adequada de uma estudante de pós-graduação". Em um curso de pós-graduação, a mulher negra na minha frente, que também estava sujeita à agressão racista e machista, falou que eles diziam que ela não era tão esperta quanto eu, mas que sabia o lugar dela. Eu não sabia o meu lugar. Jovens brancos e brancas radicais começaram a usar a frase *student as nigger*, "estudando como preto", justamente para chamar a atenção para a maneira como as hierarquias dentro das universidades encorajavam a dominação do impotente pelo poderoso. Em muitas universidades, a postura apropriada de um aluno de pós-graduação é exemplar quando se é obediente, quando ele ou ela não desafia ou enfrenta a autoridade.

Durante a pós-graduação, estudantes brancos me diziam que era importante não questionar, desafiar ou enfrentar. O nível de tolerância deles parecia muito mais alto do que o meu próprio ou o de outros estudantes negros. Refletindo criticamente sobre as diferenças entre nós, era evidente que muitos dos estudantes brancos eram de classes privilegiadas. Tolerar as humilhações e as degradações às quais éramos submetidos na pós-graduação não punha radicalmente em questão a integridade e o senso de autoestima deles. Aqueles de nós que viemos de classes desprivilegiadas, que éramos negros, só éramos capazes de cursar a faculdade porque desafiamos duramente aqueles que tentaram nos fazer acreditar que éramos espertos, mas não "espertos o suficiente"; orientadores educacionais que se recusavam a nos contar sobre certas faculdades porque sabiam que não seríamos aceitos; pais que não davam necessariamente apoio ao trabalho de pós-graduação etc. Estudantes brancos não estavam vivendo diariamente num mundo fora do campus onde também tinham que enfrentar a degradação, a humilhação. Para eles, tolerar formas de exploração e dominação na pós-graduação não evocava imagens de uma vida inteira de abuso. Eles podiam suportar certas formas de dominação e abuso, aceitando isso como um processo de iniciação que acabaria quando se tornassem a pessoa no poder. De certa forma, consideravam a pós-graduação e suas muitas humilhações como um jogo, e se submetiam a jogar o papel de subordinado. Eu e muitos outros estudantes, especialmente estudantes não brancos de origens não privilegiadas, éramos incapazes de aceitar e jogar esse "jogo". Muitas vezes éramos ambivalentes sobre as recompensas prometidas. Muitos de nós não buscavam estar numa posição de poder sobre os outros. Embora desejássemos dar aulas, nós não queríamos exercer dominação autoritária coerciva sobre os alunos. Claramente, aqueles estudantes que jogavam melhor o jogo eram homens brancos, e eles não enfrentavam discriminação, exploração e abuso em muitas outras áreas de suas vidas.

Muitos estudantes negros que eu conheci se preocupavam por estarmos nos esforçando para participar das estruturas de dominação e por estarmos incertos sobre poder assumir posições de autoridade. Nós não podíamos nos imaginar assumindo papéis opressivos. Para alguns de nós, fracasso, fracassar, ser fracassado começava a parecer uma alternativa positiva, uma saída, uma solução. Isso era especialmente verdade para aqueles estudantes que sentiam que estavam sofrendo mentalmente, que nunca poderiam ser capazes de recuperar um sentido de completude ou bem-estar. Nos últimos anos, a consciência dos campi sobre a ausência de suporte para estudantes internacionais, que têm muitos conflitos e dilemas num ambiente onde seus códigos culturais não são reconhecidos, tem levado ao desenvolvimento de redes de apoio. Porém, tem havido pouco reconhecimento a estudantes negros e outros estudantes não brancos que sofrem problemas similares, que vêm de origens onde aprendemos diferentes códigos culturais. Por exemplo, podemos aprender que é importante não aceitar a dominação autoritária coerciva de alguém que não é um familiar mais velho — logo, podemos ter muitas dificuldades de aceitar estranhos assumindo tal papel.

Não muito tempo atrás, eu estava numa pequena festa com o corpo docente de uma grande universidade liberal da Califórnia, que até recentemente não tinha professoras ou professores negros no departamento de inglês como funcionários efetivos, embora houvesse alguns pesquisadores visitantes. Um membro docente não branco e eu começamos a falar sobre os problemas que alunos da pós-graduação enfrentam estudando em departamentos de inglês. Fizemos piada sobre o racismo, comentando que outras disciplinas estavam levemente mais dispostas a aceitar estudos das vidas e das obras de pessoas não brancas, apesar de tal trabalho raramente ser ratificado nos departamentos de inglês, onde o estudo de literatura geralmente consiste em muitos trabalhos de homens brancos e poucos de mulheres brancas. Falamos sobre como alguns lugares estavam lutando para mudar. Referindo-se a seu departamento, ele comentou que havia somente alguns poucos estudantes de pós-graduação negros, às vezes nenhum, e que uma vez dois estudantes negros, um homem e uma mulher, foram aceitos e ambos tiveram sérios problemas de saúde mental. Nas reuniões de departamento, os docentes brancos sugeriram que esses estudantes negros em questão não tinham os meios necessários para obter sucesso naquele programa de pós-graduação. Durante um tempo, nenhum estudante negro foi admitido. Essa história revelou que parte do fardo que esses estudantes devem ter carregado, que muitos de nós carregamos, é que nossa performance terá consequências futuras para todos os estudantes negros, e ter conhecimento disso intensifica a ansiedade de desempenho dos alunos desde o começo. Infelizmente, tendências racistas com frequência levam departamentos a ver o comportamento de um estudante negro como uma indicação da forma como todos os estudantes negros irão desempenhar academicamente. Certamente, se estudantes brancos, individualmente, têm dificuldade de se ajustar ou ter sucesso dentro de um programa de pós-graduação, isso não é visto como indicação de que todos os estudantes brancos irão fracassar.

As forças combinadas do racismo e do machismo frequentemente fazem com que a experiência da mulher negra pós-graduanda difira da experiência do homem negro. Enquanto ele pode estar sujeito a vieses raciais, sua masculinidade pode servir para mediar o quanto será atacado, dominado etc. Frequentemente se supõe que homens negros são mais capazes de ter sucesso na pós-graduação em inglês do que mulheres negras. Enquanto muitos pesquisadores brancos podem ter consciência da tradição intelectual masculina negra, eles raramente sabem sobre mulheres negras intelectuais. Tradições intelectuais afro-americanas, como também aquelas de pessoas brancas, têm sido dominadas por homens. Pessoas que conhecem os nomes de W. E. B. Du Bois ou Martin Delaney podem nunca ter ouvido falar de Mary Church Terrell ou Anna Cooper. O pequeno número de mulheres negras em posições permanentes nas instituições acadêmicas não constitui uma presença significativa forte o suficiente para desafiar vieses racistas e machistas. Muitas vezes a única mulher negra que professores brancos encontram é uma trabalhadora doméstica em suas casas. Porém, não há nenhum estudo sociológico, que eu saiba, que analise se a um grupo que tem sido visto como sem capacidade intelectual serão automaticamente concedidos respeito e reconhecimento se ele entrar em posições que sugerem que são pesquisadores representativos. Mulheres negras costumam ser uma "presença tão invisível" nos campi que muitos estudantes podem não estar cientes de que alguma mulher negra ministre aulas na universidade que eles frequentam.

Dada a realidade do racismo e do machismo, serem premiadas com uma formação avançada não significa que mulheres negras alcançarão equidade com homens negros ou outros grupos na profissão. Mulheres não brancas que trabalham em tempo integral constituem menos de três por cento do total do corpo docente na maior parte dos campi dos Estados Unidos. Racismo e machismo, especialmente no nível da pós-graduação, moldam e influenciam tanto o desempenho acadêmico quanto a empregabilidade de mulheres negras acadêmicas. Durante meus anos de trabalho na pós-graduação em inglês, eu enfrentava com frequência a hostilidade de estudantes brancos que sentiam que eu, por ser negra e mulher, não teria problemas para encontrar um emprego. Essa também era a resposta de professores em geral, se eu expressasse medo de não encontrar emprego. Ironicamente, ninguém jamais reconheceu que nunca tivemos aula com nenhuma dessas mulheres negras que estavam pegando todos os empregos. Ninguém queria enxergar que racismo e machismo talvez militem contra o emprego de mulheres negras, mesmo que sejamos vistas como um grupo ao qual será dada prioridade, status preferencial. Tais hipóteses, que estão geralmente enraizadas na lógica das ações afirmativas de contratação, não incluem reconhecer as formas como muitas universidades se esforçam para alcançar a diversidade docente, e que frequentemente diversidade significa contratar uma pessoa não branca, uma pessoa negra. Quando eu e outras pós-graduandas negras pesquisamos departamentos de inglês nos Estados Unidos, não vimos massas de mulheres negras e, acertadamente, ficamos preocupadas com nosso futuro.

Transferindo-me com frequência, frequentei várias pós-graduações; mas, finalmente, terminei meu trabalho na Universidade da Califórnia em Santa Cruz, onde encontrei apoio, apesar do predomínio do racismo e do machismo. Já que eu tinha muita experiência anterior, consegui questionar membros brancos do corpo docente antes de entrar no programa sobre se seriam receptivos e apoiariam meu desejo de estudar escritores afro-americanos. Eles me deram garantias positivas que se provaram verdadeiras. Há cada vez mais contextos universitários em que pós-graduandas negras e pós-graduandos negros podem estudar em atmosferas favoráveis. Racismo e machismo estão sempre presentes, embora não necessariamente moldem todas as áreas da experiência da pós-graduação. Quando falo com pós-graduandas negras que trabalham em departamentos de inglês, ouço que muitos dos problemas não mudaram, que elas experimentam o mesmo intenso isolamento e a mesma solidão que caracterizaram minha experiência. É por isso que penso ser importante mulheres negras no ensino superior escreverem e falarem sobre nossas experiências, sobre estratégias de sobrevivência. Quando eu estava enfrentando um momento muito difícil, li *Working It Out* [Fazendo dar certo]. Apesar do fato de as acadêmicas que descreveram como o machismo moldou a experiência delas na pós-graduação serem mulheres brancas, fui encorajada pela sua resistência, sua perseverança e seu sucesso. Ler essas histórias me ajudou a me sentir menos sozinha. Eu escrevi este ensaio por causa das muitas conversas que tive com pós-graduandas negras, que estão em desespero, frustradas, com medo de que as experiências que estão tendo sejam únicas. Quero que elas saibam que não estão sozinhas, que os problemas que surgem e os obstáculos criados pelo racismo e pelo machismo são reais — realmente machucam —, mas não são insuperáveis. Talvez estas palavras tragam consolo, aumentem a coragem delas e renovem seu espírito.

09.
sobre ser negra em Yale: educação como prática da liberdade

Nós morávamos numa região onde estradas não eram pavimentadas, onde a poeira assentava em nossas pernas, que eram lavadas com frescor e cingidas com óleo, onde podíamos desfilar e chacoalhar no meio da rua, por onde tão poucos carros passavam. Todo dia reclamávamos da longa caminhada para a pequena escola de madeira branca, e nosso pai nos contava de novo sobre os muitos quilômetros que ele tinha que caminhar para ir à escola. Queríamos silenciar suas palavras — sua experiência. Elas continuavam vindo, regressando conforme crescíamos, enquanto aprendíamos que a educação para o povo negro era difícil de conseguir, era luta, era necessária — um jeito de ser livre. Gerações de pessoas negras sabem o que significa ver a educação como prática da liberdade. Embora eu hoje diga estas palavras — que entraram primeiro na minha consciência por meio do trabalho do educador brasileiro Paulo Freire, companheiro e professor —, o significado delas sempre esteve na minha vida, na minha experiência. Crescendo numa comunidade onde me mandavam pra lá e pra cá para ler a Bíblia para a senhora Zula, pois ela não sabia, ler isso e aquilo, uma carta, as palavras numa caixa de sabão em pó, para ler, para escrever para os outros, como eu poderia não compreender a necessidade da alfabetização? Como eu poderia não desejar saber? E como eu poderia esquecer que o propósito do meu saber era sobretudo para que eu pudesse servir àqueles que não sabiam, para que eu pudesse aprender e ensinar a mim mesma — a educação como prática da liberdade?

Gerações de norte-americanos negros em um país de supremacia branca sabem o que significa ver a educação como prática da liberdade, sabem o que significa educar para uma consciência crítica. Em sua narrativa de escravizado de 1845, documentos que se encontram aqui na Universidade de Yale, Frederick Douglass cita como um momento de despertar crítico a insistência do senhor branco de que aprender a ler o tornaria inadequado para ser um escravizado:

> Era uma nova e especial revelação, explicando coisas obscuras e misteriosas, com as quais minha compreensão jovial tinha lutado, mas lutado em vão. [...] Daquele momento em diante eu compreendi o caminho da escravidão até a liberdade.

Nos tempos atuais, a alfabetização ainda é um assunto crucial — um direito que muitas pessoas negras lutam para obter, mesmo que pessoas negras mais do que nunca tenham a oportunidade de não somente de ler e escrever, mas também de se tornar mulheres e homens cultos, acadêmicos, intelectuais. Apesar da luta pelos direitos civis, das muitas reformas que tornam possível para nós estudar e ensinar em universidades ao redor dos Estados Unidos, continuamos a viver num país de supremacia branca. Ainda que não vivamos mais nas estruturas rígidas de *apartheid* racial que caracterizaram os momentos anteriores de nossa história, vivemos numa cultura de dominação, cercada por instituições — religiosas, educacionais etc. — que reforçam os valores, as crenças e as suposições subjacentes da supremacia branca. Mais do que nunca, pessoas negras educadas internalizam muitas dessas hipóteses, agindo em cumplicidade com as próprias forças de dominação que ativamente oprimem, exploram e negam à vasta maioria de nós acesso a uma vida que não seja prejudicada por pobreza brutal, desumanização, alienação extrema e desespero.

Acadêmicos negros não são confrontados individual e diariamente com os atos horrendos de discriminação racial e exploração que um dia serviram como lembretes constantes de que a luta para acabar com a dominação racial não poderia cessar — que nossa sina permanece intimamente conectada ao destino de todas as pessoas negras oprimidas nos Estados Unidos e no mundo. Isso tem levado muitos pesquisadores negros a desatentar das tradições radicais estabelecidas por educadores negros que estavam profundamente comprometidos em transformar a sociedade, que não estavam preocupados apenas com o progresso individual ou simplesmente transmitindo fatos sobre uma disciplina específica.

Yale é uma das muitas universidades nos Estados Unidos onde o significativo esforço político radical para transformar a instituição em termos de reconfiguração racial de estudantes e docentes, e em termos de perspectivas sobre o conhecimento e a realidade, não é mais lembrado — ou então é considerado sem importância. O fracasso em continuar a promover tal esforço não inibe somente a probabilidade de que a visão da liberdade acadêmica que tem iluminado os corações e as mentes de pesquisadores aqui possa um dia se realizar completamente; isso promove uma atmosfera de desmoralização, alienação e desespero entre estudantes e docentes preocupados e conscientes, especialmente estudantes e docentes negros. Independentemente de nossas perspectivas políticas, de buscas acadêmicas específicas ou de estilos de vida pessoais, pesquisadores negros de Yale, tanto discentes quanto docentes, confrontam a questão de raça de uma maneira ou de outra — na forma da nossa própria presença aqui. Pertencemos a este lugar? Nossa igualdade de inteligência e habilidade é reconhecida? Nós acreditamos que solidariedade é importante? Estamos servindo aos interesses da libertação negra? Valorizamos a educação como uma prática de liberdade?

Uma preocupação central para mim, como professora e pesquisadora, é essa última questão — a educação como uma prática de liberdade. Se pesquisadores negros estiverem ativamente comprometidos com uma pedagogia libertadora, então essa preocupação irá configurar e informar todas as outras percepções do nosso papel. É uma preocupação enraizada na consciência da realidade política, especialmente na situação de grupos oprimidos, uma preocupação que nos obriga a reconhecer como as instituições de ensino superior têm sido estruturadas, com o conhecimento sendo usado a serviço da manutenção da supremacia branca e de outras formas de dominação, uma preocupação que nos obriga a enfrentar a realidade de que a educação não é um processo neutro. Enfatizando esse mesmo ponto em seu prefácio à edição em inglês de *Pedagogia do oprimido*, de Paulo Freire, Richard Shaull afirma:

> A educação funciona tanto como um instrumento utilizado para facilitar a integração das gerações mais jovens na lógica do sistema presente e dar conformidade a isso, quanto se torna "a prática da

> liberdade", o meio pelo qual homens e mulheres lidam crítica e criativamente com a realidade e descobrem como participar da transformação de seu mundo.

Muitas vezes, pesquisadores que estão profundamente comprometidos em viabilizar uma visão de liberdade acadêmica são mais relutantes em reconhecer que a educação não é um processo neutro. Eles ficam incomodados quando discussões em sala de aula tomam um tom abertamente político, muito embora não se incomodem com bibliografias de cursos que promovem e perpetuam a supremacia branca. Em sua fala inaugural em Yale, Benno Schmidt declarou: "a missão central de uma universidade é preservar, disseminar e fazer avançar o conhecimento através do ensino e da pesquisa". E continuou: "a base dessa missão é a liberdade acadêmica e a adesão absoluta à liberdade de expressão dentro da universidade e às liberdades e proteções associadas a ela e que a sustentam". Repetidas vezes, a liberdade acadêmica é evocada para desviar a atenção das maneiras pelas quais o conhecimento é usado para reforçar e perpetuar a dominação, e das formas pelas quais a educação não é um processo neutro. Sempre que isso acontece, a própria ideia de liberdade acadêmica perde o significado e a integridade.

Esse assunto é especialmente relevante para pesquisadores negros. Nós também temos sido seduzidos pela falsa hipótese de que o objetivo da liberdade acadêmica é melhor cumprido por posturas de neutralidade política, por métodos de ensino que contradizem a realidade de que nossa própria escolha de tema, modo e estilo de representação incorpora significados ideológicos e políticos. Assumindo essa postura, há professores negros em Yale e em outras universidades que veem como essencial não chamar a atenção para raça e/ou racismo, que sentem que deveriam sempre se comportar de modo a tirar a ênfase da raça. Isso é extremamente trágico. Tal comportamento não atende de modo algum ao interesse da liberdade acadêmica. Ao contrário, participa da construção de uma realidade social onde prevalece a conformidade a uma norma de representação racista, masculina, branca, onde diferença e diversidade são atacadas e têm seu lugar e valor negados. A liberdade acadêmica é mais completa e verdadeiramente realizada quando há diversidade de representação e perspectiva intelectual. O racismo ameaça a realização desse ideal. Ao invés de se tornarem cúmplices na perpetuação da dominação racial, pesquisadores negros que valorizam a liberdade acadêmica devem trabalhar continuamente para estabelecer esferas de aprendizagem nas instituições onde a prática intelectual não seja caracterizada pela supremacia branca. Se tal lugar não pode existir ou não existe, nós traímos as tradições radicais que nos permitiram entrar nessas instituições e agimos de uma forma que garantirá e apoiará nossa exclusão no futuro. É nossa responsabilidade coletiva, tanto para conosco quanto para com as pessoas negras e as comunidades acadêmicas das quais participamos e às quais pertencemos, estabelecer e manter espaços acadêmicos e sociais onde os princípios da educação como prática da liberdade sejam promovidos.

Atualmente, somos convocados por uma circunstância alarmante — o ressurgimento da violência racista declarada, o aumento da carência e da pobreza, o analfabetismo generalizado e a avassaladora devastação psicológica que produz loucura em todas as fronteiras de classe — a examinar e reavaliar criticamente nosso papel como pesquisadores negros. Devemos nos perguntar como é possível, a muitos de nós, a falta de consciência crítica, a pouca ou nenhuma compreensão de políticas de raça, a negação de que a supremacia branca ameaça nossa existência e bem-estar, e a cumplicidade e a internalização do racismo, depreciando e desvalorizando a negritude. Nós devemos identificar como essas concepções, crenças e valores são expressos, a fim de construir estratégias de resistência e transformação. Acima de tudo, devemos chamar a atenção para esses aspectos da experiência negra — educacional e social — aqui em Yale, nos quais a negritude é afirmada e a educação como prática da liberdade é expressa.

Quando me candidatei a uma vaga de docente em Yale, fiz isso porque se tratava de uma nomeação conjunta com os estudos afro-americanos. Eu não teria aceitado um trabalho somente no departamento de inglês. Acreditava que iria encontrar nos estudos afro-americanos um lugar dentro da universidade onde a pesquisa com foco em pessoas negras seria inequivocamente considerada valiosa como uma parte da produção de conhecimento — tão necessária quanto qualquer outro trabalho. Acreditava que também encontraria apoio para qualquer trabalho que eu quisesse fazer como pesquisadora negra que não focasse pessoas negras. É um testemunho da luta e do compromisso de pesquisadores negros aqui de Yale, do passado e do presente, que trabalharam para consolidar os estudos afro-americanos, que, mesmo devastado pelo tempo e pelas circunstâncias, continue a ser tal lugar. Mesmo assim, esse espaço não pode permanecer forte para sempre num clima em que a própria ênfase em raça, em negritude, assim como em resistência radical à supremacia branca, que fomenta sua concepção, é considerada insignificante, já não mais essencial. Nem é suficiente que Yale seja um refúgio para alguns poucos pesquisadores individuais. Deve-se enriquecer e expandir a experiência educacional — as possibilidades intelectuais — da comunidade de Yale, afirmando, nesse esforço, a presença e o trabalho específicos de pessoas negras.

De muitas maneiras, a força e a fraqueza dos estudos afro-americanos refletem nossa condição coletiva como pessoas negras em Yale. Se o programa sofre — e eu acredito que sim — de uma crise de valorização e de comprometimento que tem levado à frustação, à desmoralização, à alienação e ao desespero, nós todos sofremos dessa crise. Estamos frustrados, desmoralizados, alienados, desesperados. Esses sentimentos são expressos por funcionários, discentes e docentes negros. Quando estudantes negros sentem que nós, como professores negros, temos desprezo por eles, suspeitamos de seus motivos, recusamo-nos a motivá-los... nós estamos em crise. Quando nós, professores negros, sentimos que estudantes negros não se esforçam para ter excelência em nossas aulas, tentam passar por cima, julgam-nos duramente, exploram nossa preocupação... nós estamos em crise. Quando professores negros são incapazes de se envolver num diálogo crítico, depreciam e desvalorizam a presença e o trabalho uns dos outros... nós estamos em crise. Nossa crise não é única. É um reflexo da experiência negra em todos os aspectos da vida contemporânea. Nossa disposição para abordar essa crise confirma nossa ligação com as massas de pessoas negras lutando para lidar com a realidade cambiante da experiência negra.

Não por acaso, essa crise de valorização está enraizada em questões não resolvidas de identidade e aliança. Nos anos 1960 e 1970, as universidades pareceram aceitar a diversidade como o cumprimento de uma situação ideal de aprendizado. Parecia haver uma disposição para permitir a coexistência da similaridade e da diferença. A negritude expressa através da diversidade de discursos, vestimentas, preocupações etc. poderia coexistir com o estudo acadêmico e a vida social não configurada por uma perspectiva negra. Celebrar a diferença era reagir contra a conformidade a uma norma branca, de classe privilegiada. Era uma atitude radical e subversiva, com o potencial de transformar o processo educacional por inteiro. Não só muitos estudantes negros eram capazes de sentir que pertenciam a universidades povoadas predominantemente por pessoas brancas; nós estávamos ansiosos para ter sucesso — e muitos de nós tiveram. Nosso compromisso de transformar a vida de pessoas negras, de "elevar a raça", de acabar com a dominação racial, era perfeitamente compatível com o estudo de disciplinas específicas. Era uma importante representação empírica da educação como prática da liberdade. Em conversa com o historiador branco Eugene Genovese, ele se recordou carinhosamente daqueles dias de 1968 em Yale, quando estudantes negros se encontraram para discutir as palestras dele para então poder melhor desafiá-lo e criticá-lo, empenhando-se no processo mútuo de aprendizagem que é a própria essência da pedagogia libertadora.

Contraste isso com estudantes negros de Yale hoje, levantando as questões: "negritude existe?" e "há uma cultura negra?". Incertos sobre o valor da solidariedade racial, os estudantes negros de hoje são encorajados a acreditar que a assimilação (se fazer parecido, ser absorvido) é o caminho para o sucesso. Raramente criticam a insistência na conformidade à norma branca, de classe privilegiada; ao invés disso, trabalham para se adaptar a esse modelo de existência. Em contraste com o modelo mais radical, que busca transformar a própria definição de existência, integrando um novo modelo no qual a diferença é valorizada, a adaptação é o objetivo. É um modelo passivo ao invés de ativo. Em *Educação como prática da liberdade*, Paulo Freire afirma:

> Insistimos, em todo o corpo de nosso estudo, na *integração*, e não na *acomodação*, como atividade da órbita puramente humana. A integração resulta da capacidade de ajustar-se à realidade acrescida da de transformá-la, a que se junta a de optar, cuja nota fundamental é a criticidade. À medida que o homem perde a capacidade de optar e vai sendo submetido a prescrições alheias que o minimizam e as suas decisões já não são suas, porque resultadas de comandos estranhos, já não se integra. [...] O homem integrado é o homem *sujeito*. A adaptação é assim um conceito passivo — a integração ou comunhão, ativo. Este aspecto passivo se revela no fato de que não seria o homem capaz de alterar a realidade, pelo contrário, altera-se a si para adaptar-se. A adaptação daria margem apenas a uma débil ação defensiva. Para defender-se, o máximo que faz é adaptar-se. Daí que a homens indóceis, com ânimo revolucionário, se chame de subversivos. De inadaptados.

Enquanto a assimilação é vista como uma abordagem que garante a entrada bem-sucedida de pessoas negras no meio dominante, ela é, em sua própria essência, desumanizante. Embutida na lógica da assimilação está a concepção da supremacia branca segundo a qual a negritude deve ser erradicada a fim de que um novo ser, neste caso, um ser "branco", possa vir a ser. É óbvio, uma vez que nós negros jamais poderemos ser brancos, que esse próprio esforço promova e fomente sério estresse psicológico e até mesmo doenças mentais severas. Minha preocupação com o processo de assimilação tem se aprofundado conforme ouço estudantes negros expressarem dor e sofrimento, conforme os observo sofrer de formas que não só impedem sua habilidade de se realizar academicamente, como também ameaçam sua própria existência. Quando falei para uma estudante negra sobre o tema da minha fala, a resposta dela foi: "por que falar de liberdade e não falar só de sanidade? Nós estamos tentando ficar sãos". Ouvir estudantes expressarem dor e confusão tem aumentado minha percepção de que estamos em crise. É especialmente problemático ouvir discentes negros às vezes confessarem que estão sobrecarregados por sentimentos de alienação e desespero, que sentem uma perda de qualquer sentido de identidade e significado. O desespero deles ecoa sentimentos expressos por pessoas negras em situações em que não há escolha ou opção para a mudança. Muito dessa dor é evocado pelo esforço de se assimilar, que é uma exigência da autonegação.

Estudantes que se esforçam para se assimilar enquanto veladamente tentam permanecer envolvidos com a experiência negra sofrem extrema frustação e sofrimento psicológico. Em algumas ocasiões, eles sentem que é necessário agir como se o racismo não existisse, que sua identidade como pessoa negra não é importante. Em outras ocasiões, consideram importante resistir ao racismo, identificar-se com a experiência negra. Manter essa separação é difícil, especialmente quando esses dois desejos contraditórios convergem e colidem. Imagine um estudante negro saindo com amigos brancos no centro de New Haven, na Rua Chapel. Um grupo de jovens adolescentes negros passa por eles ouvindo música, conversando alto. Um de seus colegas brancos vira para ele e diz com a voz da verdade: "olha aqueles pretos. Eles deviam ser retirados da rua e exterminados".

Agora, aquela parte do estudante negro que reconhece a negritude está chocada pelo racismo, profundamente machucada por reconhecer que o cuidado e a solidariedade de suas amizades não mudaram o ódio racial. Sua parte assimilada nota que o comentário foi feito como se ele não fosse negro, mas parecido com seus companheiros brancos, como se fosse um deles, em um companheirismo de escolhidos e superiores, um gesto de inclusão na "branquitude", confirmando que ele foi assimilado com sucesso. É essa parte que não diz nada — que silencia a indignação, a dor, a raiva que ele sente —, que reprime. Na superfície, pode parecer que ele conseguiu lidar com essa situação, que está bem, porém seu fardo psicológico aumentou; a dor, a confusão e o senso de traição são um terreno fértil para sérios distúrbios mentais. Os exemplos são intermináveis, alguns menos extremos, porém incidentes como esse acontecem diariamente na sala de aula, nos dormitórios, na rua.

Sem um movimento negro libertador organizado que forneça uma estrutura para a afirmação, para a educação para uma consciência crítica, estudantes negros preocupados buscam professores negros como exemplos de completude, de maneiras de existir neste contexto social que permitam a celebração e a aceitação da diferença, maneiras de se integrar ao invés de se adaptar, maneiras de ser sujeito ao invés de objeto. Com muita frequência, encontram espelhadas aí fragmentação e confusão, uma versão mais sofisticada de assimilação: professores negros que agem como se acreditassem que todos os estudantes negros são preguiçosos e irresponsáveis; professores negros que, no ambiente da sala de aula, só fazem perguntas e comentários a estudantes brancos; professores negros que se esforçam para não reconhecer, de nenhuma maneira, estudantes negros, para não ficarem expostos à crítica de que têm preferências — um posicionamento que pode levá-los a compensar em excesso, demonstrando abertamente mais atenção a estudantes não negros. Talvez tenhamos medo daqueles estudantes brancos que questionam, como eu já fui questionada: "se você gosta da negritude e de estudantes negros tanto assim, por que você dá aulas em Yale?". Ou o medo de sermos rotulados como racistas. Dado o contexto de supremacia branca, é difícil para os estudantes compreender que cuidar das necessidades de um grupo não implica negar cuidado a outro, quando lhes foi ensinado justamente o oposto.

Estudantes negros precisam ser reconhecidos e celebrados pelos professores negros. Esses gestos os asseguram que eles deveriam estar estudando em Yale, que podem ter sucesso, que tal sucesso não significa isolamento racial. A ausência de reconhecimento e reafirmação proporciona falta de autoconfiança, reforça a noção de que a assimilação é a única maneira de ter sucesso — e, claro, um número significativo de estudantes negros chega a Yale já trabalhando para se assimilar. Enquanto podem se sentir incomodados, ou até mesmo ameaçados, pela afirmação de pessoas negras, ignorá-los nos divide e separa mais. Muitos estudantes negros querem ter um contato significativo com professores negros, tanto na sala de aula quanto fora dela. Imagine uma estudante negra indo conversar com um professor negro sênior sobre seu desejo de estudar certo aspecto da história das mulheres afro-americanas. Ele responde enfatizando a escassez de material disponível, a dificuldade de tal pesquisa. Mudando de assunto, quer saber de outros interesses dela, e ela diz que quer saber mais sobre a China. Finalmente, ele parece notá-la como que pela primeira vez e a encoraja a seguir este assunto. Ela vai embora desencorajada, confusa, sentindo-se depreciada, imaginando por que ele não apoiou seu desejo de pesquisar sobre mulheres negras, ainda mais porque a pesquisa dele se dedica a pessoas negras.

É muito fácil para nós, professores negros, perdermos de vista quanto os estudantes negros se sentem vulneráveis, especialmente se tais sentimentos estão escondidos atrás de uma máscara de dureza e fala firme. Essa incapacidade de percepção é também fomentada em instituições como Yale, onde há uma ênfase muito forte na hierarquia, classificação que não somente identifica, mas separa e divide pessoas. Hipóteses definidas sobre o comportamento social entre aqueles considerados autoridades e aqueles vistos como subordinados configuram os relacionamentos entre docentes e discentes. Dado este contexto, é fácil exercer poder de modo a ferir e diminuir, reforçando a dominação.

Docentes negros são influenciados por esse contexto social. Os esforços individuais de professores para humanizar o relacionamento professor/estudante podem ser percebidos pelos colegas como ameaçadores à manutenção do status hierárquico. Alguns professores negros acreditam que uma separação clara reforçada pelo comportamento deve ser mantida entre professor e estudante (como em "estudantes devem saber o seu lugar"). As origens desta metáfora estão na nossa história. Tais hipóteses estão baseadas na própria noção de inferior e superior que configura a supremacia branca. Aceitá-las é aliar-se a forças que reforçam e perpetuam a dominação. Compreender o dano e o abuso que nós, pessoas negras, podemos causar umas às outras quando absorvemos passivamente e apoiamos sem qualquer crítica as noções de hierarquia, e trabalhar para construir um comportamento alternativo, fortalece nossa compaixão e aprofunda nosso cuidado para com o outro.

O racismo internalizado, na forma como se expressa em nossas interações com o outro, promove discordância e medo. Ele se expressa nos encontros de discentes/docentes e em nossos encontros entre professores. Imagine uma nova professora chegando a um ambiente onde há poucas mulheres negras. Ela encontra outro professor negro no seu departamento que, quando questionado sobre seu interesse, diz sem pestanejar: "não sou muito chegado a essa merda afro-americana". Desassociando-se da negritude, ele assume uma atitude de superioridade, como se tivesse compreendido mais adequadamente o caminho para ter sucesso — assimilação, negação do ser negro.

Então há aqueles professores negros cuja pesquisa focaliza um aspecto da experiência negra, para quem a negritude é matéria bruta para a produção de uma mercadoria sem nenhuma relação com seu comportamento social. Eles podem gostar de estudar e escrever sobre pessoas negras, mas dificilmente se associariam com a gente. A objetificação e a mercantilização da negritude torna isso possível, o que leva ao estranhamento e à alienação. Desejando estabelecer distância um do outro, alguns professores negros criticam duramente seus colegas, para garantir que não sejam vinculados, conectados a eles. Tais críticas podem tomar a forma de feroz difamação do trabalho de outra pessoa, ou até mesmo de sérios atos de traição. Imagine uma professora negra se envolvendo numa longa discussão sobre a aula de outra pessoa, enfatizando que não aprova o método de ensino da outra pessoa, denunciando-o como ilegítimo, antiacadêmico. Porém, ela nunca havia participado da aula dessa outra professora, nem ouvido uma palestra dela, ou sequer conversado com ela sobre pedagogia. Todas as críticas eram baseadas em boatos. Uma crítica assim não somente cria tensão e hostilidade desnecessárias, mas torna o diálogo e a crítica construtiva impossíveis. Reconhecer o lugar comum de nossa experiência como docentes negros deveria servir como base à solidariedade, promovendo uma disposição para desafiar e confrontar um ao outro, de modo a reforçar a comunidade coletiva de pesquisadores. Se pudermos nos envolver em um discurso crítico significativo, aumentamos a possibilidade de conseguir fazer o mesmo com nossos colegas, com os estudantes.

Estudos afro-americanos deveriam fornecer um ambiente para o envolvimento crítico, especialmente entre docentes. A presença de professores brancos no programa é com frequência mencionada por estudantes como uma indicação de que não há preocupação real com a afirmação da negritude. Porém, se vamos fazer da educação uma prática da liberdade, nenhum pesquisador comprometido e consciente pode ser excluído (esta reclamação é feita também onde há grandes quantidades de estudantes não negros nos cursos de estudos afro-americanos). Em teoria, professores brancos envolvidos com os estudos afro-americanos deveriam ser importantes aliados que compreendem a supremacia branca, que estão comprometidos em ensinar de uma maneira que reflita esta preocupação. Se não for assim, então é nossa responsabilidade individual e coletiva desafiar, educar para a conscientização crítica. Empenhar-se simplesmente em denunciar aquela pessoa para outros representa um fracasso em abordar essa preocupação de uma maneira significativa. Se programas de estudos afro-americanos em Yale e em qualquer lugar são ocupados por professores brancos que agem reforçando a dominação racial, o propósito de tais programas está prejudicado e tragicamente distorcido. Como vivemos historicamente (como indivíduos que mudam e são modificados por eventos e situações), temos o poder de transformar a realidade, se escolhermos agir. Nomear e identificar o problema simplesmente não resolve o problema; nomear é apenas um estágio no processo de transformação. É a coragem para viver nossas vidas conscientemente e para agir que nos permitirá implementar novas estratégias e objetivos. Como um grupo etnicamente diverso nos estudos afro-americanos, deveríamos ser uma vanguarda chamando a atenção para a necessidade de conscientização sobre as políticas de raça; deveríamos estar continuamente engajados num processo de reflexão crítica. Ao passo que nosso foco não deveria ser a exclusão, a ênfase deve ser na participação consciente.

Às vezes meu ensino é criticado por estudantes não negros, principalmente por brancos, que reclamam que dou mais atenção aos estudantes negros; crítica oposta é feita por estudantes negros. A afirmação da negritude não precisa inverter estruturas de dominação, nem implica desvalorizar outras experiências. A negritude é reafirmada quando estudantes que previamente mantinham percepções estreitas sobre a experiência negra expandem sua consciência; isso é verdade tanto para estudantes não negros quanto para negros. Crucialmente, devemos priorizar a política de inclusão de modo a não refletir estruturas opressivas, o que não significa que não nos envolvamos numa crítica construtiva e de enfrentamento, ou que perdamos de vista o imperativo da afirmação da negritude. A diversidade é desafiadora precisamente porque requer que mudemos velhos paradigmas, permitindo a complexidade.

Estes são apenas alguns exemplos de situações e circunstâncias que refletem nossa crise como pessoas negras em Yale.

O reconhecimento é uma maneira importante de começar o processo de enfrentamento e transformação, de união. Não é uma ocasião para desespero. Identificar como participamos da perpetuação da supremacia branca, da dominação racista, expande nosso potencial para intervenção e transformação. Reunir-se para conversar uns com os outros é um importante ato de resistência, um gesto que demonstra nosso interesse e nossa preocupação; nos permite enxergar que somos um coletivo, que podemos ser uma comunidade de resistência. Juntos podemos esclarecer nossa compreensão da experiência negra, da similaridade e da diferença à medida que determinam nossas relações sociais, enquanto compartilhamos maneiras de permanecer autoafirmativos e completos conforme fazemos nosso trabalho acadêmico. Compartilhar estratégias pessoais para negociar essa estrutura é um processo útil de intervenção. Quanto mais familiarizados estamos, mais nos comunicamos uns com os outros, maior é a consciência de que não estamos isolados, mais projetamos nossas preocupações — de tal modo que elas impactem a experiência de todos aqui em Yale.

Os estudos afro-americanos e o Centro Cultural Afro-Americano são lugares importantes para fazer contato, ficar sabendo sobre cursos e palestras que abordam aspectos particulares da experiência negra. O modo como valorizamos esses espaços determinará a direção atual e o futuro deles. Agora é o momento de fortalecer e intensificar nosso comprometimento, renovando o espírito de unidade e de conexão que permitiu que esses espaços existissem. Esse é o verdadeiro significado de solidariedade: que nós, conscientemente, promovamos conscientização das políticas de raça, que enfrentemos o racismo, que definamos preocupações e interesses comuns que compartilhamos como pessoas negras, que reconheçamos que a realização deste objetivo não nos impede de nenhuma maneira de participar por completo da comunidade de Yale. Baseados num sentido afirmativo de nós mesmos, da negritude, que dá valor e significado à nossa experiência, nós trazemos uma integridade de existência para todas as outras relações — educacionais e sociais —, expandindo e enriquecendo essas interações.

Quando nos comprometemos com a educação como prática da liberdade, participamos da construção de uma comunidade acadêmica onde podemos ser e nos tornar intelectuais no sentido mais completo e profundo da palavra. Participamos de um modo de aprendizagem e de existência que torna o mundo mais real ao invés de menos real, que nos possibilita viver livremente e por completo. Essa é a alegria em nossa jornada.

10. ficando perto de casa: classe e educação

Estamos nós duas acordadas no lusco-fusco das cinco da manhã. Os outros parecem estar dormindo. Mamãe me faz as perguntas usuais. Me fala para olhar em volta, garantindo que eu peguei tudo, me repreende porque não tenho certeza sobre a hora em que o ônibus chega. Às 5h30 estamos esperando do lado de fora da estação fechada. Juntas e sozinhas, temos a chance de realmente conversar. Mamãe começa. Brava com seus filhos, especialmente com aqueles que sussurram pelas suas costas, ela diz, amargamente: "a infância de vocês não pode ter sido tão ruim. Vocês foram alimentados e vestidos. Não tiveram que viver sem nada — isso é mais do que muita gente tem e eu simplesmente não suporto a maneira como vocês levam a vida". A dor na voz dela me entristece. Eu sempre quis proteger minha mãe da dor, diminuir seus fardos. Agora eu sou parte do que a incomoda. Ao me confrontar, ela diz em tom de acusação: "não é como as outras crianças. Você fala demais sobre o passado. Você não ouve e pronto". E eu realmente falo. Pior, eu escrevo sobre isso.

Mamãe sempre procurou cada um de seus filhos buscando diferentes respostas. Comigo, ela expressa desapontamento, dor e raiva da traição: raiva de que seus filhos sejam tão críticos que não possamos nem ter o bom senso de gostar dos presentes que ela manda. Ela diz: "de agora em diante não haverá mais presentes. Eu só vou enfiar um dinheirinho num envelope igual o resto de vocês faz. Ninguém quer crítica. Todo mundo pode me criticar, mas eu não posso falar nada". Quando eu tento conversar, minha voz soa como a de uma criança de doze anos. Quando eu tento conversar, ela fala mais alto, me interrompe, embora tenha dito repetidamente: "explica isso pra mim, essa conversa sobre o passado". Eu me esforço para voltar ao meu eu de 35 anos de idade para que ela saiba pelo som da minha voz que nós somos duas mulheres juntas, conversando. Só quando declaro na minha voz muito adulta e firme "mãe, você não está ouvindo" é que ela fica quieta. Ela espera. Agora que tenho sua atenção, temo que minhas explicações sejam patéticas, inadequadas. "Mamãe", eu começo, "pessoas geralmente vão pra terapia porque se sentem machucadas por dentro, porque têm uma dor que não vai acabar, como uma ferida que continua a se abrir, que não cura. E geralmente essa dor, essas feridas, têm a ver com coisas que aconteceram no passado, às vezes na infância, frequentemente na infância, ou com coisas que acreditamos que aconteceram." Ela quer saber: "o que te machuca, de que feridas você está falando?". "Mãe, eu não posso responder a isso. Eu não posso falar por todos nós, as feridas são diferentes pra cada um. Mas o ponto é que temos que tentar melhorar a dor, curá-la, entendendo como ela surgiu. E eu sei que você fica brava quando dizemos alguma coisa que aconteceu ou machucou, que você não lembra de ter sido daquele jeito, mas o passado não é assim, nós não temos a mesma lembrança dele. Lembramos das coisas de forma diferente. Você sabe disso. E às vezes as pessoas se sentem machucadas por coisas, e você simplesmente não sabe ou não percebeu, e elas precisam conversar sobre isso. Com certeza você entende a necessidade de conversar sobre isso."

Nossa conversa é interrompida pela visão do meu tio caminhando, atravessando o parque em direção a nós. Paramos para observá-lo. Ele está no seu caminho para o trabalho, vestindo um terno azul familiar. Eles se parecem, esses dois que raramente discutem o passado. Essa interrupção me faz pensar sobre a vida na cidade pequena. Você sempre vê alguém que você conhece. Interrupções, intrusões são parte da vida diária. É difícil manter a privacidade. Nós deixamos nosso espaço privado no carro para cumprimentá-lo. Depois daquele abraço e beijo que ele me dá desde que eu nasci, eles conversam sobre os funerais do dia. O ônibus se aproxima ao longe. Ele continua caminhando, sabendo que eles vão se ver mais tarde. Ao embarcar, me viro fitando o rosto da minha mãe. Estou momentaneamente voltando no tempo, dezoito anos atrás, neste mesmo ponto de ônibus, fitando o rosto da minha mãe, continuando a olhar pra trás, acenando um adeus enquanto voltava para a faculdade — aquela primeira experiência que me levou para longe da nossa cidade, da família. Partir era tão doloroso naquela época quanto é agora. Cada mudança torna a volta mais difícil. Cada separação intensifica a distância, tanto física quanto emocional.

Para uma garota do sul, de classe trabalhadora, que nunca tinha estado num ônibus urbano, nem tinha pisado numa escada rolante, nem sequer viajado de avião, deixar os limites confortáveis da vida em uma pequena cidade do Kentucky para cursar a Universidade Stanford não era somente assustador, era profundamente doloroso. Meus pais não ficaram felizes por eu ter sido aceita e se opuseram intransigentemente a que eu fosse para tão longe de casa. Naquele momento, eu não via a oposição deles como uma expressão do medo de me perderem para sempre. Como muitas pessoas de classe trabalhadora, eles temiam o que a educação universitária poderia fazer com a mente de seus filhos mesmo que reconhecessem, sem nenhum entusiasmo, sua importância. Eles não compreendiam por que eu não queria cursar uma faculdade nos arredores, uma faculdade só de negros. Para eles, qualquer faculdade servia. Eu me formaria, me tornaria professora, teria um emprego decente e um bom casamento. E embora eles, céticos e relutantes, aceitassem minhas empreitadas educacionais, também, constantemente, teciam duras e amargas críticas. É difícil falar dos meus pais e do impacto deles em mim, porque eles sempre se sentiram receosos, ambivalentes, desconfiados das minhas aspirações intelectuais, mesmo que tenham sido cuidadosos e acolhedores. Eu quero falar sobre estas contradições porque examiná-las, buscando resolução e reconciliação, tem sido importante para mim, pois tanto afeta meu desenvolvimento como escritora, meu esforço em ser totalmente autorrealizada, quanto meu desejo de permanecer próxima da família e da comunidade, que me forneceram a base de boa parte do meu pensamento, da minha escrita e do meu ser.

Estudando em Stanford, comecei a pensar seriamente sobre as diferenças de classe. Ser materialmente desprivilegiada numa universidade onde a maior parte das pessoas (com exceção dos trabalhadores) é materialmente privilegiada provoca tal pensamento. Diferenças de classe eram fronteiras, ninguém queria enfrentar ou conversar sobre isso. Era mais fácil minimizar a importância delas, agir como se fôssemos todos de origens privilegiadas, evitá-las, confrontá-las em privado, na solidão do quarto, ou fingir que o fato de ser escolhido para estudar em tal instituição significava, para aqueles de nós que não vinham do privilégio, que já estávamos em transição rumo ao privilégio. Não desejar esta transição te marcaria como um rebelde de sucesso improvável. Era um tipo de traição não acreditar que era melhor ser identificado com o mundo do privilégio material do que com o mundo da classe trabalhadora, pobre. Não surpreende que nossos pais de classe trabalhadora de origem pobre tivessem medo da nossa inserção nesse mundo, intuindo talvez que aprenderíamos a ter vergonha de onde viéramos, que nunca mais regressaríamos para casa, ou que só voltaríamos para nos vangloriar.

Embora eu andasse com estudantes que eram supostamente radicais e antenados, não discutíamos sobre classe. Eu não conversava com ninguém sobre as causas da minha vergonha, sobre como me machucava testemunhar o desprezo pelas empregadas filipinas de pele marrom que limpavam nossos quartos ou, mais tarde, sobre minha preocupação com os cem dólares por mês que eu pagava por um quarto fora do campus, o que era mais da metade do que os meus pais pagavam de aluguel. Eu não conversava com ninguém sobre os meus esforços para guardar dinheiro, a fim de enviar alguma coisinha para casa. Porém, essas realidades de classe me separavam dos demais estudantes. Nos movíamos em direções diferentes. Eu não pretendia esquecer minha origem de classe ou mudar minha lealdade de classe. E embora recebesse uma educação concebida para me dar uma sensibilidade burguesa, a aceitação passiva não era minha única opção. Eu sabia que podia resistir. Eu podia me rebelar. Eu podia moldar a direção e o foco das várias formas de conhecimento disponíveis para mim. Mesmo que eu, às vezes, sentisse inveja ou desejasse mais benefícios materiais (especialmente nas férias, quando eu era uma dos poucos estudantes, se é que havia mais alguém, que ficava no dormitório porque não tinha dinheiro para viajar), eu não compartilhava dos valores e da sensibilidade dos meus pares. Isso era importante — classe não era somente sobre dinheiro, era sobre valores que demonstravam e determinavam um comportamento. Enquanto eu muitas vezes precisava de mais dinheiro, nunca precisei de um novo conjunto de crenças e valores. Ficava profundamente chocada e perturbada, por exemplo, quando companheiros falavam de seus pais sem respeito, ou mesmo quando diziam que odiavam seus pais. Isso era muito desconcertante para mim, quando parecia que esses pais eram cuidadosos e preocupados. Frequentemente, me explicavam que tal ódio era "saudável e normal". Eu explicava para minha companheira de quarto, branca, da classe média californiana, como éramos ensinados a valorizar nossos pais e os cuidados deles, a compreender que eles não eram obrigados a nos dar cuidado. Ela sempre balançava a cabeça, rindo o tempo todo, e dizia: "você vai aprender que aqui é diferente, mocinha, pensamos diferente". Ela estava certa. Depois fui morar sozinha, igual àquele estudante mórmon que ficava na sua enquanto fazia um imenso esforço para permanecer fiel a suas crenças e valores religiosos. Mais tarde, na pós-graduação, encontrei colegas de sala que acreditavam que pessoas de "classe mais baixa" não tinham crenças ou valores. Eu ficava em silêncio nessas discussões, enojada pela ignorância deles.

O estudo antropológico *All Our Kin* [Todos nossos parentes], de Carol Stack, foi um dos primeiros livros que li que confirmava minha compreensão empírica de que, na cultura negra (especialmente entre a classe trabalhadora e pobre, particularmente nos estados do sul dos Estados Unidos), um sistema de valor contra-hegemônico emergiu, desafiando noções de individualismo e propriedade privada tão importantes para a manutenção do patriarcado de supremacia branca capitalista. Pessoas negras criaram em espaços marginais um mundo de comunidade e coletividade onde recursos eram compartilhados. No prefácio de *Feminist Theory: From Margin to Center*, falei sobre como o ponto de diferença, esta marginalidade, pode ser o espaço para a formação de uma visão de mundo antagônica. Esta visão de mundo deve estar articulada, nomeada, se quiser fornecer um esquema consolidado para a mudança. Infelizmente, ainda não existe nenhuma estrutura consistente para tal nomeação. Sendo assim, tanto a experiência dessa diferença quanto sua documentação (quando ocorre) gradualmente perdem presença e significado.

Muito do que Stack documentou sobre a "cultura da pobreza", por exemplo, não descreveria interações entre a maior parte dos negros pobres de hoje, independente do contexto geográfico. Uma vez que as pessoas negras que ela descreveu não identificavam (se é que reconheciam isso em termos teóricos) o valor antagônico de sua visão de mundo, aparentemente vendo-a mais como uma estratégia de sobrevivência determinada menos por esforços conscientes para enfrentar vieses opressivos raciais e de classe do que pelas circunstâncias, elas não tentaram estabelecer uma estrutura para transmitir seus valores e crenças de geração em geração. Quando as circunstâncias mudavam, os valores mudavam. Esforços para assimilar valores e crenças de pessoas brancas privilegiadas, apresentados através da mídia, como a televisão, enfraquecem e destroem potenciais estruturas de oposição.

Cada vez mais, jovens negros são encorajados pela cultura dominante (e por aquelas pessoas negras que internalizam os valores desta hegemonia) a acreditar que a assimilação é a única maneira possível de sobreviver, de ter sucesso. Sem a estrutura de um movimento pelos direitos civis organizado ou uma luta de resistência negra, esforços individuais e coletivos para a libertação negra que focam na primazia da autodefinição e da autodeterminação frequentemente não são reconhecidos. É crucial que aqueles de nós que resistem e se rebelam, que sobrevivem e têm sucesso, falem aberta e honestamente sobre nossas vidas e a natureza de nossas lutas pessoais, os meios pelos quais resolvemos e reconciliamos contradições. Não é uma tarefa fácil. Nas instituições educacionais onde aprendemos a desenvolver e fortalecer nossas habilidades de escrita e análise, também aprendemos a pensar, escrever e falar de uma maneira que tira a atenção da experiência pessoal. Porém, se quisermos alcançar nosso povo e todas as pessoas, se quisermos permanecer conectados (especialmente aqueles de nós cujas origens familiares são pobres e de classe trabalhadora), devemos compreender que o relato da história pessoal de alguém fornece um exemplo significativo, uma forma de as pessoas se identificarem e se conectarem.

Combinar análise pessoal com crítica e perspectivas teóricas pode envolver ouvintes que de outra maneira se sentiriam distanciados, alienados. Simplesmente falar com uma linguagem acessível para a maior quantidade de pessoas possível também é importante. Falar sobre sua experiência pessoal ou falar numa linguagem simples é muitas vezes considerado por acadêmicos e/ou intelectuais (independentemente de suas inclinações políticas) como um sinal de fraqueza intelectual ou, até mesmo, anti-intelectualismo. Ultimamente, quando me apresento, eu não permaneço em um só lugar — lendo meu texto, fazendo pouco ou nenhum contato visual com o público. Ao invés disso, faço contato visual, falo de improvisos, divago e abordo o público diretamente. Já me disseram que as pessoas supõem que eu não estou preparada, que sou anti-intelectual, não profissional (um conceito que tem tudo a ver com classe, na forma como determina ações e comportamentos), ou que estou reforçando o estereótipo das pessoas negras como emocionais e não teóricas.

Tal crítica foi levantada recentemente por uma colega pesquisadora feminista depois de uma palestra que dei na Universidade Northwestern durante um congresso sobre gênero, cultura e política para um público majoritariamente de estudantes e acadêmicos. Deliberadamente escolhi falar de uma maneira muito básica, pensando especialmente nos poucos membros da comunidade que foram me ouvir. Semanas depois, eu e Kumkum Sangari, outra participante do congresso que dividiu comigo o que foi dito quando eu já não estava mais presente, nos envolvemos num diálogo bastante rigoroso e crítico sobre como minha apresentação tinha sido percebida, principalmente pelas privilegiadas acadêmicas brancas. Ela estava preocupada de eu mascarar meu conhecimento de teoria e parecer anti-intelectual. A crítica dela me levou a articular preocupações sobre as quais frequentemente me mantenho em silêncio com colegas. Falei sobre lealdade de classe e compromissos revolucionários, explicando a ela minha inquietação com os intelectuais radicais que falam sobre transformar a sociedade e acabar com a dominação de raça, sexo e classe sem destruir padrões de comportamento que reforçam e perpetuam a dominação, ou continuando a usar, como único ponto de referência, a forma como podemos ser ou somos percebidos por aqueles que dominam, ganhando ou não a aceitação e a aprovação deles.

Essa contradição fundamental levanta a questão sobre se o contexto acadêmico é ou não um lugar onde se pode ser verdadeiramente radical ou subversivo. Concomitante a isso, o uso de uma linguagem e um estilo de apresentação que alienam a maior parte das pessoas não academicamente treinadas reforça a ideia de o mundo acadêmico ser separado da vida real, desse mundo cotidiano onde constantemente ajustamos nossa linguagem e comportamento para atender às diversas necessidades. O ambiente acadêmico é separado somente quando trabalhamos para torná-lo assim. É uma falsa dicotomia que sugere que acadêmicos e/ou intelectuais podem conversar somente entre si, que não podemos ter esperança de conversar com as massas. A verdade é que fazemos escolhas, que escolhemos nosso público, que escolhemos quais vozes ouvir e quais vozes silenciar. Se eu não falo numa linguagem que pode ser compreendida, então há poucas chances para o diálogo. Essa questão de linguagem e comportamento é uma contradição central que todos os intelectuais radicais, particularmente aqueles que são membros de grupos oprimidos, devem continuamente confrontar e trabalhar para resolver. Um dos perigos nítidos e presentes que existe quando nos movemos para fora de nossa classe de origem, de nossa experiência étnica coletiva, e entramos em instituições hierárquicas que reforçam diariamente a dominação de raça, sexo e classe é gradualmente assumirmos uma mentalidade similar à daqueles que dominam e oprimem, e perdermos consciência crítica, pois ela não é reforçada ou reafirmada por esse ambiente. Devemos sempre ser vigilantes. É importante saber com quem estamos falando, quem queremos que nos ouça, quem mais desejamos mover, motivar e tocar com nossas palavras.

Quando vim para New Haven pela primeira vez para ensinar em Yale, fiquei verdadeiramente surpresa com as divisões de classe marcadas entre as pessoas negras — estudantes e professores — que se identificavam com Yale e aquelas pessoas negras que trabalhavam em Yale ou nas comunidades nos arredores. Estilo de vestir e autoapresentação são com frequência os marcadores centrais da posição de alguém. Eu logo aprendi que as pessoas negras que conversavam na rua provavelmente faziam parte da comunidade negra, e aqueles que, com cuidado, desviavam seu olhar, provavelmente eram associados a Yale. Caminhando com uma colega negra um dia, conversei praticamente com cada pessoa negra à vista (um gesto que reflete minha criação), uma ação que incomodou minha companheira. Como me dirigi a pessoas negras evidentemente não relacionadas a Yale, ela quis saber se eu as conhecia. Aquilo foi engraçado para mim. "Claro que não", respondi. Porém, quando pensei sobre isso seriamente, percebi que eu as conhecia de um jeito profundo, pois elas, e não minha companheira nem a maioria dos meus colegas de Yale, lembravam minha família. Mais tarde naquele ano, num grupo de apoio a mulheres negras que organizei para as alunas da graduação, estudantes de origem pobre falavam sobre a vergonha que às vezes sentiam quando confrontadas com a realidade de sua ligação com a classe trabalhadora e com pessoas negras pobres. Uma estudante confessou que seu pai era um morador de rua, viciado em drogas, alguém que pede esmola para os pedestres. Ela, como também outros estudantes de Yale, afasta-se de pessoas de rua com frequência, às vezes demonstrando raiva ou desprezo; ela não queria que ninguém soubesse da sua relação com esse tipo de pessoa. Ela luta com isso, querendo encontrar uma maneira de reconhecer e afirmar essa realidade, de reclamar essa conexão. O grupo perguntou a outra pessoa e a mim o que fazemos para continuar conectadas, honrar os laços que temos com pessoas da classe trabalhadora e pobres, mesmo que nossa experiência de classe mude.

Manter conexões com a família e a comunidade através das fronteiras de classe exige mais do que uma breve lembrança de onde se encontram as nossas raízes, de onde viemos. Requer conhecer, nomear e estar sempre atento àqueles aspectos do passado que permitiram e continuam a permitir o nosso autodesenvolvimento no presente, que sustentam e apoiam, que enriquecem. Devemos também confrontar honestamente as barreiras que de fato existem, aspectos daquele passado que realmente nos depreciam. A ambivalência dos meus pais sobre meu amor pela leitura levou a um intenso conflito. Eles (especialmente minha mãe) trabalhavam para garantir que eu tivesse acesso a livros, mas ameaçavam queimar os livros ou jogá-los fora se eu não me conformasse a outras expectativas. Ou insistiam que ler muito me deixaria louca. A ambivalência deles nutria em mim uma incerteza sobre o valor e o significado da busca intelectual — o que levei anos para desaprender. Enquanto esse aspecto da nossa realidade de classe machucava e depreciava, a insistente vigilância deles de que ser esperta não me tornava uma pessoa "melhor" ou "superior" (o que sempre me deu nos nervos, porque eu queria sentir que aquilo de fato me punha à parte, me tornava melhor) deixou uma marca profunda. Deles, eu aprendi a valorizar e respeitar várias habilidades e talentos que as pessoas podiam ter, não somente a valorizar pessoas que leem livros e falam sobre ideias. Meus pais e avós diziam sobre alguém: "ele não lê nem escreve uma linha, mas como sabe contar uma história", ou, como minha avó dizia, "invoca o inferno em palavras".

A vazia romantização das origens pobres ou da classe trabalhadora enfraquece a possibilidade da conexão verdadeira, que é baseada na compreensão da diferença de experiência e perspectiva, e no trabalho para mediar e negociar estes territórios. Linguagem é um assunto crucial para as pessoas cujo movimento para fora das fronteiras da origem pobre e de classe trabalhadora modifica a natureza e a direção de sua fala. Vindo para Stanford com minha própria versão de um sotaque do Kentucky, o qual eu vejo sempre como um som forte, bastante diferente da fala do Tennessee ou da Georgia, aprendi a falar de modo diferente enquanto mantinha a fala da minha região, o som da minha família e comunidade. Isso era com certeza mais fácil de manter quando eu voltava para casa e ficava lá por mais tempo. Nos últimos anos, como professora, tenho procurado usar vários estilos diferentes de fala na sala de aula, e percebo que isso desconcerta aqueles que sentem que o uso de um patoá específico os exclui como ouvintes, mesmo se houver tradução para uma variedade da língua usual e aceitável. Aprender a ouvir vozes diferentes, ouvir diferentes discursos, desafia a noção de que nós todos devemos nos assimilar, compartilhar uma fala única, similar, nas instituições educacionais. A linguagem reflete a cultura da qual emergimos. Recusarmo-nos a usar diariamente padrões de discurso comuns e familiares, que incorporam o aspecto único e distintivo do nosso eu, é uma das maneiras pelas quais nos distanciamos e alienamos de nosso passado. É importante termos à mão tantas variedades de língua quanto pudermos saber ou aprender. É importante para nós que somos negros, que falamos tanto num patoá específico quanto em inglês padrão, nos expressar nas duas formas.

Muitas vezes falo para os estudantes de origem pobre e de classe trabalhadora: se você acredita que o que aprendeu ou está aprendendo nas escolas e universidades te separa do seu passado, isso é exatamente o que vai acontecer. É importante permanecer firme na convicção de que nada pode verdadeiramente nos separar de nosso passado quando nutrimos e valorizamos essa ligação. Uma estratégia essencial para manter o contato é o constante reconhecimento da importância do passado, da origem, reafirmando a realidade de que tais laços não são cortados automaticamente só porque se entra em um novo ambiente ou se muda em direção a uma experiência de classe diferente.

De novo, não desejo romantizar esse esforço, desconsiderar a realidade do conflito e da contradição. Durante meu tempo em Stanford, fiquei mais de um ano sem voltar para casa. Nesse período, eu sentia que era muito difícil conectar minhas realidades profundamente díspares. O que me impulsionou durante essa fase difícil foi a reflexão crítica sobre a escolha que eu estava fazendo, particularmente sobre por que eu sentia que uma escolha tinha que ser feita. Felizmente, reconheci que a insistência em escolher entre o mundo da família e da comunidade e o novo mundo de pessoas brancas privilegiadas, de maneiras privilegiadas de saber, era imposta a mim de fora. Era como se um contrato mítico tivesse sido assinado em algum lugar exigindo que nós, pessoas negras, uma vez entrando nessas esferas, imediatamente desistíssemos de todos os vestígios de nosso passado desprivilegiado. Era minha responsabilidade formular uma maneira de ser que me permitisse participar por completo de um novo ambiente, ao mesmo tempo que integrava e mantinha aspectos do velho.

Uma das mais trágicas manifestações da pressão sentida por pessoas negras para se assimilar é expressa na internalização de perspectivas racistas. Eu fiquei chocada e entristecida quando ouvi pela primeira vez professores negros de Stanford desvalorizando e desprezando estudantes negros, esperando que tivéssemos baixo desempenho, recusando-se a estabelecer laços de solidariedade. Em todas as universidades que frequentei como estudante ou professora, tenho visto atitudes similares e pouca ou nenhuma compreensão dos fatores que podem impedir estudantes negros brilhantes de desempenharem o seu melhor. Dentro das universidades, há poucos espaços educacionais e sociais onde estudantes que desejam afirmar vínculos positivos com a etnicidade — com a negritude, com a classe trabalhadora — podem receber validação e apoio. Ideologicamente, a mensagem é clara: a assimilação é a via para ganhar aceitação e aprovação de quem está no poder.

Muitas pessoas brancas entusiasmadamente apoiaram a veemente argumentação de Richard Rodriguez em sua autobiografia, *Hunger of Memory* [Fome de memória], de que as tentativas de manter o vínculo com sua origem *chicana* impediam o seu progresso, e que por isso ele teve que cortar os laços com a comunidade e os familiares para ter sucesso em Stanford e no mundo, e a língua familiar, o espanhol, no caso dele, teve que se tornar secundária ou ser descartada. Se os termos do sucesso como definido pelos padrões dos grupos dominantes dentro do patriarcado de supremacia branca e capitalista são os únicos padrões que existem, então a assimilação é de fato necessária. Mas eles não são. Mesmo diante de poderosas estruturas de dominação, é possível para cada um de nós — especialmente para aqueles de nós que são membros de grupos oprimidos e/ou explorados, e também para aqueles visionários radicais que podem ter privilégio de raça, classe ou sexo — definir e determinar padrões alternativos, decidir sobre a natureza e a extensão do compromisso. Os padrões pelos quais se mede o sucesso, seja de estudantes ou professores, são bastante diferentes para aqueles de nós que desejam resistir ao reforço da dominação de raça, sexo e classe, que trabalham para manter e fortalecer nossos vínculos com o oprimido, com aqueles a quem falta privilégio material, com nossas famílias pobres e da classe trabalhadora.

Quando escrevi meu primeiro livro, *Ain't I a Woman*, a questão de classe e sua relação com quem pode ser o público leitor surgiu para mim em relação à minha decisão de não usar notas de rodapé, motivo pelo qual tenho sido duramente criticada. Eu disse às pessoas que minha preocupação era que as notas de rodapé estabelecessem uma divisão de classe para os leitores, determinando para quem era o livro. Eu fiquei surpresa ao ver que muitas pessoas acadêmicas ridicularizaram essa ideia. Compartilhei com eles que fui a comunidades negras da classe trabalhadora e também conversei com familiares e amigos para pesquisar se leriam ou não livros com notas de rodapé, e descobri que não. Algumas pessoas nem sabiam o que eram, mas a maior parte delas as via como uma indicação de que o livro era para pessoas educadas na universidade. Essas respostas influenciaram minha decisão. Quando alguns dos amigos mais radicais educados na universidade perdiam a cabeça em relação à ausência de notas de rodapé, eu questionava seriamente como podemos imaginar uma transformação revolucionária da sociedade se uma mudança tão pequena de direção for vista como ameaçadora. É claro, muitas pessoas me advertiram de que a ausência de notas de rodapé tornaria o trabalho menos confiável nos círculos acadêmicos. Essa informação também enfatizava como a classe define nossas escolhas. Com certeza senti que escolher usar uma linguagem simples, sem notas de rodapé, significava que eu me arriscaria a não ser levada a sério nos círculos acadêmicos, então isso era um assunto político e uma decisão política.

Eu fico profundamente contente de que esse não tenha sido o caso, e que o livro seja lido por muitos acadêmicos e também por pessoas que não são educadas nas universidades.

Quando somos motivados a nos conformar ou comprometer com as estruturas que reforçam a dominação, nossa primeira resposta sempre deve ser nos envolver em reflexão crítica. Somente nos desafiando a pressionar as barreiras opressivas tornamos a alternativa radical possível, expandido o campo e o escopo do questionamento crítico. A menos que compartilhemos estratégias radicais, modos de repensar e revisar com estudantes, familiares e comunidade, com um público mais amplo, corremos o risco de perpetuar o estereótipo de que temos sucesso porque somos uma exceção, porque somos diferentes do resto da nossa gente. Desde que saí de casa e entrei na faculdade, sou frequentemente questionada, em geral por pessoas brancas, se minhas irmãs e irmãos também são bem-sucedidos. Na raiz dessa pergunta está o anseio pelo reforço da crença na "exceção", possibilitando que vieses de raça, sexo e classe permaneçam intactos. Eu sou cuidadosa em separar o que significa ser excepcional da noção de "a exceção".

Muitas vezes ouço pessoas negras inteligentes, de origem pobre e da classe trabalhadora, enfatizarem sua frustação em alguns momentos, quando família e comunidade não reconhecem que são excepcionais. A ausência de suporte positivo diminui seu desejo de se sobressair nas empreitadas acadêmicas. Porém, é importante distinguir entre a ausência de suporte positivo básico e o desejo por uma contínua afirmação de que somos especiais. Geralmente, pessoas brancas liberais estarão dispostas a oferecer uma afirmação contínua de nós como exceções — como especiais. Isso pode ser tão condescendente quanto muito sedutor. Como frequentemente trabalhamos em situações nas quais estamos isolados de outras pessoas negras, podemos facilmente começar a sentir que o encorajamento de pessoas brancas é a primeira ou a única fonte de apoio e reconhecimento. Dada a internalização do racismo, é fácil ver este apoio como mais validador e legitimador do que o apoio similar de pessoas negras. Porém, nada substitui ser valorizado e apreciado pelos seus, pela sua família e comunidade. Nós compartilhamos uma responsabilidade recíproca e mútua de afirmar o sucesso um do outro. Às vezes, devemos conversar com nossa gente, falar que precisamos do seu apoio e suporte contínuos, que são únicos e especiais para nós. Em alguns casos, podemos nunca receber de nossos familiares os tão desejados reconhecimento e elogio por conquistas específicas. Em vez de ver isso como uma predisposição para o distanciamento, para cortar ligações, explorar outras fontes de solidariedade e apoio pode ajudar.

Eu não sei se minha mãe alguma vez reconheceu minha educação universitária, exceto para me perguntar uma vez: "como você pode viver tão longe da sua gente?". Porém, ela me dava fontes de validação e solidariedade, compartilhando o legado da confecção de colchas, da história familiar, do seu incrível jeito com as palavras. Recentemente, quando nosso pai se aposentou, depois de mais de trinta anos trabalhando como zelador, eu quis prestar uma homenagem a essa experiência, para identificar pontos de ligação entre o trabalho dele e o meu próprio trabalho como escritora e professora. Refletindo sobre o nosso passado familiar, eu me recordei de como ele tinha sido um exemplo impressionante de diligência e trabalho duro, realizando tarefas com uma seriedade de concentração que eu trabalho para espelhar e desenvolver, com uma disciplina que eu luto para manter. Compartilhar esses pensamentos com ele nos mantêm conectados, nutre nosso respeito mútuo, mantendo um espaço, ora grande, ora pequeno, onde podemos conversar.

Comunicação aberta e honesta é a maneira mais importante de mantermos relações com familiares e com a comunidade quando nossa experiência de classe e contexto mudam. É tão vital quanto compartilhar recursos. Frequentemente, assistência financeira é dada em ocasiões em que não há um contato significativo. Embora relevante, ela pode ser também uma expressão de indiferença e alienação. A comunicação entre pessoas negras com experiências diversas de privilégio material era muito mais fácil quando estávamos todos em comunidades segregadas, compartilhando experiências comuns em relação às instituições sociais. Sem essa base, devemos trabalhar para manter vínculos, conexão. Nós devemos assumir mais responsabilidade em criar e manter contato, conexões que podem configurar nossas visões intelectuais e caracterizar nossos compromissos radicais.

O recurso mais poderoso que qualquer um de nós pode ter enquanto estudamos e ensinamos em ambientes universitários é a completa compreensão e apreciação da riqueza, da beleza e da importância de nossas origens familiares e comunitárias. Ter consciência das diferenças de classe, nutrir vínculos com pessoas pobres e da classe trabalhadora que são nossos parentes mais íntimos, nossos companheiros na luta, transforma e enriquece nossa experiência intelectual. A educação como prática da liberdade se torna uma força que nos aproxima, expandindo nossas definições de lar e comunidade, ao invés de nos fragmentar ou separar.

11.
violência em relacionamentos íntimos: uma perspectiva feminista

Nós estávamos na rodovia, indo de San Francisco para casa. Ele dirigia. Nós discutíamos. Ele me disse repetidas vezes para eu calar a boca. Eu continuei falando. Ele tirou a mão do volante e a jogou para trás, atingindo minha boca — minha boca aberta. Jorrou sangue, e senti uma dor intensa. Eu não era capaz de dizer mais nada, só de choramingar, soluçando enquanto o sangue escorria nas minhas mãos, no lenço que eu segurava com muita força. Ele não parou o carro. Dirigiu para casa. Eu assisti enquanto ele fazia a mala. Era um feriado. Ele estava saindo para se divertir. Quando saiu, lavei o ferimento. A mandíbula estava inchada e era difícil abrir a boca.

Eu liguei para o dentista no dia seguinte e marquei uma consulta. Quando a voz feminina me perguntou por que eu precisava ser consultada, eu disse que tinha sido atingida na boca. Consciente das questões de raça, sexo e classe, eu imaginava como seria tratada no consultório desse dentista branco. Meu rosto não estava mais inchado, então não havia nada que me identificasse como uma mulher que tinha apanhado, como uma mulher negra com a mandíbula machucada e inchada. Quando o dentista me perguntou o que tinha acontecido com a minha boca, descrevi calma e sucintamente. Ele fez piadinha: "não podemos deixar que façam isso com a gente agora, né?". Eu não disse nada. O dano estava consertado. Apesar de tudo, ele falava comigo como se eu fosse uma criança, alguém com quem tivesse que lidar com cautela — ou eu ficaria histérica.

Essa é uma maneira como as mulheres que apanham de homens e buscam cuidado médico são vistas. Pessoas dentro da sociedade patriarcal imaginam que mulheres apanham porque somos histéricas, irracionais. O mais frequente é a pessoa que bate ser irracional, histérica, quem perdeu o completo controle das reações e ações.

Quando eu era jovem, sempre pensava que jamais permitiria a qualquer homem me bater e ainda continuar vivo para contar a história. Eu o mataria. Eu tinha visto meu pai bater na minha mãe uma vez e desejei matá-lo. Minha mãe me disse então: "você é muito jovem para saber, muito jovem para compreender". Sendo mãe em uma cultura que apoia e promove a dominação, uma cultura patriarcal, de supremacia branca, ela não falou como se sentia nem o que queria dizer. Talvez tivesse sido muito difícil para ela falar sobre a confusão de ser atingida por alguém que é íntimo, alguém que você ama. No meu caso, eu fui atingida por meu companheiro num momento da vida em que inúmeras forças do mundo exterior à nossa casa já haviam me "agredido", por assim dizer, me feito dolorosamente consciente da minha impotência, da minha marginalidade. Parecia então que eu estava confrontando o fato de ser negra e mulher e sem dinheiro da pior forma possível. Meu mundo estava fora do eixo. Eu já tinha perdido uma sensação de estabilidade e segurança. A memória dessa experiência ficou comigo enquanto cresci como feminista, conforme pensava profundamente e lia muito sobre violência masculina contra mulheres, sobre violência de adultos contra crianças.

Neste ensaio, não pretendo concentrar a atenção somente no abuso físico masculino sobre mulheres. É crucial que feministas chamem a atenção para o abuso físico em todas as formas. Eu quero discutir em especial sobre ser abusado fisicamente em incidentes singulares por alguém que você ama. Poucas pessoas agredidas por alguém que amam respondem da mesma forma que responderiam a um ataque físico feito por um estranho. Muitas crianças criadas em lares onde apanhar foi a resposta comum dada pelos primeiros cuidadores reagem de forma ambivalente a violências físicas quando adultas, especialmente se são agredidas por quem cuida delas e por pessoas de quem gostam. Frequentemente, mães usam de violência física como um modo de controle. É necessária uma pesquisa feminista constante sobre tal violência. Alice Miller tem feito um trabalho esclarecedor sobre o impacto da agressão, embora ela seja, em alguns momentos, antifeminista em sua perspectiva. (Em seus trabalhos, mães são muitas vezes culpabilizadas, como se sua responsabilidade fosse maior do que a dos pais.) Discussões feministas sobre a violência contra as mulheres deveriam ser expandidas a fim de reconhecer as maneiras pelas quais as mulheres usam força física abusiva em crianças, não só para desafiar as preconcepções de que mulheres têm mais propensão a ser não violentas, mas também para aumentar nosso entendimento de por que crianças que apanham durante o crescimento são frequentemente agredidas quando adultas, ou agridem outras pessoas.

Recentemente, comecei uma conversa com um grupo de adultos negros sobre bater em crianças. Eles todos concordaram que bater era às vezes necessário. Um profissional negro num ambiente familiar do sul dos Estados Unidos comentou sobre a forma como punia suas duas filhas. Pondo-as sentadas, primeiro as interrogava sobre a situação e a circunstância pela qual elas estavam sendo punidas. Ele dizia com grande orgulho: "eu quero que elas sejam completamente capazes de entender por que estão sendo punidas". Eu respondi dizendo: "elas provavelmente vão se tornar mulheres a quem a pessoa amada vai atacar usando o mesmo procedimento que você, que as ama, tão bem usou, e elas não saberão como responder". Ele resistiu à ideia de seu comportamento poder ter qualquer impacto na resposta das filhas à violência quando se tornarem mulheres adultas. Eu apontei casos e casos de mulheres em relacionamentos íntimos com homens (e às vezes com outras mulheres) sujeitas às mesmas formas de interrogatório e punição experimentadas na infância, que aceitavam que seus companheiros amorosos assumissem um papel abusivo e autoritário. Crianças que são vítimas de abuso físico — seja uma ou repetidas surras, um empurrão violento ou vários —, cujas feridas são infligidas pela pessoa amada, experimentam uma extrema sensação de deslocamento. O mundo que mais se conhece, onde a pessoa se sente relativamente protegida e segura, colapsa. E outro mundo passa a existir, cheio de terrores, onde é difícil distinguir entre uma situação segura e uma perigosa, um gesto de amor e um gesto violento, de indiferença. Há um sentimento de vulnerabilidade, de exposição, que nunca vai embora, que espreita sob a superfície. Eu sei. Eu era uma dessas crianças. Adultos que apanham de pessoas que amam geralmente experimentam sensações similares de deslocamento, perda e horrores recém-descobertos.

Muitas crianças que apanham nunca souberam como é ser cuidado e amado sem agressão física ou dor abusiva. Agredir é uma prática tão disseminada que qualquer um de nós tem sorte se nunca experimentou isso na vida. Um aspecto não discutido da realidade de crianças agredidas quando se veem, já adultas, em circunstâncias parecidas é que frequentemente compartilhamos com amigos e amores a estrutura de nossas dores da infância, e isso pode determinar como nos respondem em situações de dificuldade. Compartilhamos as formas como somos feridos e expomos áreas vulneráveis. Muitas vezes essas revelações fornecem um modelo detalhado para pessoas que desejam nos machucar ou ferir. Enquanto a literatura sobre abuso físico frequentemente aponta para o fato de crianças violentadas estarem mais propensas a se tornar abusadoras ou a ser abusadas, não se dá nenhuma atenção ao fato de que, ao compartilhar determinadas feridas, deixamos outras pessoas íntimas saberem exatamente o que pode ser feito para nos machucar, para nos fazer sentir que estamos presos em padrões destrutivos contra os quais temos lutado. Quando parceiros criam cenários de abuso similar, se não exatamente iguais àqueles que experimentamos na infância, a pessoa ferida é machucada não somente pela dor física, mas também pelo sentimento de traição calculada. Traição. Quando somos fisicamente feridos por quem amamos, nós nos sentimos traídos. Não mais confiamos que o cuidado pode ser sustentado. Somos machucados, danificados — feridos em nossos corações.

Trabalhos feministas que chamam a atenção para a violência masculina contra mulheres têm ajudado a criar um clima em que as questões de abuso físico praticado por quem se ama podem ser livremente abordadas, especialmente sobre abuso sexual dentro do ambiente familiar. A exploração do tema da violência masculina contra mulheres por feministas e não feministas demonstra a ligação entre a experiência da infância de ser agredido por pessoas que se ama e a ocorrência de violência posterior nos relacionamentos adultos. Enquanto há muito material disponível discutindo o abuso físico de mulheres por homens, geralmente abuso físico extremo, não há muita discussão sobre o impacto que um incidente de agressão pode ter em uma pessoa num relacionamento íntimo, ou como a pessoa agredida se recupera daquela experiência. Cada vez mais, na discussão com mulheres sobre abuso físico em relacionamentos, independentemente de orientação sexual, percebo que a maioria de nós já teve a experiência de ser agredida violentamente pelo menos uma vez. Há pouca discussão sobre como somos destruídas por tais experiências (especialmente se somos agredidas quando crianças), sobre como lidar e se recuperar da ferida. Esta é uma importante área para pesquisas feministas, precisamente porque muitos casos de abuso físico extremo começam com um incidente isolado de agressão. Deve-se dar atenção a fim de compreender e impedir esses incidentes isolados se quisermos eliminar a possibilidade de mulheres correrem riscos em relacionamentos íntimos.

Pensar criticamente sobre questões de abuso físico tem me levado a questionar a maneira como nossa cultura e como nós, enquanto feministas, priorizamos o assunto da violência e do abuso físico pelas pessoas que amamos. O foco tem sido na violência masculina contra mulheres e, em particular, no abuso sexual masculino de crianças. Dada a natureza do patriarcado, tem sido necessário para feministas salientar casos extremos para fazer as pessoas confrontarem e reconhecerem o assunto como sério e relevante. Infelizmente, um foco exclusivo em casos extremos pode nos levar, e nos leva, a ignorar os mais frequentes, mais comuns, mesmo se tratando de casos menos extremos de agressão eventual. Mulheres são menos propensas a reconhecer a agressão eventual por medo de serem vistas como alguém que aceita um relacionamento ruim, ou cuja vida está fora de controle. Atualmente, a literatura sobre violência masculina contra mulheres identifica a mulher fisicamente violentada como uma "mulher agredida". Ao mesmo tempo que tem sido importante ter uma terminologia acessível para atrair a atenção para a questão da violência masculina contra mulheres, os termos usados refletem parcialidade, porque chamam a atenção para um só tipo de violência em relacionamentos íntimos. O termo "mulher agredida" é problemático. Não é um termo que surge do trabalho feminista sobre violência masculina contra mulheres; ele já era utilizado por psicólogos e sociólogos na literatura sobre violência doméstica. O rótulo "mulher agredida" enfatiza as agressões físicas contínuas, recorrentes e constantes — a violência extrema —, com pouco esforço para conectar esses casos à aceitação cotidiana de abusos físicos que não sejam extremos, e que podem não ser recorrentes, dentro de relacionamentos íntimos. Porém, essas formas menores de abuso físico destroem os indivíduos psicologicamente e, se não são abordadas e curadas adequadamente, podem criar o palco para incidentes mais graves.

Mais importante ainda, o termo "mulher agredida" é usado como se constituísse uma categoria isolada de mulheres, como se fosse uma identidade, uma marca que põe alguém à parte, em vez de ser simplesmente um termo descritivo. É como se a experiência de ser agredida violenta e repetidamente fosse a única definição característica da identidade de uma mulher, submergindo todos os outros aspectos sobre quem ela é e quais são suas experiências. Quando eu fui agredida, também usei expressões populares como "agressor" e "mulher agredida", muito embora não sentisse que estas palavras descrevessem adequadamente o caso de ter sido agredida uma única vez. Entretanto, estes foram os termos que as pessoas ouviram, viram como importantes, significativos — como se não fosse realmente significativo para um indivíduo, mais ainda para uma mulher, ser agredida uma vez. Meu parceiro ficou bravo por ser rotulado como um agressor. Ele estava relutante em conversar sobre a experiência de me agredir precisamente porque não queria ser rotulado de agressor. Eu o havia agredido uma vez (não tão forte quanto ele me bateu) e não me via como uma agressora. Para nós dois, esses termos eram inadequados. Ao invés de nos permitir lidar efetiva e positivamente com uma situação negativa, eles eram parte de todos os mecanismos de negação, nos faziam evitar enfrentar o que aconteceu. Esse é o caso de muitas pessoas que são agredidas — e daquelas que agridem.

Mulheres agredidas por homens uma vez em suas vidas e mulheres agredidas repetidamente não querem ser colocadas na categoria de "mulheres agredidas", pois é um rótulo que parece abalar nossa dignidade e negar a existência de qualquer integridade em nossos relacionamentos. Uma pessoa agredida fisicamente por um estranho, ou por um amigo casual com quem não tem intimidade, pode ser agredida uma ou muitas vezes, mas não é posta numa categoria para que médicos, advogados, familiares, conselheiros etc. levem os problemas dela a sério. Deve-se afirmar novamente que estabelecer categorias e terminologias tem sido parte do esforço de atrair atenção pública à seriedade da violência masculina contra mulheres em relacionamentos íntimos. Embora o uso de categorias e rótulos convenientes torne mais fácil identificar os problemas de abuso físico, isso não significa que a terminologia não deva ser criticada a partir de uma perspectiva feminista e, se necessário, alterada.

Recentemente, tive a experiência de dar assistência a uma mulher que havia sido brutalmente atacada por seu marido (ela nunca comentou se aquele era o primeiro incidente), o que me fez refletir de novo sobre o uso do termo "mulher agredida". Essa jovem mulher não estava envolvida com o pensamento feminista ou consciente sobre "mulher agredida" ser uma categoria. Seu marido tinha tentado estrangulá-la até a morte. Ela conseguiu escapar só com as roupas do corpo. Depois de se recuperar do trauma, considerou voltar para o relacionamento. Como uma mulher frequentadora da igreja, ela acreditava que os votos de seu casamento eram sagrados e que deveria tentar fazer o relacionamento funcionar. Num esforço de compartilhar meu sentimento de que isso a poderia expor a um risco maior, trouxe para ela o livro *The Battered Women* [As mulheres agredidas], de Lenore Walker, pois para mim parecia haver muita coisa que ela não revelava, parecia que se sentia sozinha; as experiências sobre as quais leria no livro talvez pudessem mostrar-lhe que outras mulheres haviam passado pelo que ela estava passando. Eu esperava que o livro desse a ela coragem para confrontar a realidade da situação. Porém, tive dificuldades de compartilhar, pois podia ver que a autoestima dela já havia sido bastante atacada, que ela tinha perdido o senso de sua importância e de seu valor e que, possivelmente, essa categorização de sua identidade aumentaria o sentimento de que deveria esquecer, ficar em silêncio. (Com certeza, voltar a uma situação na qual se está mais propenso a ser abusado é uma forma de mascarar a severidade do problema.) Mas eu tinha que tentar. A primeira vez que dei o livro a ela, ele desapareceu. Um familiar não identificado o jogou fora. Eles sentiram que ela poderia cometer um terrível erro se começasse a se ver como uma vítima absoluta — como o título do livro, "mulher agredida", segundo eles, sugeria. Eu enfatizei que ela deveria ignorar os rótulos e ler o conteúdo. Eu acreditava que a experiência compartilhada nesse livro daria a ela coragem para ser crítica em relação a sua situação, a tomar uma atitude construtiva.

A resposta dela ao rótulo "mulher agredida", bem como as respostas de outras mulheres que têm sido vítimas de violência em relacionamentos íntimos, levou-me a explorar mais criticamente o uso desse termo. Em conversas com muitas mulheres, percebi que era visto como um rótulo que estigmatizava, que mulheres vitimadas, buscando ajuda, sentiam-se sem nenhuma condição de criticá-lo — como em "quem se importa com como alguém está chamando isso?, eu só quero acabar com essa dor". Na sociedade patriarcal, mulheres vitimadas por violência masculina têm que pagar um preço por quebrar o silêncio e nomear o problema. Elas têm sido vistas como mulheres caídas, que falharam no seu papel "feminino" de sensibilizar e civilizar a besta no homem. Uma categoria como "mulher agredida" arrisca reforçar essa noção de que a mulher machucada, não somente a vítima de estupro, torna-se um pária social, escanteada, marcada para sempre por essa experiência.

Uma distinção deve ser feita entre uma terminologia que permita às mulheres e a todas as vítimas de atos violentos nomear o problema e categorias de classificação que possam inibir essa nomeação. Quando somos feridos, nós estamos de fato assustados, frequentemente machucados de maneiras que nos diferenciam daqueles que não experimentaram ferimento similar; mas um aspecto essencial do processo de recuperação é a cura da ferida, a remoção da cicatriz. Esse processo é empoderador e não deveria ser desprezado pelos rótulos que implicam a experiência de ferimento como o aspecto mais significativo da identidade.

Como já afirmei, a ênfase excessiva em casos extremos de abuso violento pode nos levar a ignorar o problema da agressão eventual e tornar difícil para mulheres conversarem sobre o problema. Uma questão crítica não completamente examinada nem descrita em grandes detalhes por pesquisadores que estudam e trabalham com vítimas é o processo de recuperação. Há uma escassez de material discutindo o processo de recuperação de indivíduos que foram abusados fisicamente. Naqueles casos em que um indivíduo é agredido somente uma vez num relacionamento íntimo, embora violentamente, é possível que não se reconheça todo o impacto negativo dessa experiência. É possível não haver nenhuma tentativa consciente por parte da pessoa vitimada em trabalhar para restaurar o seu bem-estar, mesmo se ele ou ela procura ajuda terapêutica, pois o incidente único pode não ser visto como sério ou danoso. Sozinha e isolada, a pessoa agredida pode lutar para reconquistar a confiança perdida — forjar alguma estratégia de recuperação. Indivíduos são muitas vezes capazes de processar racionalmente uma experiência de ser agredido que pode não ser processada emocionalmente. Muitas mulheres com quem conversei sentiam que, mesmo muito tempo depois do incidente ser esquecido, seus corpos continuavam apreensivos. Instintivamente, a pessoa agredida pode responder com temor a qualquer movimento corporal por parte da pessoa amada que seja similar à postura usada quando a dor foi infligida.

Ser agredida por um parceiro uma única vez pode diminuir

para sempre os relacionamentos sexuais se não houver nenhum processo de recuperação. Repito, há poucos escritos sobre como as pessoas se recuperam fisicamente em suas sexualidades quando continuam sendo parceiros sexuais daqueles que as machucaram. Na maioria dos casos, relacionamentos sexuais são drasticamente alterados após a agressão. O campo sexual pode ser um espaço em que a pessoa agredida experimenta repetidamente a sensação de vulnerabilidade, despertando, inclusive, o medo. Isso conduz a uma tentativa de evitar o sexo ou a um retraimento sexual despercebido, do qual a pessoa participa, mas é passiva. As mulheres agredidas por seus amados com quem conversei descrevem o sexo como um suplício, o único espaço onde confrontam sua incapacidade de confiar num parceiro que quebrou a confiança. Uma mulher enfatizou que ser agredida era uma "violação do seu espaço corporal", ela sentia desde então que deveria proteger aquele espaço. Esta resposta, embora seja uma estratégia de sobrevivência, não conduz a uma recuperação saudável.

Frequentemente, mulheres agredidas em relacionamentos íntimos sentem como se perdessem uma inocência que não pode ser reconquistada, ainda que a própria noção de inocência esteja ligada à aceitação passiva de conceitos de amor romântico sob o patriarcado que servem para mascarar realidades problemáticas nos relacionamentos. O processo de recuperação deve incluir uma crítica dessa noção de inocência frequentemente ligada a uma visão irrealista e fantástica de amor e romance. É somente abandonando a ideia da união perfeita, sem trabalho, do felizes para sempre, que livramos nossas psiques da sensação de termos falhado de alguma forma ao não estarmos mais em tais relacionamentos. Aquelas de nós que nunca focaram o impacto negativo de ser agredida quando criança acham necessário reexaminar o passado de modo terapêutico como parte do processo de recuperação. Usar as mesmas estratégias que nos ajudaram a sobreviver quando crianças pode ser prejudicial aos relacionamentos adultos.

Falando com outras mulheres sobre ser agredida por pessoas a quem se ama, quando criança e na fase adulta, descobri que muitas de nós nunca tinham pensado muito sobre nosso próprio relacionamento com a violência. Muitas de nós se orgulhavam de nunca se sentirem violentas, de nunca agredir. Nós não tínhamos pensado profundamente sobre nossa relação com a inflicção de dor física. Algumas de nós expressaram horror e surpresa quando confrontadas com a força física dos outros. Para nós, o processo de cura incluía aprender como usar a força física construtivamente, remover o horror — o medo. Apesar de pesquisas sugerirem que crianças agredidas podem se tornar adultos agressores — mulheres agridem crianças, homens agridem crianças, homens agridem mulheres e crianças —, a maioria das mulheres com quem conversei não só não agredia como era compulsiva em relação a não usar a força física.

De modo geral, o processo pelo qual mulheres se recuperam da experiência de serem agredidas por pessoas que amam é complicado e multifacetado, uma área na qual deveria haver muito mais estudo e pesquisa feministas. Para muitas de nós, as feministas que chamam a atenção para a realidade da violência em relacionamentos íntimos não têm em si e por si só forçado muitas pessoas a levarem o assunto a sério. E tal violência parece aumentar diariamente.

Neste ensaio, levantei assuntos sobre os quais não se costuma conversar, mesmo entre pessoas particularmente preocupadas com a violência contra as mulheres. Eu espero que o texto sirva como catalisador para futuros pensamentos, que fortaleça nossos esforços como ativistas feministas em criar um mundo onde dominação e abuso coercivo nunca sejam aspectos de relacionamentos íntimos.

12.
feminismo e militarismo: um comentário

Como uma criança que cresceu em Hopkinsville, Kentucky, nas proximidades de Fort Campbell, eu achava que o exército era composto primordialmente por homens negros. Quando eu via soldados, eles eram negros. Ouvi sem querer adultos conversarem sobre homens negros se alistando no exército para encontrar trabalho, para encontrar a dignidade que vinha com ter um propósito na vida. Eles diziam: "melhor estar no exército do que vagando pelas ruas". Porém, meu pai advertia suas filhas sobre se relacionar com soldados, dizendo que "sabia como esses homens eram — já estive no exército". Havia um aspecto de sua experiência nos regimentos de negros que trabalhavam nas linhas de apoio durante a Segunda Guerra Mundial que o transformou profundamente. Depois de voltar pra casa, ele não mostrou nenhum interesse em viajar para novos lugares, para terras "estrangeiras". Um aspecto inexplicável, inominável, daquela experiência fez com que permanecesse próximo de casa. Eu consigo lembrar da minha surpresa quando descobri fotos dele de uniforme, tiradas em lugares longínquos sobre os quais ele nunca tinha falado. Porém, ele sempre guardava em seu quarto uma foto dos homens negros do 537º batalhão. Quando crianças, nós estudávamos os rostos daqueles homens negros de uniforme, procurando por ele. Aos 61 anos, meu pai viajou pra Indiana para se reunir com seus companheiros do exército, para viver o luto por aqueles mortos, lamentar que nenhuma quantidade de luta tivesse trazido um fim para a guerra.

Há mais de dez anos, quando me candidatei pela primeira vez a uma vaga na universidade, uma das faculdades tinha uma bolsa especial para parentes de homens que haviam lutado na Primeira Guerra Mundial. Foi então que perguntei ao meu avô, Daddy Gus, se ele tinha lutado na guerra. Quando respondeu, a voz dele foi brusca e exasperada: "não, eu não queria nada com guerra. Por que eu devia ter lutado numa guerra? Não, eu nunca lutei a guerra de ninguém". Da minha infância à fase adulta, ele se elevou no horizonte da masculinidade como um homem que viveu verdadeiramente em paz e harmonia com aqueles ao seu redor — violência não era o jeito dele. Eu me impressionava com a sua persistente postura antiguerra, igual à postura antiguerra de outros homens negros da nossa comunidade no sul, todos muito abertos sobre os seus sentimentos sobre a militarização (realçando a contradição de homens negros que serviam em guerras, que morriam por este país, por esta democracia que institucionalizou o racismo e lhes negou a liberdade). A atitude deles nos mostrava que nem todos os homens glorificam a guerra, nem todos os homens que lutam guerras acreditam necessariamente que guerras são justas, nem todos os homens são inerentemente capazes de matar, nem a militarização é a única forma possível de segurança. Eu sempre penso nesses homens negros quando ouço afirmações sugerindo que os homens gostam da guerra, que desejam a glória de morrer na guerra.

Muitas mulheres que advogam o feminismo veem a militarização como exemplo de conceitos patriarcais de masculinidade e do direito dos homens dominarem os outros. Para essas mulheres, lutar contra a militarização é lutar contra o patriarcado. Rena Patterson argumentou, em seu ensaio "Militarism and the Tradition of Radical Feminism" [Militarismo e a tradição do feminismo radical]: "impedir a guerra é lutar contra o poder masculino, expor e desafiar as pretensões de masculinidade, e reconhecer e agir contra os princípios básicos que operam em todos os domínios da sociedade patriarcal-capitalista".

Na introdução de seu livro de ensaios *Ain't Nowhere We Can Run: A Handbook For Women on the Nuclear Mentality* [Não há para onde correr: um manual para mulheres sobre a mentalidade nuclear], Susan Koen escreve:

> Acreditamos que a tirania criada pelas atividades nucleares é meramente a mais recente e a mais séria manifestação de uma cultura caracterizada por toda forma de dominação e exploração. Por esta razão, a presença da mentalidade nuclear no mundo pode somente ser vista como uma parte do todo, não como um assunto isolado. Nós encorajamos a percepção de que separar o assunto das usinas de energia nuclear e armas da perspectiva cultural, social e política dominante na sociedade resulta em uma compreensão limitada do problema, e por outro lado limita o alcance de soluções possíveis. Propomos então o argumento de que esses construtos definidos masculinamente, que controlam nossa estrutura social e relacionamentos, são diretamente responsáveis pela proliferação de usinas e armas nucleares. O patriarcado é a raiz do problema, e os perigos iminentes criados pela mentalidade nuclear servem para chamar a nossa atenção para o problema básico do patriarcado.

Ao igualar militarismo e patriarcado, essas feministas estruturam seus argumentos de modo a sugerir que ser masculino é sinônimo de força, agressão, vontade de dominar e ser violento com os outros; e que ser feminino é sinônimo de fraqueza, passividade e vontade de nutrir e afirmar a vida dos outros. Mesmo que esse pensamento dualístico possa refletir normas estereotipadas vividas por muitas pessoas, ele também é perigoso, é um componente ideológico básico da lógica que configura e promove a dominação na sociedade ocidental. Mesmo quando invertido e empregado para propósitos significativos, como o desarmamento nuclear, ele ainda é arriscado, pois reforça as bases culturais do machismo e outras formas de opressão de grupo. Sugerir, como faz tal pensamento, que mulheres e homens são inerentemente diferentes de alguma maneira fixa e absoluta, implica dizer que mulheres, em virtude de nosso sexo, não exercemos nenhum papel crucial em apoiar e sustentar o imperialismo (e o militarismo, que serve para manter a ordem imperialista) ou outros sistemas de dominação. Frequentemente, as mulheres que fazem tais afirmações são brancas. Mulheres negras estão mais propensas a sentir fortemente que mulheres brancas têm sido bastante violentas, militaristas, no apoio e na manutenção do racismo.

Ao invés de evidenciar para as mulheres o poder que exercemos ao manter sistemas de dominação e propor estratégias de resistência e mudança, as discussões mais atuais sobre feminismo e militarismo mistificam ainda mais o papel da mulher. Em concordância com o pensamento machista, mulheres são descritas como objetos ao invés de sujeitos. Nós não somos representadas como trabalhadoras e ativistas que, como os homens, fazem escolhas políticas, mas como observadoras passivas que não assumem nenhuma responsabilidade por manter e perpetuar ativamente o sistema de valor atual da nossa sociedade, que privilegia a violência e a dominação como as ferramentas mais efetivas de controle coercivo da interação humana, uma sociedade cujos sistemas de valor advogam e promovem guerras. Discussões sobre feminismo e militarismo não evidenciam para as mulheres os papéis, em sua variedade e complexidade, que nós exercemos; fazem parecer que todas as mulheres são contra a guerra, que os homens são o inimigo. Isso é uma distorção da realidade da mulher, não um esclarecimento, uma redefinição.

Tal desvalorização dos papéis que as mulheres têm exercido constrói necessariamente uma falsa noção da experiência feminina. Eu uso a palavra "desvalorização" porque parece que a sugestão de que são os homens que fizeram guerras e políticas de guerra representa a recusa em ver mulheres como seres políticos ativos, mesmo que estejamos em papéis subordinados aos homens, e a aceitação de que ser considerado inferior ou submisso define necessariamente o que alguém realmente é ou como alguém verdadeiramente dá continuidade a um padrão machista que nega os "poderes do fraco", como rotula Elizabeth Janeway. Ao passo que penso ser importante para a defesa do movimento feminista que critiquemos continuamente o patriarcado, também acredito ser importante trabalhar para esclarecer os comprometimentos políticos das mulheres, sem ignorar nosso poder de escolher ser a favor ou contra o militarismo.

Quando ouço afirmações como "mulheres são os inimigos naturais da guerra", estou convencida de que estamos promovendo uma visão simplista da psique das mulheres, da nossa realidade política. Muitas mulheres ativistas antiguerra sugerem que mulheres, como geradoras ou potenciais geradoras de filhos, são necessariamente mais preocupadas com a guerra do que os homens. A implicação é que mães são necessariamente apoiadoras da vida. Numa entrevista ao *South End Press News*, Leslie Cagan confirma que mulheres que participam do trabalho de desarmamento frequentemente sugerem que, porque carregam bebês, têm uma "relação e uma responsabilidade especial com a sobrevivência do planeta". Cagan sustenta, e com razão, que esta é uma "perspectiva perigosa", pois "enfatiza a biologia da mulher e tende a reforçar a noção machista que iguala feminilidade e maternidade".

> Pode até ser que algumas mulheres, ou muitas, motivem-se para o ativismo devido a uma preocupação com os seus filhos. (Pode até ser um fator para alguns pais que não querem ver seus filhos explodidos numa guerra nuclear também!) Mas isso simplesmente não justifica uma perspectiva estreita e limitada. Limitada porque diz que a relação da mulher com uma questão tão importante como o futuro do nosso planeta se encontra em um único fato biológico.

Defensores do feminismo que estão preocupados com o militarismo devem insistir que mulheres (mesmo aquelas que têm filhos) não são inerentemente mais pró-vida ou não violentas. Muitas mulheres que são mães são muito violentas. Muitas mulheres que dão à luz, sejam mães solteiras ou casadas, têm ensinado crianças, meninas e meninos, a ver brigas e outras formas de agressão violenta como modos aceitáveis de comunicação, mais valorizadas do que interações de amor e cuidado. Mesmo que mulheres assumam com mais frequência um papel de cuidado, em defesa da vida, em seus relacionamentos com os outros, representar esse papel não necessariamente significa que elas valorizem ou respeitem esse modo de relação, assim como podem venerar a supressão da emoção ou a afirmação do poder por meio da força. Feministas devem insistir que mulheres (inspiradas ou não pela maternidade) que realmente escolhem denunciar a violência, a dominação e sua expressão máxima, a guerra, são pensadoras políticas que fazem escolhas políticas. Se mulheres que se opõem ao militarismo continuam a sugerir, direta ou indiretamente, que há uma predisposição inerente na mulher para odiar a violência, elas arriscam reforçar o próprio determinismo biológico que tem sido um bastião de antifeministas.

Sobretudo ao sugerir que mulheres são naturalmente não violentas, ativistas antiguerra mascaram a realidade de que massas de mulheres nos Estados Unidos não são anti-imperialistas, não são contra o militarismo, e, até que seus sistemas de valores mudem, elas devem ser vistas como apegadas, tanto quanto seus parceiros masculinos, a uma perspectiva sobre relacionamentos humanos que inclui a dominação social em todas as suas formas. O imperialismo, e não o patriarcado, é a base principal do militarismo. Muitas sociedades no mundo governadas por homens não são imperialistas. Nem é inconcebível em sociedades de supremacia branca, como África do Sul, Austrália e Estados Unidos, que homens machistas apoiem esforços contínuos para equalizar o status social de mulheres brancas e homens brancos a fim de fortalecer a supremacia branca. Ao longo da história dos Estados Unidos, proeminentes mulheres brancas que trabalharam pelos direitos das mulheres não viam nenhuma contradição entre este esforço e seu apoio a tentativas imperialistas brancas ocidentais de controlar o planeta. Com frequência, argumentavam que mais direitos para mulheres brancas tornaria possível o apoio delas ao nacionalismo e ao imperialismo dos Estados Unidos.

No começo do século XX, muitas mulheres brancas que foram fortes defensoras da libertação das mulheres eram também pró-imperialistas. Livros como *Western Women in Eastern Lands* [Mulheres ocidentais em terras orientais], de Helen Barret Montgomery, publicado em 1910 para documentar os cinquenta anos de trabalho de mulheres em missões estrangeiras, indica que estas mulheres não viam nenhuma contradição entre os seus esforços para emancipar o sexo feminino e o seu apoio à disseminação hegemônica de valores ocidentais e à dominação ocidental do globo. Como missionárias, essas mulheres, cuja vasta maioria era branca, viajaram para terras orientais não como soldadas, mas ainda assim armadas com a munição psicológica que ajudaria a perpetuar a supremacia branca e o imperialismo branco ocidental. Na declaração final de seu trabalho, Helen Montgomery afirma:

> Tantas vozes nos chamam, tantos demandam nossa lealdade, que corremos o risco de esquecer o melhor. Primeiro, procurar trazer o reino de Cristo na terra, responder ao necessitado dilacerado, sair ao deserto por aquela ovelha amada e desorientada que o pastor deixou se perder do rebanho, dividir todo o privilégio com o desprivilegiado e a felicidade com o infeliz, estabelecer vida, se necessário for, na maneira de Cristo, enxergar a possibilidade de ser uma terra redimida, indivisa, desvelada, descansando sem dúvidas na luz do glorioso Evangelho do abençoado Deus, esta é a missão do movimento missionário das mulheres.

Como algumas feministas contemporâneas, essas mulheres brancas estavam convencidas de que eram naturalmente predispostas a trazer nutrição e cuidado — embora, neste caso, fosse para países não brancos —, em vez de empreender esforços antiguerra.

Ainda é verdade que homens mais do que mulheres, homens brancos mais do que qualquer outro grupo, advogam a favor do militarismo, do imperialismo difundido; que são os homens que continuam a cometer a maioria dos atos de violência na guerra. Porém, essa divisão sexual do trabalho não significa necessariamente que mulheres pensem diferente de homens em relação à violência, ou que ajam significativamente diferente quando no poder. Historicamente, em tempos de crises nacionais, mulheres lutam em batalhas ao redor do mundo e não mostram qualquer predisposição a serem menos violentas. A guerra não envolve simplesmente a arena do combate. Guerras são apoiadas por indivíduos em um número de linhas de frente. Ideologicamente, muitos de nós fomos criados para acreditar que a guerra é necessária e inevitável. Nas nossas vidas diárias, indivíduos que aceitam passivamente essa socialização reforçam sistemas de valores que apoiam, encorajam e aceitam a violência como um meio de controle social. Tal aceitação é um pré-requisito para a participação na disputa imperialista e para apoiar o militarismo que ajuda tal disputa. Às mulheres nos Estados Unidos são ensinados os mesmos valores e atitudes que aos homens, embora o machismo nos designe papéis diferentes. Ao final do ensaio "The Culture in Our Blood" [A cultura em nosso sangue], que discute a participação de mulheres nos esforços de guerra, Patty Walton afirma:

> Para concluir, mulheres não têm lutado em guerras por causa de nossas circunstâncias materiais, não porque somos inerentemente mais morais do que os homens, ou por qualquer limitação biológica de nossa parte. O trabalho de mulheres apoia tanto a sociedade em guerra quanto suas atividades de paz. E nosso apoio sempre derivou de nossa socialização específica como mulheres. De fato, a socialização de mulheres e homens complementa as necessidades da cultura na qual vivemos. [...] Homens não são mais inerentemente agressivos do que mulheres são passivas. Temos culturas de guerra, para então termos culturas de paz.

A divisão sexual do trabalho quer dizer que, muitas vezes, como pais e mães, mulheres apoiam o esforço de guerra inserindo na mente das crianças uma aceitação da dominação e um respeito pela violência como um meio de controle social. O compartilhamento desses valores é tão central para a criação de um Estado militarista quanto é o controle generalizado de homens pelos pequenos grupos dominantes, que insistem que homens fazem guerra e recompensam seus esforços. Como os homens, as mulheres nos Estados Unidos aprendem a testemunhar passivamente a violência assistindo a infinitas horas de televisão. Para lutar contra o militarismo, devemos resistir à socialização e à lavagem cerebral em nossa cultura, que ensina a aceitação passiva da violência na vida diária, que nos ensina a eliminar a violência com violência. Em uma escala pequena, embora significativa, nós todos deveríamos monitorar o que as crianças assistem, o que nós mesmos assistimos na televisão. Como mulheres burguesas nos Estados Unidos se beneficiam da conquista imperialista como consumidoras, devemos consumir menos e defender uma redistribuição da riqueza como forma de acabar com o militarismo. Mulheres que se opõem ao militarismo devem estar dispostas a retirar todo o apoio à guerra, sabendo muito bem que tal afastamento começa necessariamente com uma mudança em nossas psiques, transformando nossa aceitação passiva da violência como meio de controle social em uma resistência ativa.

13.
pedagogia e compromisso político: um comentário

Educação é uma questão política para pessoas exploradas e oprimidas. A história da escravidão nos Estados Unidos mostra que pessoas negras consideravam a educação — aprender com livros, ler, escrever — uma necessidade política. Essa atitude se justificava pela luta para resistir à supremacia branca e aos ataques racistas. Sem a capacidade de ler e escrever, de pensar crítica e analiticamente, o escravizado, mesmo depois de liberto, permanecia preso para sempre, dependente da vontade do opressor. Nenhum aspecto da luta pela libertação negra nos Estados Unidos tem carregado tanto fervor revolucionário quanto o esforço pelo acesso à educação em todos os níveis.

Da escravidão até o presente, a educação tem sido reverenciada nas comunidades negras, embora também se desconfie dela. A educação representou um meio de resistência radical, mas também levou a uma divisão de casta/classe entre o educado e o não educado, pois significou que a pessoa negra letrada podia adotar mais facilmente os valores e as atitudes do opressor. A educação podia ajudar a assimilação. Se não dava para se tornar o opressor branco, podia-se, pelo menos, falar e pensar como ele ou ela, e em alguns casos as pessoas negras estudadas assumiam o papel de mediadores

— explicando sobre as pessoas negras não escolarizadas para as pessoas brancas.

Dada essa história, muitos pais negros encorajaram os filhos a adquirir uma educação enquanto simultaneamente nos aconselhavam sobre o perigo da educação. Um perigo bastante real, como muitas famílias negras tradicionalmente percebiam, era que a pessoa negra educada perdesse o contato com a realidade concreta da experiência negra cotidiana. Livros e ideias eram importantes, mas não o suficiente para se tornarem barreiras entre a participação individual e a comunitária. Considerava-se que a educação tinha o potencial de alienar pessoas da comunidade e da consciência de nossa situação coletiva como pessoas negras. Na minha família, enfatizava-se constantemente que aprender demais com os livros podia levar à loucura. Entre as pessoas negras comuns, considerava-se como loucura qualquer perda da capacidade de se comunicar efetivamente com os outros, da habilidade de lidar com assuntos práticos.

Essas atitudes ambivalentes com relação à educação têm dificultado aos estudantes negros se adaptar e ter sucesso no ambiente educacional. Muitos de nós descobriram que alcançar o sucesso na própria educação que haviam nos encorajado a buscar seria mais fácil se nos separássemos da experiência do povo negro, da experiência desprivilegiada da classe baixa negra, que era nossa realidade de base. Essa posição ambivalente com relação à educação tem tido um impacto tremendo na minha psique. Dentro da comunidade de classe trabalhadora onde cresci, aprendi a desconfiar da educação e de pessoas brancas. Nos anos de educação básica, frequentei escolas só de pessoas negras. Nessas escolas, aprendi sobre a realidade de pessoas brancas, mas também sobre a realidade de pessoas negras, sobre nossa história. Lá fomos ensinados a ter orgulho de nós mesmos como pessoas negras e a trabalhar para elevar nossa raça.

Habituados a experimentar, como eu fiz, um ambiente educacional estruturado para atender nossas necessidades como pessoas negras, fomos profundamente afetados quando aquelas escolas pararam de existir e quando fomos obrigados a frequentar as escolas de brancos. Na escola de brancos, nós não éramos mais pessoas com uma história, uma cultura. Não existíamos como nada além de primitivos ou escravizados. A escola não era mais um lugar onde se aprendia sobre como usar a educação como meio de resistir à opressão da supremacia branca. Não é de se admirar que eu tenha passado meus últimos anos de ensino médio deprimida com a educação, como se tivéssemos sofrido uma grande perda, sentindo que a direção tinha mudado, que os objetivos tinham mudado. Nós não éramos mais ensinados por pessoas que falavam a nossa língua, que compreendiam a nossa cultura; éramos ensinados por estranhos. Além disso, dependíamos daqueles estranhos para nos avaliar, para sermos aprovados. Aprendemos a não desafiar o seu racismo, pois eles exerciam poder sobre nós. Embora nos dissessem em casa para não desafiar os brancos abertamente, também nos diziam para não aprender a pensar como eles.

Nessa atmosfera de ambivalência com relação à educação, eu, que tinha sido considerada inteligente, não tinha certeza se queria ir à faculdade. A escola era um caminho opressivo. Porém, o destino de mulheres negras inteligentes já havia sido decidido: seríamos professoras. Na faculdade privada com maioria de mulheres brancas onde passei o meu primeiro ano, eu era uma estrangeira. Determinada a permanecer ancorada na realidade da cultura negra do sul dos Estados Unidos, eu me mantive afastada das práticas sociais de mulheres brancas com as quais morei e estudei. Elas, por sua vez, me viram como hostil e estranha. Eu, que sempre fui um membro da comunidade, era agora uma solitária. Uma das minhas professoras brancas sugeriu que a alienação experimentada por mim era causada por estar numa escola que não era intelectualmente desafiadora, que eu deveria ir para Stanford, onde ela havia estudado.

Meus anos de graduação em Stanford foram difíceis. Não só por eu me sentir alienada das pessoas brancas, meus pares e professores, mas porque conheci pessoas negras que eram diferentes, que não pensavam como eu sobre a cultura negra ou a vida dos negros — que pareciam tão estranhas a mim quanto as pessoas brancas. Eu conhecia pessoas negras de classes diferentes na minha cidade natal, mas ainda assim vivíamos muito da mesma realidade, compartilhávamos visões de mundo. Em Stanford era diferente. Eu estava num ambiente onde a origem de classe das pessoas negras e seus valores eram radicalmente distintos dos meus.

Para superar meus sentimentos de isolamento, eu me uni aos trabalhadores, às mulheres negras que trabalhavam como empregadas, às secretárias. Com elas eu me sentia em casa. Durante os feriados, quando estávamos de folga, eu ficava na casa delas. Mesmo estando com elas, não era como estar em casa. Na casa delas eu era uma hóspede de honra, alguém para se seguir, porque eu estava conseguindo uma educação universitária. Meus anos de graduação em Stanford foram gastos lutando para encontrar um significado e uma importância na educação. Eu tinha que ter sucesso. Não podia desapontar minha família ou minha raça. E então me formei em inglês. Eu me tornei uma especialista em inglês pelo mesmo motivo que centenas de estudantes de todas as raças se tornam especialistas em inglês: eu gostava de ler. Porém, não entendia completamente que, na verdade, o estudo de literatura nos departamentos de inglês significava o estudo de trabalhos de homens brancos.

Foi desalentador para mim e outros estudantes não brancos enfrentar o fato de que a educação na universidade não era um lugar para a abertura e o desafio intelectual que nós esperávamos. Odiávamos o racismo, o machismo e a dominação. Comecei a ter sérias dúvidas sobre o futuro. Por que eu estava trabalhando para ser acadêmica se não via pessoas enfrentando a dominação naquele ambiente? Mesmo aqueles poucos professores preocupados, que se esforçavam para criar cursos interessantes e um ambiente de aprendizagem, raramente reconheciam os aspectos destrutivos e opressivos do regime autoritário dentro e fora da sala de aula. Mesmo que cursássemos matérias de professores com políticas feministas ou políticas marxistas, a apresentação da *persona* dos professores na sala de aula nunca diferia da norma. Especialmente com professores marxistas. Perguntei a um deles, um homem branco, como ele podia esperar que seus estudantes levassem sua política a sério como alternativa radical à estrutura capitalista se considerávamos os professores marxistas mais opressivamente autoritários do que os outros professores. Todo mundo parecia relutante em conversar sobre o fato de que professores defensores de políticas radicais raramente permitiam que sua crítica da dominação e da opressão influenciasse estratégias de ensino. A ausência de qualquer modelo de professor que combinasse uma política radical de oposição à dominação com uma prática dessa política na sala de aula fazia com que eu me sentisse consciente da minha habilidade para fazer diferente.

Assim que comecei a ensinar, tentei não imitar meus professores de nenhuma forma. Planejei diferentes estratégias e abordagens que me pareceram mais harmoniosas com as minhas políticas. Ler o trabalho de Paulo Freire influenciou enormemente minha noção de que muito era possível no ambiente da sala de aula — não era preciso simplesmente se conformar.

Na introdução de uma conversa com Paulo Freire publicada na *idac*, a ênfase é posta no processo educativo não baseado em modelos autoritários e dominantes nos quais o conhecimento é transferido de um professor poderoso para um estudante impotente. A educação, sugeria-se, poderia ser um espaço para o desenvolvimento de consciência crítica, onde haveria diálogo e crescimento mútuo entre estudante e professor:

> Se aceitamos a educação em seu sentido mais rico e mais dinâmico de aquisição de capacidade crítica e intervenção na realidade, imediatamente sabemos que não há educação neutra. Toda educação tem uma intenção, um objetivo que somente pode ser político. Ou se mistifica a realidade tornando-a impenetrável e obscura, o que leva pessoas a marcharem às cegas através de labirintos incompreensíveis, ou se desmascara as estruturas econômicas e sociais que estão determinando as relações de exploração e opressão entre as pessoas, derrubando os labirintos e permitindo que as pessoas caminhem em sua própria estrada. Então nos vemos confrontados com uma opção evidente: educar para a dominação ou educar para a libertação.

Em retrospecto, parece que meus professores mais radicais ainda estavam educando para a dominação. E eu me perguntava se era assim porque não conseguíamos imaginar como educar para a libertação na universidade corporativa. No caso de Paulo Freire, ele fala como um homem branco privilegiado que se posiciona e age em solidariedade aos grupos oprimidos e explorados, especialmente em seus esforços de estabelecer programas de alfabetização enfatizando uma educação para a consciência crítica. No meu caso, como mulher negra de classe trabalhadora, eu me posiciono e ajo como membro de um grupo oprimido e explorado que conseguiu adquirir um grau de privilégio. Enquanto escolho educar para a libertação, o lugar do meu trabalho tem sido dentro dos muros de universidades ocupadas em grande parte por estudantes brancos privilegiados e poucos estudantes não brancos. Dentro destes muros, tento ensinar cursos de literatura e de estudos sobre mulheres de forma que não reforce estruturas de dominação: imperialismo, racismo, machismo e exploração de classe.

Eu não finjo que minha abordagem é politicamente neutra, porém isso incomoda os estudantes levados a acreditar que toda educação dentro da universidade deveria ser "neutra". No primeiro dia de aula, falo sobre a minha abordagem, sobre como minha aula pode ser diferente de outras aulas, ao mesmo tempo que trabalhamos para criar estratégias de aprendizagem que atendam às nossas necessidades — e é claro que devemos descobrir juntos quais são tais necessidades. Embora eu explique que a aula será diferente, os estudantes nem sempre levam a sério. Uma diferença central é que se espera que todos os estudantes contribuam com a discussão na aula, se não de maneira espontânea, então por meio de leituras de parágrafos e pequenos trabalhos. Dessa maneira, todo estudante faz uma contribuição, a voz de todo estudante é ouvida. Apesar de isso ser declarado no início da aula, escrito claramente na ementa, os estudantes vão reclamar e choramingar sobre terem que falar. Foi só recentemente que comecei a ver muito dessa reclamação como um comportamento "voltar a como era antes". Estudantes e professores percebem que é difícil mudar seus paradigmas, mesmo que venham desejando há muito tempo uma abordagem diferente.

Lutar para educar para a libertação na universidade corporativa é um processo, na minha opinião, bastante estressante. Implementar novas estratégias de ensino com o objetivo de subverter a norma, de engajar os estudantes por completo, é realmente uma tarefa difícil. Diferente do oprimido ou do colonizado, que começam a sentir um recém-descoberto sentido de poder e identidade que os liberta da colonização de sua mente, que liberta conforme se dedicam a uma educação para a consciência crítica, estudantes privilegiados são muitas vezes descaradamente relutantes em reconhecer que suas mentes foram colonizadas, que têm aprendido a como ser opressores, como dominar ou, pelo menos, como aceitar passivamente a dominação dos outros. Nesse último ano letivo, um estudante me confrontou na aula (um aluno negro vindo de uma experiência urbana de classe média) questionando sobre o que eu esperava deles (seu tom de voz era: eu tenho o direito de esperar alguma coisa?). Sério mesmo, ele queria saber o que eu queria deles. Eu disse a ele e à turma que a experiência de aprendizagem mais importante que poderia acontecer na sala de aula era que os estudantes pudessem aprender a pensar crítica e analiticamente, não somente sobre os livros obrigatórios, mas sobre o mundo em que viviam. A educação para uma consciência crítica que encoraja a todos os estudantes — privilegiados e não privilegiados — que estão procurando se inserir no privilégio de classe ao invés de buscar um sentido de liberdade e libertação convida à crítica de expectativas convencionais e desejos. Eles podem achar tal experiência terrivelmente ameaçadora. E embora abordem a situação com grande abertura, ela pode ainda assim ser difícil e mesmo dolorosa.

No semestre passado, ministrei um curso sobre mulheres negras escritoras no qual estudantes eram incentivados a pensar sobre o contexto social em que a literatura emerge, sobre o impacto das políticas de dominação — racismo, machismo, exploração de classe — na escrita. Estudantes afirmaram bem aberta e honestamente que ler a literatura no contexto de discussão de classe estava fazendo com que sentissem dor. Eles reclamaram que tudo estava mudando para eles, que viam o mundo diferente, e viam coisas naquele mundo que eram dolorosas de enfrentar. Nunca antes um grupo de estudantes havia conversado tão francamente sobre como aprender a ver o mundo criticamente estava causando dor. Eu não menosprezei sua dor, nem tentei racionalizá-la. Inicialmente, estava incerta sobre como responder e somente pedi a todos que pensassem sobre isso. Depois discutimos sobre como todos os seus comentários sugeriam que experimentar a dor é ruim, uma indicação de que algo está errado. Conversamos sobre mudar a maneira como percebíamos a dor, sobre a abordagem da nossa sociedade com relação à dor, considerando a possibilidade de esta dor ser um sinal construtivo de crescimento. Compartilhei com eles a minha noção de experiência, que não deveria ser vista como estática, que em outro momento o conhecimento e as novas perspectivas levariam à lucidez e a um senso de bem-estar maior.

A educação para a libertação pode funcionar no ambiente da universidade, mas não leva estudantes a sentirem que estão aproveitando a aula ou a me avaliarem positivamente como professora. Um aspecto da pedagogia radical que tem sido difícil para mim é aprender a lidar com não ser bem-vista pelos alunos. Quando se fornece uma experiência de aprendizagem desafiadora, possivelmente ameaçadora, não se trata de entretenimento ou de uma experiência necessariamente divertida — embora possa ser. Se uma das principais funções de tal pedagogia é preparar os estudantes para viver e agir mais completamente no mundo, então em geral é quando eles estão naquele contexto, fora da sala de aula, que mais sentem e experimentam o valor do que compartilharam e aprenderam. Para mim, isso significa muitas vezes que a resposta mais positiva que recebo como professora vem depois que os estudantes saíram da sala, e raramente durante a aula.

Recentemente, eu conversava com um grupo de estudantes e docentes da Universidade Duke sobre exposição e vulnerabilidade. Um professor branco, que acreditava que sua política era radical, que seu ensino era uma educação para a libertação, que suas estratégias de ensino eram subversivas, julgou ser importante que ninguém na estrutura burocrática da universidade soubesse o que estava acontecendo na sala de aula. O medo da exposição podia levar professores com visões radicais a reprimir suas percepções, a seguir normas estabelecidas. Até que eu começasse a lecionar em Yale, ninguém fora das minhas aulas tinha prestado muita atenção ao que estava acontecendo dentro delas. Em Yale, os estudantes falavam sobre as minhas aulas, sobre o que acontecia nelas, fora da sala de aula. Isso era muito difícil para mim, porque eu me sentia exposta e constantemente analisada. Com certeza estava sujeita a muitas reações críticas tanto dos alunos em minhas aulas quanto de docentes e discentes que ouviam sobre elas. A resposta deles reforçava a percepção de como o ensino que é manifestadamente político, em especial se desafia radicalmente o *statu quo*, requer o reconhecimento de que escolher a educação como prática da liberdade significa tomar uma posição política que pode ter sérias consequências.

Apesar da reação negativa ou de pressões, o aspecto mais recompensador de tal ensino é influenciar como os alunos amadurecem e crescem intelectual e espiritualmente. Para aqueles estudantes que desejam tentar aprender de uma nova maneira, mas que têm seus medos, eu os reconforto, dizendo que o envolvimento deles em diferentes tipos de experiências de aprendizagem não precisa ameaçar sua segurança em outras aulas; não destruirá a sustentação do sistema de educação, então eles não precisam entrar em pânico. É claro, se tudo o que conseguem fazer é entrar em pânico, então é um sinal de que o curso não é para eles. Meu comprometimento com a educação como prática da liberdade é fortalecido pelo grande número de alunos que assistem às minhas disciplinas e, ao fazerem isso, afirmam seu desejo de aprender de uma nova maneira. Seus testemunhos confirmam que a educação como prática da liberdade acontece em ambientes universitários, que nossas vidas são transformadas ali, onde fazemos um trabalho político radical significativo.

14. politização feminista: um comentário

Uma parte da minha capacidade de escuta se fecha quando ouço as palavras "o pessoal é político". Sim, eu as compreendo. Compreendo aquele aspecto das primeiras tomadas de consciência feminista que estimulavam toda mulher ouvinte a enxergar os seus problemas, especialmente os problemas que experimentava como advindos do machismo e da opressão sexista, como questões políticas. Começando do interior e se movendo para o exterior. Tendo o eu como ponto de partida, e depois se movendo além da autorreflexão para uma conscientização da realidade coletiva. Eis a promessa que essas palavras carregavam. Mas tal promessa era fácil de não se realizar, de ser quebrada. Uma cultura de dominação é necessariamente narcisista. Levar a mulher ao eu como ponto de partida para a politização, a mulher que, no patriarcado de supremacia branca e capitalista, é particular e socialmente construída para pensar somente em si, no seu corpo — eu constituo o universo, tudo o que importa de verdade; levar essa mulher ao eu como ponto de partida para a politização é obviamente arriscado.

Vemos agora o perigo em "o pessoal é político". O pessoal: mais conhecido como privado, como aquele espaço onde não há intervenção do lado de fora, aquilo que pode ser mantido para o eu, que não se estende além. Sabendo como esta cultura percebe o pessoal, a promessa era transformar o seu significado ligando-o com o político, uma palavra tão associada a governo, até mesmo na mente de crianças pequenas, associada a um mundo de assuntos fora do corpo, do privado, do eu. Agora vemos o perigo. "O pessoal é político." Nenhum senso de conexão entre a pessoa e a realidade material mais ampla — nenhum sentido do que é o político. Nessa frase, o que mais ressoa é a palavra "pessoal" — não a palavra "político". Incerta do político, toda mulher supõe conhecer a pessoa — o pessoal. Não é necessário, então, procurar o significado de político, é mais simples ficar com o pessoal, tornar o pessoal e o político sinônimos. Assim, o eu não se torna o que se move para dentro para se mover além, ou se conectar. Ele fica no lugar, o ponto de partida de onde nunca é preciso se mover. Se o pessoal e o político são um e o mesmo, então não há politização, nenhuma maneira de se tornar um sujeito feminista radical.

Talvez essas palavras sejam muito fortes. Talvez alguns de vocês se lembrem da pungência, da profundidade, de como esse slogan atingiu a sua vida, agarrou com força a sua experiência — e você se moveu. Você realmente compreendeu melhor a ligação entre experiência pessoal e realidade política. Não se pode negar como as próprias mulheres foram capazes de perceber concretamente a profunda estrutura desse slogan e usá-lo para radicalizar a consciência. Entretanto, nomear o perigo, as formas que levaram políticas feministas às políticas de identidade, é crucial para a construção de um espaço social, de uma linha de frente radical onde a politização da consciência, do eu, pode se tornar real na vida cotidiana.

Esse slogan tinha tanto poder porque insistia na primazia

do pessoal, não de uma maneira narcisista, mas na sua subentendida nomeação do eu como um lugar para a politização, que era, nesta sociedade, um desafio muito radical das noções de eu e identidade. Entretanto, o significado desafiador por trás do slogan não estava expresso com consistência. Enquanto declarar "o pessoal é político" realmente enfatizou a preocupação feminista com o eu, não insistiu na conexão entre politização e transformação da consciência. Falava de forma mais imediata às preocupações que as mulheres tinham sobre o eu e a identidade. Mais uma vez, a insistência radical na primazia do eu politizado estava submersa, incluída num âmbito cultural mais amplo onde o foco na identidade já estava legitimado dentro de estruturas de dominação. A preocupação obsessiva, narcisista, com "encontrar uma identidade" já era uma preocupação cultural popular, que também desviou a atenção das políticas radicais. O foco feminista no eu não foi então ligado a um processo de politização radical, mas a um processo de despolitização. Popularmente, a importante missão não era mudar radicalmente nossa relação com o eu e a identidade, educar para uma conscientização crítica, tornar-se politicamente engajada e comprometida, mas explorar a identidade, afirmar e defender a primazia do eu como ele já existia. Tal foco era fortalecido dentro do movimento feminista por uma ênfase no estilo de vida, em ser politicamente correto em sua representação do eu, ao invés de ser político.

Exasperada com políticas de identidade, Jenny Bourne começa seu ensaio "Homelands of the Mind: Jewish Feminism and Identity Politics" [Pátrias da mente: feminismo judaico e políticas de identidade] com a seguinte afirmação:

> As políticas identitárias estão com tudo. A exploração está fora de moda (é extrinsecamente determinista). A opressão está na moda (é intrinsecamente pessoal). O que é para ser feito foi substituído por quem eu sou. A cultura política cedeu lugar às políticas culturais. O mundo material passou para o metafísico. Os negros, as mulheres, os gays, todos têm buscado a si próprios. E agora, combinando todas essas buscas, chegou a busca por uma identidade feminista judia.

O ensaio de Bourne fala sobre a crise de comprometimento e engajamento político engendrada pelo foco persistente em identidade. Eu sinceramente apoio o esforço dela de expor as formas como as políticas identitárias têm levado à construção de uma noção do movimento feminista, como ela vê, "separatista, individualista e voltada para dentro". Ela alega: "a relação orgânica que tentamos criar entre o pessoal e o político tem sido tão degradada que agora a única área da política considerada legítima é a pessoal". Entretanto, penso ser essencial não zombar ou ridicularizar a metafísica, mas encontrar um ponto de ligação construtivo entre a luta material e as preocupações metafísicas. Não podemos nos opor à ênfase nas políticas identitárias invertendo a lógica e desvalorizando o pessoal. O movimento feminista não progride ao ignorar questões de identidade ou criticar a preocupação com o eu sem apresentar abordagens alternativas, sem abordar a questão da politização feminista de um modo dialético — o vínculo entre os esforços para construir socialmente o eu, a identidade, num âmbito contestador, que resista à dominação e permita um maior grau de bem-estar.

Para modificar políticas identitárias, devemos oferecer estratégias de politização que ampliem nossa concepção de quem somos, que intensifiquem nosso sentido de intersubjetividade, nossa relação com uma realidade coletiva. Fazemos isso enfatizando como a história, a ciência política, a psicanálise e diversos modos de saber podem ser usados para constituir nossas ideias de ser e identidade. A politização do eu pode ter como ponto de partida um desbravamento do pessoal no qual o que é revolucionado é, primeiro, a maneira como pensamos sobre o eu. Para começar a reformulação, devemos reconhecer a necessidade de examinar o eu a partir de um ponto de vista novo e crítico. Tal perspectiva insistiria no eu como um lugar para a politização e, do mesmo modo, insistiria que simplesmente descrever a experiência de exploração e opressão não é tornar-se politizado. Não é suficiente conhecer o pessoal, mas sim conhecê-lo e falar dele de uma maneira diferente. Conhecer o pessoal significaria nomear espaços de ignorância, lacunas no conhecimento, lacunas que nos tornam incapazes de vincular o pessoal com o político.

Em *Ain't I a Woman*, apontei para a distinção entre experimentar uma forma de exploração e compreender a estrutura particular da dominação, que é a causa. O parágrafo de abertura do capítulo "Racism and feminism: the issue of accountability" [Racismo e feminismo: a questão da responsabilidade] começa:

> Mulheres americanas de todas as raças são socializadas para pensar sobre o racismo só no contexto de ódio racial. Especialmente no caso de pessoas negras e brancas. Para a maioria das mulheres, o primeiro conhecimento do racismo como opressão institucionalizada é gerado tanto pela experiência pessoal direta quanto pela informação colhida de conversas, livros, televisão ou filmes. Sendo assim, a compreensão da mulher americana do racismo como uma ferramenta política de colonialismo e imperialismo é severamente

limitada. Experimentar a dor do ódio racial ou testemunhar essa dor não é compreender a sua origem, a sua evolução ou o seu impacto na história mundial.

Muitas mulheres envolvidas no movimento feminista supunham que descrever a experiência pessoal de exploração por homens era ser politizada. A politização necessariamente combina este processo (nomear a experiência de alguém) com a compreensão crítica da realidade material concreta, que assenta a base para tal experiência pessoal. O trabalho de compreender essa base e o que pode ser feito para transformá-la é bastante diferente do esforço para se elevar a consciência sobre a experiência pessoal, mesmo que estejam ligados.

Críticas feministas de políticas de identidade que chamam a atenção para a maneira como isso enfraquece o movimento feminista não deveriam negar a importância de nomear e dar voz às experiências. Deve-se sempre enfatizar que isso é somente parte do processo de politização, que deve estar vinculado à educação para uma conscientização crítica que ensine sobre as estruturas de dominação e sobre como elas funcionam. Compreender essa última questão é o que nos permite imaginar novas possibilidades e estratégias para a mudança e a transformação. O quanto somos capazes de vincular uma autoconscientização radical à luta coletiva para mudar e transformar o eu e a sociedade determinará o destino da revolução feminista.

No movimento feminista, o foco no eu não tem sido somente domínio de mulheres brancas privilegiadas. Mulheres não brancas, muitas das quais lutam para articular e nomear sua experiência pela primeira vez, também começaram a focar a atenção na identidade de maneiras estáticas e não produtivas.

Jenny Bourne cita as próprias mulheres negras que promoveram políticas identitárias, chamando a atenção para o manifesto do Coletivo Combahee River, no qual se lê: "a política mais profunda e a potencialmente mais radical surge diretamente de nossa própria identidade, e não do trabalho para acabar com a opressão de outro alguém". Essa afirmação defende a primazia das políticas identitárias. Vindo de mulheres negras radicais, ela serviu para legitimar a ênfase do movimento feminista na identidade — conhecer as necessidades de alguém como indivíduo é ser político. É, em muitos aspectos, uma afirmação muito problemática. Se a identidade de uma pessoa é construída a partir de uma base de poder e privilégio adquirida pela participação nas estruturas de dominação e por sua aceitação, não é dado que o foco em nomear essa identidade levará a uma conscientização radicalizada, a um questionamento daquele privilégio, ou a uma resistência ativa. É possível nomear a experiência pessoal sem se comprometer a transformar e modificar aquela experiência.

Insinuar, como faz esta afirmação, que indivíduos não podem radicalizar com sucesso suas consciências e ações nem trabalhar em lutas de resistência que não afetam diretamente suas vidas é subestimar o poder da solidariedade. É somente como aliados daqueles que são explorados e oprimidos, trabalhando na luta pela libertação, que indivíduos não vitimados demonstram sua aliança, seu comprometimento político, sua determinação de resistir, de quebrar as estruturas de dominação que lhes dão privilégio pessoal. Isso também vale para indivíduos de grupos oprimidos e explorados. Nossa consciência pode ser radicalizada agindo para erradicar formas de dominação que não têm correspondência direta com nossas identidades e experiências. Bourne afirma:

> As políticas identitárias consideram a descoberta da identidade como o seu objetivo supremo. Feministas até afirmam que descobrir uma identidade é um ato de resistência. O erro é ver identidade como um fim ao invés de um meio. [...] Identidade não é uma mera precursora para a ação, ela é também criada através da ação.

De fato, para muitas pessoas exploradas e oprimidas, a luta para criar uma identidade e nomear a própria realidade é um ato de resistência, pois o processo de dominação — seja a colonização imperialista, o racismo ou a opressão machista — tem nos esvaziado de nossa identidade, desvalorizado nossa linguagem, nossa cultura, nossa aparência. Repito, isso é só uma fase no processo de revolução (uma fase cujo valor Bourne parece negar), mas que não deve ser depreciada, mesmo se pessoas privilegiadas repetirem esse gesto com tanta frequência que ele perca qualquer implicação radical. Por exemplo, o slogan *black is beautiful* [negro é lindo] foi uma importante expressão popular de resistência à supremacia branca (é evidente que essa expressão perde significado e poder se não estiver vinculada a um processo de politização no qual as pessoas negras aprendemos a nos ver como sujeitos em vez de objetos, e no qual, como uma expressão de sermos sujeitos, agimos para transformar o mundo onde vivemos, para que assim nossa pele não mais signifique que seremos rebaixados, explorados). Seria um grande erro sugerir que a politização do eu não faz parte do processo pelo qual nos preparamos para agir efetivamente pela mudança social radical. Ela diminui a luta libertadora somente quando se torna narcisista ou, como afirma Bourne, quando inocentemente sugere que "questões estruturais e materiais de raça, classe e poder seriam resolvidas primeiro em termos de consciência pessoal".

Quando traço um mapa da politização feminista, de como nos tornamos mais autoconscientes politicamente, começo insistindo no comprometimento com a educação para uma consciência crítica. Muito dessa educação começa de fato com a análise do eu a partir de uma perspectiva nova e crítica. Para este fim, confissão e memória podem ser usadas de forma construtiva para iluminar experiências passadas, particularmente quando tal experiência é teorizada. Usar a confissão e a memória como meios para nomear a realidade permite que mulheres e homens conversem sobre experiências pessoais como parte de um processo de politização que posiciona tal conversa num contexto dialético. Isso nos permite discutir sobre a experiência pessoal de uma maneira diferente, de uma maneira que politiza não só a narração, mas também a narrativa. Ao teorizar a experiência enquanto contamos narrativas pessoais, teremos um sentido mais afiado e aguçado do objetivo que é desejado pela narração. Um uso interessante e construtivo da memória e da confissão é narrado no livro *Female Sexualization: A Collective Work of Memory* [Sexualização feminina: um trabalho coletivo de memória], editado por Frigga Haug. Coletivamente, as mulheres que falam trabalham não só para nomear sua experiência, mas também para posicionar aquela experiência num contexto teórico. Elas usam confissão e memória como ferramentas de intervenção que lhes permitem unir o conhecimento científico à experiência cotidiana. A fim de não depositar uma ênfase indevida no individual, elas consistentemente vinculam experiência individual e realidade coletiva. A contação de histórias se torna um processo de historicização. Não remove as mulheres da história, mas nos permite ver a nós mesmas como parte da história. O ato de escrever histórias autobiográficas permitiu às mulheres do livro de Haug se verem a partir de uma perspectiva diferente, a qual elas descrevem como uma "forma politicamente necessária de trabalho cultural". Elas comentam: "isso nos faz viver nossas vidas mais conscientemente". Usadas construtivamente, confissão e memória são ferramentas que aumentam a autoconscientização; elas não precisam nos fazer somente olhar para dentro.

Pensadoras feministas nos Estados Unidos usam confissão e memória sobretudo como uma maneira de narrar relatos de vitimização, que raramente são considerados dialeticamente. Esse foco significa que não temos relatos variados e diversos de todos os aspectos da experiência feminina. Conforme lutamos para aprender mais sobre como mulheres podem se identificar umas com as outras, com homens e com crianças na vida cotidiana, sobre como podemos construir estratégias de resistência e sobrevivência, é útil confiar na confissão e na memória como recursos documentários. Entretanto, devemos ter cuidado para não promover a construção de narrativas da experiência feminina que se tornem tão normativas a ponto de toda experiência que não se encaixa no modelo ser considerada ilegítima e sem valor de investigação.

Repensar maneiras de utilizar a confissão e a memória construtivamente leva o foco para longe da mera nomeação da experiência de alguém. Permite que pensadoras feministas falem sobre identidade em relação à cultura, à história, à política e ao que mais desafiar a noção de identidade como algo estático e imutável. Para explorar identidade em relação a estratégias de politização, pensadoras feministas devem estar dispostas a enxergar o eu feminino novamente, analisar como podemos ser crítica e analiticamente engendradas a partir de vários pontos de vista. No começo da tomada de consciência feminista, a confissão era a maneira mais frequente de compartilhar traumas negativos, como, por exemplo, a experiência da violência masculina. Porém, ainda restam muitas áreas inexploradas da experiência feminina que precisam ser completamente examinadas, ampliando, portanto, o escopo de nossa compreensão do que é ser feminina nesta sociedade. Imagine um grupo de mulheres negras trabalhando para educarmos a nós mesmas para uma consciência crítica, explorando nossa relação com políticas radicais, com políticas de esquerda. É possível que compreendamos melhor a nossa relutância coletiva em nos comprometer com a luta feminista e com políticas revolucionárias, assim como podemos mapear essas experiências que nos preparam e nos possibilitam assumir tais compromissos.

Há um grande e excitante trabalho a ser feito quando usamos confissão e memória como uma forma de teorizar a experiência e aprofundar nossa conscientização como parte do processo de politização radical. Frequentemente experimentamos prazer e alegria quando compartilhamos histórias pessoais, proximidades, intimidades. É por isso que o pessoal tem tido tamanho destaque no discurso feminista. Para reafirmar o poder do pessoal e, ao mesmo tempo, não se prender às políticas de identidade, devemos trabalhar para vincular narrativas pessoais com o conhecimento de como devemos agir politicamente para mudar e transformar o mundo.

15.
superando a supremacia branca: um comentário

Pessoas negras nos Estados Unidos compartilham com pessoas negras na África do Sul e com pessoas não brancas de todo o mundo tanto a dor da opressão e da exploração da supremacia branca quanto a dor que vem da resistência e da luta. A primeira dor nos fere, a segunda dor nos ajuda a curar nossas feridas. Me incomoda muito que pessoas negras nos Estados Unidos não tenham se levantado em massa para declarar solidariedade aos nossos irmãos e irmãs negros na África do Sul. Talvez um dia, em breve — no aniversário de Martin Luther King, por exemplo —, iremos adentrar as ruas a certa hora, onde quer que estejamos, para permanecer por um momento nomeando e afirmando a importância da libertação negra.

Enquanto escrevo, tento me lembrar quando a palavra racismo parou de ser o termo que melhor expressava para mim a exploração das pessoas negras e de outras pessoas não brancas nesta sociedade, e quando comecei a compreender que o termo mais útil era supremacia branca. Com certeza foi um termo necessário quando confrontado com atitudes liberais de mulheres brancas ativas no movimento feminista que eram diferentes de suas ancestrais racistas — mulheres brancas que no começo do movimento pelos direitos das mulheres não desejavam nem mortas aliarem-se a mulheres negras. Na verdade, essas mulheres pediam e queriam a presença de mulheres negras. Porém, quando presentes, o que víamos era que desejavam exercer o controle sobre nossos corpos e pensamentos como haviam feito suas ancestrais racistas — que essa necessidade de exercer poder sobre nós expressava o quanto elas tinham internalizado os valores e as atitudes da supremacia branca.

Pode ter sido esse contato — ou o contato com companheiros brancos professores de inglês, que queriam muito ter "uma" pessoa negra no departamento "deles", desde que essa pessoa pensasse e agisse como eles, compartilhasse seus valores e crenças, não fosse diferente — que me obrigou primeiro a usar o termo supremacia branca para identificar a ideologia mais determinante da maneira como pessoas brancas (independentemente da inclinação política, de direita ou esquerda) percebem e se relacionam com pessoas negras e pessoas não brancas nesta sociedade. É o bem pequeno mas bastante visível movimento liberal, abertamente distante da perpetuação da discriminação racista, da exploração e da opressão de pessoas negras, que com frequência mascara o quanto a supremacia branca está completamente difundida nesta sociedade, como ideologia e também como comportamento. Quando liberais brancos falham em compreender como podem incorporar e/ou incorporam valores e crenças da supremacia branca, embora não adotem o racismo como preconceito ou dominação (especialmente a dominação que envolve controle coercivo), não conseguem reconhecer o modo pelo qual suas ações apoiam e afirmam a própria estrutura de dominação e opressão que declaram desejar ver erradicada.

Do mesmo modo, "supremacia branca" é um termo muito mais útil para compreender a cumplicidade de pessoas não brancas em sustentar e manter hierarquias raciais que não envolvem força (como, por exemplo, na escravidão e no *apartheid*) do que o termo "racismo institucionalizado" — um termo mais utilizado para sugerir que pessoas negras têm absorvido atitudes e sentimentos negativos sobre a negritude mantidos por pessoas brancas. O termo "supremacia branca" nos permite não só reconhecer que pessoas negras são socializadas para incorporar os valores e as atitudes da supremacia branca, mas também que podemos exercer "controle supremacista branco" sobre outras pessoas negras. Isso é importante, pois diferentemente do termo "pai Tomás", derivado de uma interpretação pejorativa do livro *A cabana do pai Tomás*, que carregou consigo o reconhecimento da cumplicidade e do racismo internalizado, uma nova terminologia deve adequadamente nomear a maneira como nós, pessoas negras, diretamente exercemos poder umas sobre as outras quando perpetuamos as crenças da supremacia branca. Falando sobre as perspectivas cambiantes com relação à identidade negra, a escritora Toni Morrison disse numa entrevista: "agora as pessoas escolhem suas identidades. Agora as pessoas escolhem ser negras". Neste momento histórico, quando algumas poucas pessoas negras não mais experimentam o *apartheid* racial e o racismo brutal que ainda determinam a sina de muitas outras pessoas negras, é mais fácil para alguns aliar-se politicamente ao grupo racista branco dominante.

A assimilação é a estratégia que tem fornecido legitimação social para essa mudança na lealdade. É uma estratégia profundamente enraizada na ideologia da supremacia branca, e seus defensores incitam pessoas negras a negar a negritude, a imitar pessoas brancas racistas para melhor absorver seus valores, sua maneira de vida. Ironicamente, muitas mudanças na política social e em atitudes sociais que antes eram vistas como formas de pôr fim à dominação racial têm servido para reforçar e perpetuar a supremacia branca. Isso é verdade especialmente na política social que encoraja e promove a integração racial. Dada a contínua força do racismo, a integração racial traduzida em assimilação serve, sobretudo, para reforçar e manter a supremacia branca. Sem um movimento ativo contínuo para acabar com a supremacia branca, sem uma luta contínua de libertação negra, não é possível existir nos Estados Unidos nenhum ambiente social que verdadeiramente apoie a integração. Quando pessoas negras entram em contextos sociais que permanecem imutáveis, inalteráveis, não despidos da estrutura da supremacia branca, nós nos sentimos pressionados a nos assimilar. Somos recompensados pela assimilação. Pessoas negras que trabalham ou socializam em ambientes predominantemente brancos, cuja própria estrutura é configurada pelos princípios da supremacia branca, e que ousam afirmar negritude, amor pela cultura e identidade negra, fazem-no sob grande risco. Devemos continuamente desafiar, protestar, resistir enquanto trabalhamos para não deixar nenhuma lacuna na nossa defesa que permita sermos esmagados. Isso é especialmente verdade em ambientes de trabalho onde corremos o risco de ser demitidos ou de não receber merecidas promoções. Resistir à pressão de se assimilar é uma parte de nossa luta para acabar com a supremacia branca.

Quando converso com o público ao redor dos Estados Unidos sobre questões feministas de raça e gênero, meu uso do termo "supremacia branca" sempre gera uma reação, normalmente de natureza crítica ou hostil. As próprias pessoas brancas e mesmo algumas não brancas insistem que esta não é uma sociedade de supremacia branca, que o racismo não é nem de perto o problema que costumava ser (é absolutamente assustador ouvir pessoas argumentarem com veemência que o problema do racismo foi solucionado), que tem havido mudança. Embora seja verdade que a natureza da opressão e da exploração racista mudou desde o fim da escravidão, e que a estrutura de *apartheid* das leis de Jim Crow[12] mudou legalmente, a supremacia branca continua moldando as perspectivas sobre a realidade e configurando a posição social de pessoas negras e de todas as pessoas não brancas. Não há nenhum lugar em que isso é mais evidente do que no ambiente universitário. E frequentemente são as pessoas liberais nesses ambientes que não estão dispostas a reconhecer essa verdade.

Recentemente, numa conversa com um advogado branco na casa dele, onde eu era uma convidada, ele me contou que alguém havia comentado sobre as crianças estarem aprendendo bem pouco de história na escola atualmente, que a tentativa de ser totalmente inclusivo e falar sobre indígenas, negros, mulheres etc. tem levado a um foco fragmentado em certos indivíduos representativos sem uma estrutura histórica mais ampla. Respondi a esse comentário sugerindo que tem sido mais fácil para pessoas brancas praticar essa inclusão ao invés de alterar a estrutura maior; que é mais fácil mudar o foco de Cristóvão Colombo, o importante homem branco que

12. Leis municipais e estaduais que institucionalizaram a segregação racial nos estados do sul dos Estados Unidos, afetando as chamadas "pessoas de cor" (*colored people*), ou seja, afro-americanos, asiáticos, indígenas e outros grupos étnicos. Vigoraram entre 1876 e 1965. [N.E.]

"descobriu" a América, para Sitting Bull [Touro Sentado] ou Harriet Tubman[13] do que parar de contar uma versão distorcida da história dos Estados Unidos que apoia a supremacia branca. Ensinar história de uma maneira realmente nova exigiria abandonar velhos mitos fundadores da supremacia branca, como a ideia de que Colombo descobriu a América. Significaria conversar sobre imperialismo, colonização, sobre os africanos que vieram para cá antes de Colombo (ver *They Came Before Columbus* [Eles vieram antes de Colombo], de Ivan van Sertima). Significaria conversar sobre genocídio, sobre a exploração feita pelos colonizadores brancos e sua traição aos indígenas nativos dos Estados Unidos, conversar sobre como estruturas legais e governamentais desta sociedade desde a Constituição apoiaram e mantiveram a escravidão, o *apartheid* (ver *And We are Not Saved* [E não estamos salvos], de Derrick Bell). Essa história somente pode ser ensinada quando as perspectivas de professores não forem mais moldadas pela supremacia branca. Essa nossa conversa é um dos muitos exemplos que revelam como pessoas negras e pessoas brancas podem socializar de uma maneira amigável e ser racialmente integradas enquanto noções da supremacia branca profundamente imbuídas permanecem intactas. Incidentes como esse tornam necessário que pessoas preocupadas, pessoas brancas justas, comecem a

13. Sitting Bull, Touro Sentado ou Thathanka Íyotake (1831-1890) foi um líder indígena da etnia Hunkpapa Lakota que encabeçou a resistência de seu povo contra as políticas de colonização do governo norte-americano. Harriet Tubman (1822-1913), batizada Araminta Ross, foi uma líder política abolicionista norte-americana que nasceu na escravidão, escapou de seus algozes e organizou missões de resgate que libertaram dezenas de negros escravizados nos Estados Unidos. [N.E.]

explorar por completo o modo pelo qual a supremacia branca determina como elas próprias veem o mundo, mesmo que suas ações não estejam embasadas por nenhum tipo de preconceito racial que provoca discriminação e separação explícita.

Assimilação foi um termo mais comumente usado depois das revoltas contra a supremacia branca entre o fim dos anos 1960 e o começo dos 1970. A intensa e apaixonada rebelião contra o racismo e a supremacia branca daquele período foi crucial porque criou um contexto para a politização, para a educação para uma consciência crítica, na qual pessoas negras começaram a confrontar a dimensão da nossa cumplicidade, da nossa internalização da supremacia branca, e começaram o processo de autorrecuperação e renovação coletiva. Descrevendo esse esforço em *The Search for a Common Ground* [À procura de uma base comum], o teólogo negro Howard Thurman comentou:

> *Black is beautiful* não era somente uma frase — era um posicionamento, uma atitude total, uma metafísica. Em termos muito positivos e animadores, ela começou a enfraquecer a ideia que tinha se desenvolvido por muitos anos como um aspecto central da mitologia branca: de que o negro é feio, o negro é mau, o negro é demoníaco. Ao fazer isso, ela atacou fundamentalmente a linha de frente da defesa do mito da supremacia e da superioridade brancas.

Claramente, a assimilação como política social de sustentação da supremacia branca era um importante e estratégico contra-ataque, que servia para desviar o chamado para a transformação radical da consciência negra. De repente, os termos para o sucesso (ou seja, conseguir um emprego, adquirir os meios de prover materialmente a si próprio e à sua família) foram redefinidos. Não era suficiente que pessoas negras entrassem em instituições de ensino superior e adquirissem as habilidades necessárias para efetivamente competir em trabalhos previamente ocupados somente por brancos; a demanda era de que negros se tornassem "brancos honorários", que pessoas negras se assimilassem para ter sucesso.

A força que deu poder à política social de assimilação para influenciar e mudar a direção da luta da libertação negra foi a econômica. A dificuldade econômica criou um clima no qual a militância — a resistência declarada contra a supremacia branca e o racismo, que incluía a apresentação do eu de um modo que sugerisse orgulho negro — não era mais considerada uma estratégia de sobrevivência viável. Estilos de cabelo naturais, vestimentas africanas etc. foram descartados como sinais de militância que poderiam impedir alguém de progredir. Uma mudança reacionária similar aconteceu entre jovens brancos radicais — muitos dos quais haviam estado bem engajados em políticas de esquerda — que subitamente começaram a se reincorporar em tendências liberais e conservadoras. Mais uma vez, a força por trás de sua reinserção no sistema foi econômica. Num nível bem básico, mudanças no custo da moradia (como, por exemplo, o grande apartamento que se alugava a cem dólares por mês em 1965 e custava quatrocentos dólares em 1975) tiveram um impacto assustador para jovens universitários de todas as etnias que pensavam estar comprometidos em transformar a sociedade, mas que eram incapazes de cogitar viver sem escolhas, sem os meios para escapar e que tinham medo da pobreza. Alinhados às forças econômicas que exerciam pressão, muitos radicais estavam desesperançosos com a possibilidade de o patriarcado de supremacia branca e capitalista ser realmente modificado.

Tragicamente, muitos radicais brancos aliados à luta pela libertação negra começaram a questionar se a luta para acabar com o racismo era realmente tão significativa, ou a sugerir que a luta havia acabado, conforme se moviam para suas novas posições liberais. A juventude radical branca que tinha atuado nas lutas dos direitos civis, protestado contra a guerra do Vietnã e até mesmo denunciado o imperialismo dos Estados Unidos não conseguiria reconstruir os laços com os sistemas de dominação vigente sem criar uma nova camada de falsa consciência — afirmando que o racismo não era mais disseminado, que raça não era mais uma questão importante. Da mesma forma, críticas ao capitalismo, especialmente aquelas que incentivavam os indivíduos a tentar viver diferente dentro da estrutura do capitalismo, eram também relegadas a segundo plano, enquanto as pessoas "descobriam" que era importante ter privilégio de classe para poder ajudar melhor o explorado.

Não é de se surpreender que radicais negros tenham recebido essas traições com desespero e desesperança. O que toda a luta contemporânea para enfrentar o racismo tinha realmente alcançado? O que significou ter tido esse período de questionamento radical da supremacia branca, do *black is beautiful*, para testemunhar poucos anos depois o sucesso de corporações brancas na produção em massa de cosméticos para alisar o cabelo negro? O que significou testemunhar o ataque à cultura negra pelas forças capitalistas que enfatizam, em todas as frentes, a produção de uma imagem, de um produto cultural que pode "atravessar", isto é, que pode falar mais diretamente com as preocupações, com a imaginação popular dos consumidores brancos, enquanto ainda atrai os dólares dos consumidores negros? E o que significa, em 1987, quando espectadores de televisão assistem a um programa de entrevistas matinal sobre beleza negra no qual mulheres negras sugerem que essas tendências têm a ver apenas com preferências pessoais e nada a ver com racismo; quando espectadores testemunham um homem branco privilegiado, Phil Donahue, balançar a cabeça e tentar persuadir o público a reconhecer a realidade do racismo e a implicação dele na vida das pessoas negras? Ou o que significa quando muitas pessoas negras dizem que do que mais gostam no programa do comediante negro Bill Cosby é que há pouca ênfase na negritude, que eles são "só pessoas"? E ouvir de novo na reportagem do noticiário nacional que crianças negras preferem brincar com bonecas brancas ao invés de bonecas negras? Todas essas narrativas populares nos lembram de que "nós ainda não estamos salvos", de que a supremacia branca prevalece, de que a opressão racista e a exploração que diariamente agride corpos e espíritos de pessoas negras na África do Sul também agride as pessoas negras dos Estados Unidos.

Anos atrás, quando eu era uma estudante do ensino médio experimentando a segregação racial, havia uma corrente de resistência e militância muito feroz. Ela varria sobre e através de nossos corpos conforme nós — estudantes negros — nos levantávamos, pressionados contra os muros de tijolos vermelhos, assistindo à guarda nacional com suas armas, esperando por aqueles momentos quando entraríamos, quando romperíamos o racismo, esperando pelos momentos de mudança — de vitória. E agora, até mesmo dentro de mim, encontro esse espírito de militância se enfraquecendo, quase sempre atacado por sentimentos de desespero e impotência. Percebo que devo trabalhar pra nutri-lo, mantê-lo forte. Sentimentos de desespero e impotência se intensificam com todas as imagens de auto-ódio negro indicativas de que aqueles militantes de 1960 não tiveram um impacto radical consolidado — de que a politização e a transformação da consciência negra não se tornaram uma prática revolucionária constante na vida dos negros. Isso causa tamanha frustração e desespero porque significa que devemos voltar para a agenda básica, renovar esforços pela politização, ir além da terra conhecida. O mais desalentador talvez seja o medo de que as sementes, embora plantadas novamente, nunca sobrevivam, nunca cresçam fortes. Neste momento, são a raiva e a fúria (ver "The Uses of Anger" [Os usos da raiva], de Audre Lorde, em *Sister outsider* [Irmã outsider]) pelo contínuo genocídio racial que reavivam dentro de mim esse espírito de militância.

Como muitas pessoas negras radicais que trabalham no ambiente universitário, muitas vezes me sinto bastante isolada. Muitas vezes trabalhamos em ambientes ocupados predominantemente por pessoas brancas (alguma delas são bem-intencionadas e preocupadas) que não estão comprometidas em trabalhar para acabar com a supremacia branca, ou que não estão certas sobre o que esse comprometimento significa. Certamente o movimento feminista é um dos espaços onde tem havido interesse renovado em desafiar e resistir ao racismo. Ali também tem sido mais fácil para mulheres brancas confrontar o racismo como exploração e dominação evidentes, ou como preconceito pessoal, em vez de confrontar a realidade abrangente e profunda da supremacia branca.

Recentemente, ao falar sobre raça e gênero, a pergunta que as mulheres brancas mais fazem tem a ver com a resposta delas, mulheres brancas, às mulheres negras ou às mulheres não brancas que insistem que não estão dispostas a ensiná-las sobre seu racismo — a mostrar o caminho. Mulheres brancas querem saber: o que uma pessoa branca que está tentando enfrentar o racismo deveria fazer? É problemático afirmar que pessoas negras e outras pessoas não brancas sinceramente comprometidas com a luta contra a supremacia branca estejam hesitantes em ajudar ou ensinar pessoas brancas. Desafiando pessoas negras no século XIX, Frederick Douglass aponta a questão crucial de que "o poder não concede nada sem demanda". Para o racialmente oprimido, demandar de pessoas brancas, de pessoas negras, de todas as pessoas que erradiquemos a supremacia branca, que aqueles beneficiados materialmente pelo exercício do poder da supremacia branca, tanto ativa quanto passivamente, desistam de boa vontade daquele privilégio em resposta a essa demanda, e então se recusar a mostrar o caminho, é menosprezar nossa própria causa. Nós devemos mostrar o caminho. Deve haver um paradigma, um modelo prático para a mudança social que inclua uma compreensão das maneiras de se transformar a consciência que esteja ligada aos esforços para transformar as estruturas.

Principalmente, é nossa responsabilidade coletiva como pessoas negras radicais e pessoas não brancas, e como pessoas brancas, construir modelos para a mudança social. Abdicar desta responsabilidade, sugerir a mudança como algo que um indivíduo pode fazer por ele mesmo ou ela mesma ou em isolamento com outras pessoas brancas racistas é absolutamente equivocado. Se eu, sendo uma pessoa negra, digo a uma pessoa branca que demonstra sua vontade de se comprometer com a luta para acabar com a supremacia branca que me recuso a apoiá-la ou ajudá-la nessa busca, este meu gesto enfraquece o meu comprometimento com tal luta. Muitas pessoas negras têm essencialmente respondido dessa maneira porque não queremos fazer o trabalho pelas pessoas brancas e, ainda mais importante, não podemos fazer esse trabalho, embora pareça ser isso que nos é pedido. Rejeitar o trabalho não significa que não podemos mostrar e não mostramos o caminho com nossas ações, com a informação que compartilhamos. Aquelas pessoas brancas que querem dar continuidade à relação dominador/subordinado tão endêmica à exploração racista insistindo que nós os "sirvamos" — que façamos o trabalho de desafiar e modificar sua consciência — estão agindo de má-fé. Em seu trabalho *Cartas a Guiné-Bissau: registros de uma experiência em processo*, Paulo Freire nos lembra: "a ajuda autêntica, não é demais insistir, é aquela em cuja prática os que nela se envolvem se ajudam mutuamente, crescendo juntos no seu esforço comum de conhecer a realidade que buscam transformar".

É nossa responsabilidade coletiva como pessoas não brancas e como pessoas brancas que estão comprometidas em acabar com a supremacia branca ajudarmos umas às outras. É nossa responsabilidade coletiva educar para uma consciência crítica. Se me comprometo politicamente com a luta pela libertação negra, a luta para acabar com a supremacia branca, não estou firmando um compromisso para trabalhar somente pelas e com as pessoas negras, devo me envolver na luta com todos os companheiros dispostos a fortalecer nossa conscientização e nossa resistência. (Ver *The Autobiography of Malcolm X* [A autobiografia de Malcolm X] e *The Last Year of Malcolm X: The Evolution of a Revolutionary* [O último ano de Malcolm X: a evolução de um revolucionário], de George Breitman.) Malcolm X é um importante modelo para aqueles de nós que desejamos transformar nossa consciência, pois estava envolvido numa autorreflexão crítica contínua, mudando tanto suas palavras quanto suas ações. Ao pensar sobre a resposta negra a pessoas brancas, sobre o que elas podem fazer para acabar com o racismo, eu me lembro de um exemplo memorável, quando Malcolm X expressou seu arrependimento por um incidente com uma estudante universitária branca que lhe perguntara o que podia fazer, e ele disse: "nada". Depois ele viu que havia muito a ser feito por ela. Educar-se para compreender a natureza da supremacia branca com uma consciência crítica é um trabalho para cada um de nós. Pessoas negras não nascem neste mundo com uma compreensão inata do racismo e da supremacia branca (ver *Cultural Bases of Racism and Group Oppression* [Bases culturais do racismo e da opressão de grupo], organizado por John Hodge).

Nos últimos anos, especialmente entre as mulheres ativas no movimento feminista, muito do esforço para confrontar o racismo tem focado no preconceito individual. Ao mesmo tempo que é importante indivíduos trabalharem para transformar suas consciências se esforçando para serem antirracistas, é importante relembrarmos que a luta para acabar com a supremacia branca é uma luta para mudar o sistema, a estrutura. Hodge enfatiza em seu livro que "o problema do racismo não é o preconceito, mas a dominação". A fim de que nossos esforços para acabar com a supremacia branca sejam verdadeiramente efetivos, o esforço individual para mudar a consciência deve estar vinculado, sobretudo, ao esforço coletivo de transformar as estruturas que reforçam e perpetuam a supremacia branca.

16.
a homofobia em comunidades negras

Há pouco tempo eu estava na casa dos meus pais e ouvi meus sobrinhos e sobrinhas adolescentes expressando ódio por homossexuais, dizendo que jamais conseguiriam gostar de alguém que fosse homossexual. Em resposta, eu disse: "já existem pessoas de que vocês gostam e se importam que são gays, então parem com isso!". Eles queriam saber quem era. Eu disse: "'quem' não é importante. Se as pessoas quisessem que vocês soubessem, já teriam dito. Mas vocês precisam pensar sobre a merda que acabaram de dizer e se perguntar de onde vem isso".

A veemente expressão de ódio deles me surpreendeu e assustou, ainda mais quando pensei na dor que teria sido experimentada por nossos entes queridos que são gays se tivessem ouvido aquelas palavras. Quando éramos jovens, não tínhamos coragem de fazer tais comentários. Não tínhamos permissão para pronunciar comentários negativos e odiosos sobre as pessoas que sabíamos que eram gays. Conhecíamos seus nomes, sua orientação sexual. Eram nossos vizinhos, nossos amigos, nossa família. Eles eram nós — uma parte da comunidade negra.

As pessoas gays que conhecíamos então não viviam em subculturas separadas, nem em comunidades negras pequenas e segregadas onde era difícil encontrar trabalho, onde muitos de nós éramos pobres. A pobreza era importante; criava um contexto social no qual estruturas de dependência eram essenciais para a sobrevivência cotidiana. A necessidade econômica extrema e o racismo branco feroz, bem como a alegria de estar com pessoas negras conhecidas e amadas, obrigavam muitos negros gays a morar próximo do lar e da família. Entretanto, isso significava que pessoas gays criavam uma maneira de viver sua orientação sexual dentro dos limites das circunstâncias, que raramente eram ideais, não importando o quanto fossem solidárias. Em alguns casos, isso significava uma vida sexual enrustida. Em outras famílias, um indivíduo podia ser abertamente expressivo, bem assumido.

A homofobia expressa por meus sobrinhos e sobrinhas, aliada à suposição presente em muitos círculos feministas de que comunidades negras são, de algum modo, mais homofóbicas do que outras comunidades nos Estados Unidos, mais contrárias aos direitos gays, me deu o estímulo para escrever este texto. Inicialmente, considerei chamá-lo de "a homofobia na comunidade negra". Porém, é precisamente a ideia de que há uma comunidade negra monolítica que deve ser desafiada. Comunidades negras variam — experiências urbanas e rurais criam diversidade de cultura e estilo de vida.

Eu já conversei com pessoas negras que foram criadas em comunidades do sul onde pessoas gays expressavam abertamente sua orientação sexual e participavam por completo da vida da comunidade. E também conversei com pessoas que falaram justamente o oposto.

Na comunidade negra específica onde fui criada, havia um verdadeiro "dois pesos e duas medidas". Homens negros homossexuais eram bastante conhecidos, falava-se sobre eles, eram vistos positivamente e exerciam papéis importantes na vida comunitária, enquanto das lésbicas se falava somente em termos negativos, e as mulheres identificadas como lésbicas eram geralmente casadas. Frequentemente, a aceitação da homossexualidade de homens era medida pelo privilégio material — ou seja, homens homossexuais com dinheiro faziam parte do grupo negro dominante materialmente privilegiado, e a eles se concedia a mesma consideração e o mesmo respeito dado àquele grupo. Eles eram pessoas influentes na comunidade. Esse não era o caso de nenhuma mulher.

Naquele tempo, a homofobia voltada às lésbicas estava enraizada na profunda crença religiosa e moral de que mulheres definiam sua feminilidade por meio da maternidade. A suposição predominante era a de que ser lésbica era "antinatural", porque não se participaria da gestação. Não havia nenhuma "mãe" lésbica declarada, embora houvesse homens gays conhecidos por serem responsáveis pelas crianças de outras pessoas. Eu conversei com pessoas negras que se lembravam de situações similares em suas comunidades. No geral, a maioria das pessoas negras mais velhas com quem falei, criadas em pequenas e fortemente unidas comunidades negras do sul dos Estados Unidos, disseram que havia tolerância e aceitação de práticas e orientações sexuais diferentes. Um homem negro gay com quem conversei achava mais importante viver dentro de uma comunidade negra que o apoiasse, onde sua orientação sexual era conhecida, mas não demonstrada de uma maneira explícita e pública, do que morar longe da comunidade numa subcultura gay onde esse aspecto de sua identidade pudesse ser abertamente exprimido.

Recentemente, conversei com uma negra lésbica de Nova Orleans que se gabava de que sua comunidade negra nunca tinha tido nenhuma "branquela como Anita Bryant correndo por aí e tentando atacar pessoas gays". Sua experiência de sair do armário para um colega de quarto negro foi positiva e acolhedora. Mas, para cada história positiva que se ouve sobre a vida gay nas comunidades negras, há também as negativas. Mesmo assim, essas narrativas positivas questionam a suposição de que pessoas negras e comunidades negras são necessariamente mais homofóbicas do que outros grupos de pessoas nesta sociedade. Também nos levam a reconhecer que há diversidades de experiências negras. Infelizmente, há bem poucas histórias orais e autobiografias que explorem a vida de pessoas negras gays nas diversas comunidades negras. Este é um projeto de pesquisa que deve ser conduzido caso queiramos compreender completamente a complexa experiência de ser negro e gay nesta sociedade de supremacia branca, patriarcal e capitalista. Em geral ouvimos mais pessoas negras gays dizendo que escolheram viver em comunidades predominantemente brancas, cujas escolhas podem ter sido afetadas pelo assédio exagerado nas comunidades negras. E raramente ouvimos alguma coisa sobre pessoas negras gays que vivem satisfeitas em comunidades negras.

Comunidades negras podem ser vistas como mais homofóbicas do que outras comunidades porque há uma tendência de indivíduos em comunidades negras expressarem verbalmente e de maneira aberta sentimentos antigays. Conversando com um homem negro heterossexual de uma comunidade na Califórnia, ele reconheceu que, embora com frequência fizesse piadas sobre pessoas gays ou expressasse desprezo por elas como uma forma de criar laços em grupo, em sua vida privada era um apoio central para uma irmã lésbica. Tal comportamento contraditório parece dominante nas comunidades negras.

Ele fala sobre a ambivalência em relação à sexualidade em geral, sobre sexo como um assunto de conversas, e sobre sentimentos e atitudes ambivalentes com relação à homossexualidade. Várias estruturas de dependência emocional e econômica criam lacunas entre atitudes e ações. Porém, uma distinção deve ser feita entre pessoas negras que expressam preconceitos contra homossexuais abertamente e pessoas brancas homofóbicas que nunca fizeram comentários homofóbicos, mas que têm o poder de ativamente explorar e oprimir pessoas negras gays em áreas como moradia ou emprego. Ainda que os dois grupos perpetuem e reforcem um ao outro, e isso não pode ser negado ou minimizado, a verdade é que a maior ameaça aos direitos gays não reside nas comunidades negras.

É muito mais provável que atitudes homofóbicas possam ser alteradas ou modificadas em ambientes onde não foram rigidamente institucionalizadas. Em vez de sugerir que comunidades negras são mais homofóbicas do que outras comunidades, e rejeitá-las, é importante que ativistas feministas (especialmente pessoas negras) examinem a natureza dessa homofobia, desafiando-a de maneiras construtivas que levem à mudança. Claramente, crenças e práticas religiosas em muitas comunidades negras promovem e encorajam a homofobia. Muitas pessoas negras cristãs (como outros cristãos nesta sociedade) são ensinadas nas igrejas que ser gay é um pecado, às vezes, ironicamente, por pastores que são eles próprios gays ou bissexuais.

No ano passado conversei com uma pastora negra batista que, apesar de estar interessada em questões feministas, expressava atitudes muito negativas sobre homossexualidade, porque, segundo ela, a Bíblia ensina que é errado. Porém, em sua vida diária, ela é tremendamente acolhedora e solidária com os amigos gays. Quando pedi que explicasse tal contradição, ela argumentou que não era uma contradição, que a Bíblia também a ensina a se identificar com aqueles que são explorados e oprimidos, e a exigir que sejam tratados de maneira justa. Conforme sua maneira de pensar, cometer um pecado não significava que alguém devesse ser explorado ou oprimido.

As contradições, as atitudes homofóbicas que subjazem às suas atitudes, indicam que há grande necessidade de que teólogos negros progressistas examinem o papel exercido pelas igrejas negras ao encorajar a perseguição de pessoas gays. Os próprios membros de determinadas igrejas nas comunidades negras deveriam protestar quando o culto de adoração se torna uma plataforma para o ensino de sentimentos antigays. Muitas vezes indivíduos sentam e ouvem os pregadores se enfurecerem contra pessoas gays e, por acreditar que essas visões são engraçadas e ultrapassadas, eles as desconsideram sem contestar. Mas, para que a homofobia seja erradicada nas comunidades negras, tais atitudes devem ser contestadas.

Recentemente, sobretudo enquanto as pessoas negras dos Estados Unidos discutiam o filme baseado no romance *A cor púrpura*, de Alice Walker, e o próprio livro (que inclui uma representação positiva de duas mulheres negras sendo sexuais uma com a outra), a ideia de que a homossexualidade ameaça a perpetuação das famílias negras ganhou um novo impulso. Em alguns casos, homens negros em posições proeminentes, especialmente na mídia, têm ajudado a perpetuar essa ideia. Tony Brown afirmou num editorial que "nenhum relacionamento lésbico pode tomar o lugar de um positivo relacionamento amoroso entre mulheres negras e homens negros". É tanto uma interpretação errada do romance de Walker quanto uma expressão de homofobia que qualquer leitor projete neste trabalho a ideia de que relacionamentos lésbicos existem como uma resposta competitiva a encontros heterossexuais. Walker sugere bem o contrário.

Há algumas semanas eu estava com duas amigas negras comendo *bagels*[14] quando uma de nós expressou sua forte crença de que pessoas brancas estavam encorajando pessoas negras a serem homossexuais para dividir ainda mais as pessoas negras. Ela estava atribuindo as dificuldades que muitas profissionais negras heterossexuais têm de encontrar amantes, companheiros, maridos, à homossexualidade. Nós a ouvimos e então a outra mulher disse: "agora você sabe que não vamos ficar aqui sentadas ouvindo essa porcaria homofóbica sem discutir".

Apontamos para a realidade de que muitas pessoas negras gays são pais e mães, portanto a orientação sexual deles não ameaça a perpetuação das famílias negras. Enfatizamos que muitas pessoas negras gays se relacionam com brancos e que não há nenhuma garantia de que se relacionariam com outras pessoas negras se fossem heterossexuais. Argumentamos que as pessoas deveriam ser capazes de escolher e reivindicar a orientação sexual que melhor expressa seu ser, sugerindo que, ainda que possa ser verdade que a representação positiva de pessoas gays encorajaria outras pessoas a verem isso como uma orientação sexual ou um estilo de vida viável, é também verdade que a heterossexualidade compulsória é promovida em proporções bem maiores. E sugerimos também que todas nós deveríamos lutar para criar um clima de liberdade de expressão sexual.

14. Espécie de rosquinha assada, popular nos Estados Unidos, Canadá e Reino Unido. [N.E.]

Ela não foi imediatamente persuadida por nossos argumentos, mas pelo menos tinha diferentes perspectivas para considerar. Apoiadores dos direitos gays nas comunidades negras devem reconhecer que, para acabar com a homofobia, é necessária uma educação para conscientização crítica que explique e critique os estereótipos predominantes. Um mito central que deve ser explorado e abordado é a ideia de que a homossexualidade negra significa o genocídio das famílias negras. E, junto com essas discussões, pessoas negras devem enfrentar a realidade da bissexualidade e o quanto a difusão da aids nas comunidades está ligada à transmissão bissexual do vírus HIV.

Para fortalecer a solidariedade entre pessoas negras independentemente de nossas orientações sexuais, devemos discutir sobre lealdade. Isso é especialmente crítico à medida que mais pessoas negras vivem fora das comunidades negras. Assim como mulheres negras são muitas vezes obrigadas a responder às perguntas "o que é mais importante: o movimento feminista ou a luta pela libertação negra?; os direitos das mulheres ou os direitos civis?; o que você é primeiro: negra ou mulher?", pessoas gays enfrentam questionamentos similares. Você se identifica mais com a luta política de sua raça ou de seu grupo étnico, ou com a luta pelos direitos gays? Essa questão não é simples. E para algumas pessoas ela é levantada de tal modo que as obriga a escolher uma identidade em detrimento de outra.

Houve um caso em que, quando uma família negra descobriu que a filha era lésbica, não questionaram sua orientação sexual (dizendo que não eram estúpidos, sabiam que ela era gay), mas, sim, a identidade racial de suas parceiras. Por que mulheres brancas e não mulheres negras? Sua homossexualidade, expressa exclusivamente em relacionamentos com mulheres brancas, era considerada ameaçadora porque era percebida como um distanciamento da negritude.

Pouco se escreveu sobre essa luta. Muitas vezes famílias negras que reconhecem e aceitam a homossexualidade consideram a união inter-racial mais difícil de aceitar. Certamente entre negras lésbicas, a questão de a mulher negra preferir somente companheiras brancas é discutida, mas em geral em conversas privadas. Esses relacionamentos, como todo relacionamento íntimo entre raças, são definidos pelas dinâmicas do racismo e da supremacia branca. Lésbicas negras têm falado sobre a ausência do reconhecimento mútuo em encontros sociais em que a maioria das mulheres negras presentes estão com companheiras brancas. Infelizmente, tais incidentes reforçam a ideia de que se deve escolher entre a solidariedade com o seu grupo étnico e a solidariedade com aqueles com quem se compartilha orientação sexual, independentemente de classe ou diferença étnica ou diferenças de perspectivas políticas.

Tanto a luta pela libertação negra quanto a luta pela libertação gay são enfraquecidas quando essas divisões são promovidas e encorajadas. Tanto pessoas negras gays quanto heterossexuais devem trabalhar para enfrentar as políticas de dominação expressas pelo machismo e pelo racismo, que levam pessoas a pensarem que apoiar uma luta de libertação diminui o apoio a outra, ou que põe uma em oposição à outra. Como parte da educação para uma consciência crítica nas comunidades negras, deve-se enfatizar sempre que nossa luta contra o racismo e nossa luta para nos recuperarmos da opressão e da exploração estão intrinsecamente vinculadas a todas as lutas para enfrentar a dominação, incluindo a luta pela libertação gay.

Com frequência, pessoas negras, especialmente pessoas não

gays, ficam enraivecidas quando ouvem uma pessoa gay branca sugerir que homossexualidade é sinônimo do sofrimento que as pessoas experimentam como consequência da exploração e da opressão racial. A necessidade de fazer da experiência gay e da experiência negra opressões sinônimas parece ser algo que emerge muito mais nas mentes de pessoas brancas. Muitas vezes isso é visto como uma forma de minimizar ou diminuir os problemas específicos que pessoas não brancas enfrentam numa sociedade de supremacia branca, especialmente os problemas encontrados quando não se tem pele branca. Muitos de nós já estivemos em discussões onde uma pessoa não branca — uma pessoa negra — se esforçava para explicar a pessoas brancas que, enquanto podemos reconhecer que pessoas gays de todas as cores são assediadas e sofrem exploração e dominação, também reconhecemos que há uma significativa diferença que surge por causa da visibilidade da pele escura. Muitos ataques homofóbicos a pessoas gays ocorrem em situações nas quais o conhecimento de sua preferência sexual é indicado ou estabelecido — fora de bares gays, por exemplo. Mesmo não diminuindo de nenhum modo a gravidade de tal sofrimento para a pessoa gay, ou o medo que causa, isso de fato significa que em uma dada situação o aparato de proteção e sobrevivência pode ser simplesmente não se identificar como gay.

Muitas pessoas não brancas, ao contrário, não têm nenhuma escolha. Ninguém pode esconder, mudar ou mascarar a cor da pele escura. Pessoas brancas — gays ou heterossexuais — poderiam demonstrar uma compreensão maior do impacto da opressão racial sobre pessoas não brancas mostrando como estão ligadas, porém diferem entre si. Simultaneamente, a tentativa de pessoas brancas sinonimizarem as experiências de agressão homofóbica e de opressão racial desvia a atenção para longe do dilema dual específico encarado por pessoas gays não brancas como indivíduos que enfrentam tanto o racismo quanto a homofobia.

É frequente pessoas negras gays se sentirem extremamente isoladas porque há tensões em seus relacionamentos com a comunidade gay mais ampla, predominantemente branca e criada pelo racismo, e tensões dentro das comunidades negras em torno da questão da homofobia. Às vezes é mais fácil responder a tais tensões se retirando simplesmente dos dois grupos, recusando-se a participar de ou a se identificar politicamente com qualquer luta para acabar com a dominação. Ao afirmar e apoiar pessoas negras gays dentro ou fora de nossas comunidades, podemos ajudar a reduzir e mudar a dor desse isolamento.

Atitudes com relação à sexualidade e às preferências sexuais estão mudando significativamente. Reconhece-se mais que as pessoas têm diferentes orientações e práticas sexuais. Dada essa realidade, é uma perda de energia para qualquer um supor que a condenação vai assegurar que pessoas não expressem orientações sexuais diversas. Muitas pessoas gays de todas as raças, criadas nesta sociedade homofóbica, lutam para se enfrentar e se aceitar, para recuperar ou ganhar a essência do autoamor e do bem-estar tão constantemente ameaçados ou atacados por dentro e por fora. Isso é particularmente verdadeiro para pessoas gays não brancas. É essencial que pessoas negras não gays reconheçam e respeitem os obstáculos, as dificuldades da experiência de pessoas negras gays, estendendo a eles o amor e a compreensão essenciais para a construção de uma autêntica comunidade negra. Uma maneira de demonstrar nossa solidariedade é sermos contestadores vigilantes da homofobia. Ao reconhecer a união entre a luta pela libertação negra e a luta pela libertação gay, fortalecemos nossa solidariedade, aumentamos o escopo e o poder de nossas alianças e aprofundamos nossa resistência.

17.
o foco feminista nos homens: um comentário

Pensando sobre homens e masculinidade como assunto para um novo livro que eu queria escrever, comecei a enxergar que em nossa luta feminista e nos escritos que expressam as várias dimensões desta luta há pouca coisa, e certamente não o suficiente, dita sobre homens, sobre a construção social da masculinidade, sobre as possibilidades de transformação. Nos primeiros estágios do movimento feminista contemporâneo, rotular homens de "o inimigo" ou "porcos chauvinistas" era talvez uma maneira efetiva para as mulheres começarem a fazer uma separação crítica, dando início à revolta — contra o patriarcado, contra a dominação masculina. Como uma estratégia de rebeldia, isso funcionou. Homens não podiam se considerar líderes, nem mesmo participantes radicais, do movimento feminista. Homens não podiam ser "feministas". As mulheres eram as de dentro — os homens, os de fora. Na verdade, o movimento das mulheres anunciou sua exclusividade. Dada esta conjuntura, ativistas e pesquisadoras feministas sentiram pouca ou nenhuma responsabilidade de explorar criticamente as questões dos homens, de mapear estratégias feministas para a transformação da masculinidade.

Conforme a luta feminista progrediu, conforme nossa

consciência crítica se aprofundou e amadureceu, pudemos enxergar o erro neste posicionamento. Agora podemos reconhecer que a reconstrução e a transformação do comportamento masculino, da masculinidade, é uma parte necessária e essencial da revolução feminista. Porém, a conscientização crítica da necessidade de tal trabalho não tem levado a uma produção significativa de pesquisas feministas que abordem completamente essas questões. Muito do pouco corpo de trabalho sobre homens tem sido feito por homens. Só recentemente pesquisadoras feministas têm expressado fortemente nossa preocupação, nosso interesse em pensar sobre e fazer trabalhos sobre homens. Aquelas mulheres que têm escrito sobre homens (por exemplo, Phyllis Chesler e Barbara Ehrenreich) não falam sobre seu trabalho como se fosse excepcional ou único. Dado os trabalhos de muitas feministas que não focam de nenhuma maneira em homens, é válido especular sobre e explorar a natureza desse silêncio.

Para muitas mulheres, não é uma tarefa simples falar sobre homens ou considerar escrever sobre homens. Na sociedade patriarcal, o silêncio é para as mulheres um gesto de submissão e cumplicidade, especialmente o silêncio sobre homens. Mulheres têm guardado fielmente os segredos masculinos, têm apaixonadamente se recusado a falar sobre o assunto dos homens — quem são eles, como pensam, como se comportam, como dominam. Muitas vezes esse silêncio é aprendido quando somos apenas crianças. Muitas de nós fomos ensinadas que de nosso pai, porque era homem, não se podia falar, ou não se podia falar com ele, a menos que ele quisesse conversar com a gente, e então os pais nunca podiam ser abordados criticamente.

Crescendo numa casa dominada por homens negros de classe

trabalhadora, no sul dos Estados Unidos, nós vivíamos como que em dois espaços sociais. Um mundo era sem o pai, quando ele ia para o trabalho, e aquele mundo era cheio de fala: podíamos aumentar nossos volumes; podíamos nos expressar em voz alta, apaixonada e escandalosamente. O outro mundo era um espaço social dominado pelo masculino, onde o som e o silêncio eram ditados pela presença dele. Quando ele voltava para casa (e nós sempre o esperávamos, vendo e ouvindo o som de sua chegada), ajustávamos nosso discurso ao humor dele. Diminuíamos o volume, abaixávamos nossa voz e, se fosse necessário, ficávamos em silêncio. Nesse mesmo mundo da infância, testemunhávamos mulheres — nossas avós, mães, tias — falando com força e poder em lugares segregados pelo sexo, e então recuando ao reino do silêncio na presença de homens. Nossa avó, que falava infinita, rápida, severamente, era um exemplo para mim e minhas irmãs da mulher que não deveríamos nos tornar. De alguma forma, o mero amor dela pelas palavras, sua vontade de reagir, de retrucar, tinha roubado o privilégio masculino do meu avô. Ela o fez menor; ela se tornou menor. Sabíamos disso de ouvir o que os adultos ao nosso redor diziam sobre ela, e tínhamos medo de ser como ela. Tínhamos medo do discurso. Tínhamos medo das palavras de uma mulher que podia se bastar em qualquer discussão ou argumentação com um homem.

Pesquisas feministas sobre mulheres agredidas fisicamente por homens estão cheias de relatos autobiográficos de homens que punem mulheres por falar, seja falando algo para nos defender, envolvendo-se numa discussão crítica, seja só dizendo alguma coisa — qualquer coisa. É como se o próprio ato da fala, no qual uma mulher conversa com um homem, carregasse um desafio, uma ameaça à dominação masculina. Talvez tenha sido um profundo desejo socializado de evitar tal discurso, tal confronto que levou mulheres contemporâneas a promover um ativismo feminista desvalorizador da importância da conversa com e sobre homens. Talvez houvesse um medo arraigado de não emergirmos de tais confrontos triunfantes, vitoriosas. Talvez tivéssemos medo de que o feminismo nos deixasse na mão. Com certeza muitas mulheres feministas, inclusive eu, experimentamos em nossas vidas aquela perda de força e de poder quando nos esforçamos para falar com e para os homens sobre dominação masculina, sobre a necessidade de mudança. Talvez um profundo desespero tenha avisado e ainda avise o sentimento feminista de que é inútil falar com homens ou sobre homens. Porém, manter esse silêncio, não enfrentá-lo coletivamente, é entregar o poder que emerge com o discurso feminista.

Em muitos escritos feministas, o silêncio é evocado como um significante, uma marca de exploração, opressão e desumanização. O silêncio é a condição de alguém que foi dominado, feito de objeto; falar é a marca da liberdade, de se fazer sujeito. Desafiando o oprimido a falar, como uma forma de resistir e se rebelar, a poeta Audre Lorde, em "A Litany for Survival", escreve:

> e quando falamos temos medo
> de nossas palavras não serem ouvidas
> nem bem-vindas
> mas quando estamos em silêncio
> ainda assim temos medo
>
> É melhor falar então
> lembrando
> sobreviver nunca foi nosso destino

O ato de falar é uma forma de a mulher chegar ao poder, contar nossas histórias, compartilhar a história, envolver-se na discussão feminista. No começo, as sessões de conscientização feminista davam um espaço para mulheres serem testemunhas da dor da exploração e da opressão na sociedade dominada pelo masculino. Rompendo esses longos silêncios, muitas mulheres pela primeira vez deram voz aos sofrimentos, às angústias pessoais, à amargura e até ao ódio profundo. Esse discurso fazia parte da luta das mulheres para resistir ao silêncio imposto pela dominação masculina. Era um ato de resistência. E era ameaçador. Ainda que fosse um discurso que permitia às mulheres rebelar-se e resistir, esse era somente um estágio no processo de educação feminista para uma consciência crítica, um estágio no processo de transformação radical.

O próximo estágio seria o confronto entre mulheres e homens, a partilha desse discurso novo e radical: mulheres falando com homens em uma voz liberta. Era este confronto que em grande medida se evitava, mas que deve ocorrer continuamente se as mulheres quiserem entrar por completo na luta feminista como sujeitos, e não objetos. Esse discurso feminista de enfrentamento, fundamentalmente revoltoso e desafiador, indica uma mudança na posição subordinada das mulheres: nos identifica como participantes ativas na luta revolucionária feminista. Nessa luta, é essencial para a transformação dos papéis de gênero e da sociedade que o explorado e o oprimido falemos para e entre nós, mas é também essencial que nos dirijamos sem medo àqueles que nos exploram, oprimem e dominam. Se mulheres continuarem incapazes de falar com e sobre homens em uma voz feminista, então nossa contestação da dominação masculina em outras frentes está seriamente prejudicada.

O machismo é único. É diferente de outras formas de dominação — racismo ou classismo — em que grande parte dos explorados e oprimidos não vive intimamente com seus opressores nem desenvolve seus principais relacionamentos amorosos (familiares e/ou românticos) com indivíduos que oprimem e dominam ou compartilha dos privilégios conquistados pela dominação. Portanto, é muito mais necessário que as mulheres falem aos homens em uma voz libertadora. O contexto desses relacionamentos íntimos também é o lugar da dominação e da opressão. Quando uma dentre quatro garotas é vítima de incesto masculino, uma dentre três mulheres é estuprada, e metade de todas as mulheres casadas é vítima de violência masculina, abordar as formas como homens e mulheres interagem uns com os outros diariamente deve ser uma preocupação das feministas. Muitas vezes relacionamentos de cuidado e intimidade mediam o contato entre homens e mulheres dentro do patriarcado; portanto nem todos os homens necessariamente dominam e oprimem mulheres. Apesar do patriarcado e do machismo, há entre os homens potencial para uma educação para a consciência crítica, há possibilidade de radicalização e transformação. Enquanto a maioria das mulheres escolher desenvolver e manter relacionamentos íntimos com homens, a transformação desses encontros deve ser necessariamente uma preocupação essencial na luta feminista, para que não se tornem um lugar para a dominação masculina e a opressão das mulheres.

O movimento recente de mulheres nos Estados Unidos teve um grande impacto nas lutas individuais de mulheres para transformar suas vidas, suas situações particulares. Não surpreende que mulheres com maiores graus de privilégio de classe e de raça tenham tido mais sucesso lutando contra as barreiras impostas pelo machismo e pela dominação. A experiência delas é excepcional. A tomada de consciência feminista para mulheres que não têm esses privilégios pode aumentar e intensificar a frustação e o desespero, em vez de servir como uma função libertadora. Pode conduzir a um maior sentimento de impotência e desesperança, e compor o cenário da depressão debilitante. Esse é particularmente o caso daquelas mulheres não privilegiadas que vivem em relacionamentos com homens, que são mães e que não vislumbram nenhum jeito de sobreviver economicamente ou obter autossuficiência econômica sozinhas. Ao mesmo tempo que a educação feminista para uma consciência crítica — seja na forma de leituras de textos feministas ou trocas de pensamentos feministas com uma amiga — pode trazer autoconscientização crítica e maior compreensão sobre as formas que a dominação masculina toma em suas vidas, isso não permite que transformem seus relacionamentos com homens. Trabalhos feministas focados em estratégias que podem ser usadas por mulheres para falar com homens sobre dominação masculina e mudança não estão facilmente disponíveis, se é que existem. Porém, mulheres têm um profundo desejo de compartilhar com homens a consciência feminista em suas vidas, para assim trabalharem juntos para transformar seus relacionamentos. Dar atenção a essa luta básica deveria motivar pensadoras feministas a falar e escrever mais sobre como nos relacionamos com homens e como mudamos e transformamos relacionamentos com homens caracterizados pela dominação.

Considerando o quanto a masculinidade, na forma como é socialmente construída dentro do patriarcado, encoraja homens a considerarem as palavras das mulheres e as conversas das mulheres como algo sem substância ou sem valor, ou como uma ameaça potencial, as próprias mulheres não podem ter esperança de efetivamente comunicar o pensamento feminista a parentes homens ou a companheiros sem pensar com cuidado em estratégias. Nós, mulheres, realmente precisamos ouvir uma da outra sobre como comunicamos o pensamento feminista aos homens. Lutar para criar um contexto para o diálogo entre homens e mulheres é uma tarefa subversiva e radical. Diálogo implica uma conversa entre dois sujeitos, não a fala de sujeito e objeto. É um discurso humanizador que desafia e enfrenta a dominação.

Em *Pedagogia do oprimido*, Paulo Freire enfatiza a importância do diálogo e o conecta à luta do oprimido para se tornar sujeito. Ele enfatiza que "o amor é ao mesmo tempo o fundamento do diálogo e o próprio diálogo. Este deve necessariamente unir sujeitos responsáveis e não pode existir numa relação de dominação". Freire comenta mais adiante: "cada vez mais nos convencemos da necessidade de que os verdadeiros revolucionários reconheçam na revolução, porque um ato criador e libertador, um ato de amor. [...] Não é devido à deterioração a que se submete a palavra amor no mundo capitalista que a revolução vá deixar de ser amorosa". De forma significativa, a dominação masculina reprime este diálogo de que é essencial amar, e assim mulheres e homens não podem se ouvir falando um com o outro no curso de suas vidas diárias. Conforme as feministas falarem mais sobre patriarcado para mulheres e homens, é importante abordarmos a verdade de que as circunstâncias da dominação masculina tornam impossíveis relacionamentos amorosos autênticos entre a maioria das mulheres e os homens. Devemos distinguir entre os laços de cuidado e comprometimento que se desenvolvem num encontro dominante/submisso, sujeito/objeto, daquele cuidado e comprometimento que emerge num contexto de não dominação, reciprocidade, mutualidade. É esse vínculo que permite o amor consolidado, que permite a homens e mulheres nutrirem uns aos outros, crescerem completa e livremente.

A dominação masculina não destruiu o desejo de homens e mulheres se amarem, apesar de tornar a realização deste desejo quase impossível. O contexto de amor entre homens e mulheres é variado e multidimensional (há o relacionamento entre mãe e filho, irmã e irmão, pai e filha etc.). Onde quer que esse desejo de amar exista, existe também a possibilidade de enfrentar as formas de discurso dentro do patriarcado que afastam e alienam mulheres e homens uns dos outros, de criar um contexto para o diálogo, de haver uma troca libertadora. Entretanto, o diálogo só emerge se mulheres e homens compreenderem que devem alterar conscientemente a maneira como nós falamos um com o outro, sobre o outro, para não perpetuarmos e reforçarmos a dominação masculina. As falhas em analisar como mulheres e homens conversam um com o outro, ou a recusa em abordar este problema porque significa que devemos conversar com e/ou sobre homens, atrasa significativamente o movimento feminista. A maior parte das mulheres ativas no movimento feminista temos que enfrentar os homens conforme tentamos compartilhar o pensamento feminista — seja nos esforços de uma filha lésbica para se comunicar com um pai, seja no esforço que esposa e marido fazem, nos esforços de amigos. Conhecer as estratégias que têm tornado diálogos possíveis, que criam reconciliação e comunicação, seria uma informação útil para compartilhar — mas que não será compartilhada enquanto ativistas feministas não defenderem a importância do trabalho de mulheres sobre homens.

Muitas mulheres feministas que ensinam, que fazem pesquisa feminista, têm se envolvido em lutas difíceis e muitas vezes amargas para criar um espaço de diálogo com homens em nossa vida privada e no trabalho. Nestes confrontos, aprendemos formas mais efetivas de comunicar o pensamento feminista para os homens. Muitas de nós têm tentado criar um espaço de diálogo em nossas salas de aula. Quando classes feministas e de estudos sobre mulheres eram ocupadas principalmente por mulheres jovens, ansiosas para aprender e compartilhar perspectivas feministas, dispostas a se comprometer com a luta feminista, não nos sentíamos obrigadas a desenvolver estratégias para possibilitar a comunicação com estudantes homens. É a crescente presença de homens em minhas aulas que tem me levado a considerar as dificuldades que surgem quando trabalhamos para comunicar o pensamento feminista aos homens e a importância de tal comunicação. Essa experiência também tem me obrigado a reconhecer a necessidade de haver mais pesquisas sobre homens feitas por mulheres.

Da mesma forma que relacionamentos amorosos entre homens e mulheres são um espaço em que as feministas lutam para criar um contexto a fim de que o diálogo possa acontecer, ensino e pesquisa feministas podem também, e necessariamente devem, ser um espaço de diálogo. É neste espaço que podemos compartilhar o pensamento feminista com um público disposto. É neste espaço que podemos nos engajar em enfrentamentos construtivos e críticos. Estereótipos sobre mulheres feministas odiarem homens fazem com que muitas professoras se sintam desconfortáveis em elaborar comentários críticos sobre homens, especialmente quando se reconhece que muito mais homens precisam se envolver na luta feminista se for para dar um fim à opressão machista, à dominação masculina. A fim de não reforçar esse estereótipo, professoras feministas são relutantes em discutir a masculinidade criticamente, ou em debater como o machismo limita seriamente os homens, ou como levantamos essas questões de maneiras alienantes, que expressam ridicularização, desdém, ou nossa própria incerteza. Pesquisadoras feministas devem ser uma vanguarda, mapeando o terreno onde mulheres podem falar com e sobre homens de maneiras desafiadoras, mas não depreciativas.

Desafiar e mudar a forma como pesquisadoras feministas falam com e sobre homens, promovendo mais trabalhos sobre homens, é uma direção importante para a luta feminista revolucionária. Enquanto é crucial a pesquisadores homens comprometidos com a luta feminista fazerem pesquisas sobre homens, é também importante pesquisadoras focarem os homens. Quando pesquisadoras escrevem sobre homens, tal trabalho altera a relação sujeito/objeto que tem sido um sinal de nosso estado de exploradas e oprimidas. Nossa perspectiva pode fornecer um discernimento crítico e único, além de nos conectar intimamente com a luta do dia a dia de todas as mulheres que procuram criar um espaço para o diálogo com homens, um espaço que não seja moldado pela dominação. Em vez de focar nos homens considerando-os objetos, a pesquisa feminista sobre homens feita por mulheres se caracteriza por sua política de resistência à dominação, por ser humanizadora e libertadora. Esta pesquisa feminista é caracterizada pelo desejo de um encontro sujeito com sujeito, pelo desejo de um lugar de encontro, um lugar de solidariedade em que mulheres podem falar com e/ou sobre homens em uma voz feminista, em que nossas palavras podem ser ouvidas, em que podemos falar a verdade que cura, que transforma — que faz a revolução feminista.

18.
“de quem é essa buceta”: um comentário feminista

Antes de ver o filme *Ela quer tudo* (1986), de Spike Lee, eu ouvi falar sobre ele. As pessoas me diziam: "é negro, é engraçado, você não vai querer perder". Com toda essa conversa vindo especialmente de pessoas negras que nem vão tanto ao cinema, fiquei relutante, até desconfiada. Se todo mundo estava gostando, até pessoas brancas, havia alguma coisa errada. Esses foram os pensamentos que de início me impediram de ver o filme, mas não o evitei por muito tempo. Depois de receber cartas e telefonemas de pesquisadoras negras e amigos me contando sobre o filme, querendo conversar sobre se ele retrata uma mulher negra livre, peguei o meu caminho até o cinema. Não fui sozinha. Fui com amigas, mulheres negras, Beverly, Yvette e Maria, para podermos conversar sobre o que assistiríamos. Algo do que foi dito aquela noite no calor de nossa discussão justifica os meus comentários.

Sendo uma espectadora de filmes apaixonada, especialmente pelo trabalho de cineastas independentes, encontrei muito a ser apreciado na técnica, no estilo e, de modo geral, na produção de *Ela quer tudo*. Foi bem revigorante ver na tela imagens de pessoas negras que não eram caricaturas grotescas, imagens que eram familiares, imagens que criativamente capturavam a essência, a dignidade e o espírito daquela qualidade elusiva conhecida como "alma". Era um filme cheio de alma.

Pensando a partir de uma perspectiva feminista, considerando suas implicações políticas, achei o filme muito mais problemático. No artigo "Art vs. Ideology: The Debate Over Positive Images" [Arte vs. ideologia: o debate sobre imagens positivas], publicado na *Black Film Review*, Salim Muwakkil levanta a questão sobre se uma "comunidade madura de afro-americanos" pode permitir que "julgamentos estéticos sejam baseados em critérios ideológicos e políticos", e comenta:

> Os nacionalistas culturais negros dos anos 1960 e 1970 demonstraram novamente o efeito sufocante que tais exigências ideológicas têm na expressão criativa. Suas várias proscrições e prescrições abortaram um momento histórico fértil de promessas. Parece claro que os esforços para subordinar o profundo e penetrante processo criativo das pessoas negras a um movimento ideológico sufoca a vitalidade criativa da comunidade.

Enquanto enfaticamente afirmo que julgamentos estéticos não deveriam alicerçar-se *somente* em critérios ideológicos e culturais, isso não significa que tais critérios não possam ser usados em conjunto com outras estratégias críticas para avaliar o valor geral de determinado trabalho. Envolver-se numa discussão crítica de tais critérios não implica desvalorização. Negar a validade de uma crítica estética que englobe o ideológico ou o político é mascarar a verdade de que todo trabalho estético incorpora o político, o ideológico, como parte de sua estrutura fundamental. Nenhum trabalho estético transcende a política ou a ideologia.

Não por acaso, o filme *Ela quer tudo* foi divulgado, comercializado e comentado em resenhas e conversas de forma a levantar questionamentos políticos e ideológicos tanto sobre o filme quanto sobre a resposta do público. O filme era "uma história de mulher"? O filme representava uma imagem radicalmente nova da sexualidade da mulher negra? É possível um homem realmente contar a história de uma mulher? Uma espectadora colocou a seguinte questão para mim: "Nola Darling é uma mulher livre ou só uma PUTA mesmo?". (Essa frase foi escrita exatamente assim numa carta para mim de uma professora negra que ensina sobre filmes, que escreveu ainda que estava "esperando por uma resposta feminista".) Não houve nenhuma resposta feminista mais ampla ao filme, exatamente por causa da esmagadora celebração pública daquilo que era novo, diferente e empolgante nesse trabalho. Dado o antifeminismo difundido na cultura popular, na subcultura negra, uma crítica feminista poderia ser simplesmente desconsiderada com agressividade. Porém, para pensadoras feministas, evitar a crítica pública é diminuir o poder do filme. É um testemunho desse poder que nos obriga a pensar, refletir e nos engajar com a obra completamente.

A versão cinematográfica de *A cor púrpura*, de Alice Walker, evocou mais discussão entre pessoas negras sobre questões feministas (machismo, liberdade de expressão sexual, violência masculina contra mulheres etc.) do que qualquer trabalho teórico e/ou polêmico de pesquisadoras feministas. *Ela quer tudo* gerou uma resposta similar. Essas discussões expõem com frequência graves ignorâncias sobre o movimento político feminista, revelando a amplitude de noções rasas sobre a luta feminista disseminadas por não feministas na cultura popular, que moldam e influenciam a maneira como muitas pessoas negras percebem o feminismo. Que todas as feministas odeiam homens, são sexualmente depravadas, castradoras, famintas por poder etc. são estereótipos dominantes. A tendência a ver mulheres livres como sexualmente liberadas configurou a maneira como muitas mulheres viram a representação da sexualidade da mulher negra em *Ela quer tudo*. Em alguma medida, essa percepção se baseia em noções restritas sobre libertação, aceitas em alguns círculos feministas em certo momento.

Durante os primeiros estágios do movimento recente de mulheres, a libertação feminista era frequentemente equiparada com a libertação sexual tanto por ativistas feministas quanto por não feministas. Ao mesmo tempo, a noção de liberdade sexual feminina era moldada por uma tendência heterossexual feroz que via a liberdade sexual principalmente em termos de mulheres defendendo o direito de ter vontades sexuais, de iniciar relacionamentos sexuais e de participar de encontros sexuais casuais com variados parceiros masculinos. Mulheres ousaram defender que a sexualidade da mulher não era passiva, que mulheres eram sujeitos com desejos que queriam ter sexo e apreciavam o sexo tanto quanto os homens, senão mais do que eles. Essas afirmações podem ter facilmente fornecido o quadro ideológico para a construção de uma personagem como Nola Darling, a protagonista feminina de *Ela quer tudo*. Nola expressa mais de uma vez sua avidez e disposição em ser sexual com homens, bem como seu direito de ter inúmeros parceiros.

Superficialmente, Nola Darling é a personificação perfeita da mulher como sujeito desejante — uma representação que desafia noções machistas da passividade sexual da mulher. (É importante lembrar que, desde a escravidão, mulheres negras têm sido representadas no pensamento racista branco como sexualmente assertivas, embora essa visão contraste severamente com a ênfase na castidade, na monogamia e no direito de o homem iniciar o contato sexual na cultura negra, uma visão mantida principalmente entre as classes médias.) Irônica e infelizmente, o desejo sexual de Nola Darling não é representado como um gesto autônomo, como um desejo independente por expressão sexual, satisfação e realização. Em vez disso, sua sexualidade assertiva é muito mais retratada como se o seu corpo e a sua sexualidade excitante fossem uma recompensa ou um presente que ela concede ao homem merecedor. Quando o fisiculturista Greer Childs conta a Nola que a foto dele vai aparecer na capa de uma popular revista masculina, ela responde tirando a roupa, oferecendo seu corpo como um símbolo de sua consideração. Esse e outros casos sugerem que Nola, embora sujeito desejante, age na premissa de que a afirmação sexual da mulher heterossexual tem legitimidade principalmente como um gesto de recompensa ou um meio através do qual homens podem ser manipulados e controlados pelas mulheres (o que é vulgarmente chamado de "poder da buceta"). Homens não têm que objetificar a sexualidade de Nola porque ela própria a objetifica. Ao fazer isso, sua personagem se torna a projeção de noções machistas estereotipadas sobre uma mulher sexualmente assertiva — ela não é de fato livre.

Ao mesmo tempo que Nola não é sexualmente passiva, sua principal preocupação é agradar a cada parceiro. Embora sejamos levados a acreditar que ela gosta de sexo, sua realização sexual nunca é a preocupação central. Ela só tem prazer na medida em que é capaz de dar prazer. Ainda que seus parceiros gostem de ser sexuais com ela, eles se incomodam com o desejo dela de fazer sexo frequente com vários parceiros. Eles veem o desejo sexual dela como anormal. Mars, um dos parceiros, diz: "todos os homens querem mulheres loucas [na cama], a gente só não as quer como esposas". Este comentário ilustra os estereótipos machistas sobre a sexualidade da mulher que moldam as percepções de Mars sobre Nola. Quando Jaime, outro parceiro, sugere que Nola é doente, evocando estereótipos machistas para rotulá-la como insana, depravada, anormal, Nola não responde afirmando que é sexualmente livre. Em vez disso, internaliza a crítica e procura ajuda psiquiátrica. Ao longo do filme, ela é extremamente dependente das percepções masculinas sobre a sua realidade. Na falta de autoconsciência e autocrítica, ela explora sua sexualidade somente quando obrigada por um homem. Se Nola fosse sexualmente livre, não haveria nenhuma necessidade de se justificar ou se defender contra as acusações masculinas. É só depois de os homens fazerem seus julgamentos que ela começa o processo de vir a ter consciência. Até aquele ponto, sabemos mais sobre como os homens a veem no filme do que sobre como ela vê a si mesma.

Em grande medida, o foco do filme não está em Nola, mas em seus parceiros homens. Assim como eles são o centro da atenção sexual, também são as personalidades centrais no filme. Ao nos dizer o que pensam sobre Nola, dizem muito mais sobre eles mesmos, seus valores, seus desejos. Ela é o objeto que estimula o discurso, eles são os sujeitos do discurso. Os narradores são masculinos e a história é centrada no masculino, uma narrativa patriarcal tendenciosamente masculina. Como tal, ela não é progressista nem quebra com a representação tradicional da sexualidade da mulher nos filmes. *Ela quer tudo* pode ocupar seu lugar junto com o corpo crescente de filmes contemporâneos que alegam contar histórias de mulheres ao mesmo tempo que privilegiam narrativas masculinas; filmes que estimulam o público com versões sobre a sexualidade da mulher que não são realmente novas ou diferentes (como *Paris, Texas*, por exemplo). Outro filme aclamado recentemente, *Mona Lisa*, objetifica a feminilidade e a sexualidade da mulher negra da mesma forma.

De modo geral, são os homens que falam em *Ela quer tudo*. Enquanto Nola aparece em perspectiva e foco unidimensionais, aparentemente mais preocupada com os seus relacionamentos sexuais do que com qualquer outro aspecto de sua vida, os personagens masculinos são multidimensionais. Eles têm personalidades. Nola não tem nenhuma personalidade. Ela é rasa, oca, vazia. Sua única reivindicação à fama é que ela gosta de transar. Na imaginação pornográfica masculina, ela poderia ser descrita como "pura buceta", que quer dizer que sua habilidade de desempenhar sexualmente é o aspecto central e definitivo de sua identidade.

Esses homens sexualmente ativos, sexualmente famintos, não são "puro pênis", pois essa categoria não existe. Cada um deles é definido por características e atributos únicos — Mars, por seu humor; Greer, por sua obsessão com musculação; Jaime, por sua preocupação com romance e relacionamentos sérios. Diferente de Nola, não estão sempre pensando em sexo, não sofrem de pênis no cérebro. Têm opiniões sobre diversos assuntos: política, esportes, estilo de vida, gênero etc. O cineasta Spike Lee desafia e critica noções sobre a sexualidade de homens negros enquanto apresenta uma perspectiva muito típica da sexualidade de mulheres negras. Suas explorações imaginativas sobre a psique de homens negros são muito mais investigativas, muito mais abrangentes e muito mais interessantes do que sua exploração da feminilidade negra.

Quando Nola testemunha que existiram "cachorros" em sua vida — homens que só estavam preocupados em levá-la para a cama —, um grupo de homens negros aparece na tela em fila única pronunciando as frases que usam para seduzir mulheres, para "se dar bem". Nesse breve segmento, a objetificação machista de homens sobre mulheres é exposta junto com a falsidade e a superficialidade desses homens. Essa cena em particular, muito mais do que qualquer outra no filme, é um excelente exemplo de como o cinema pode ser efetivamente usado para trazer conscientização sobre questões políticas — nesse caso, a objetificação machista de mulheres. Sem um personagem específico fazendo um discurso pesado sobre o quão raso é o pensamento desses homens negros sobre mulheres e sexualidade, esse ponto é poderosamente transmitido. O cineasta Spike Lee reconhece que pretendia enfocar criticamente o comportamento dos homens negros no filme, afirmando: "eu sei que homens negros têm muitas atitudes de merda, e tentei mostrar algumas dessas coisas que fazemos".

Enquanto seu retrato inovador de homens negros nessa cena (filmada como se fosse uma perspectiva de documentário: em fila única, cada homem aparece em frente a uma câmera como se estivesse sendo entrevistado individualmente) age para expor e, consequentemente, criticar o machismo dos negros, outras cenas reforçam e perpetuam isso. O poder de desconstrução desta cena se enfraquece gritantemente pela cena de estupro que ocorre depois.

Conversando sobre o filme, encontrei muitas pessoas que não notaram que houve uma cena de estupro, enquanto outras questionavam se a cena podia ser adequadamente descrita como estupro. Aquelas de nós que entendem estupro como um ato de contato sexual coercivo, no qual uma pessoa é forçada por outra a participar sem consentimento, assistiram a uma cena de estupro em *Ela quer tudo*. Quando vi o filme pela primeira vez com minhas amigas negras, como mencionei anteriormente, ficamos surpresas e perturbadas com a cena de estupro, embora não tenhamos gritado em protesto ou abandonado o cinema. Como grupo, nós todas nos afundamos nas poltronas como que para nos escondermos. O chocante ou perturbador não era a apresentação imaginativa do estupro, mas a maneira e o estilo dessa representação. Neste caso, o estupro como um ato de violência de um homem negro contra uma mulher negra foi representado como se fosse só outro encontro sexual prazeroso, mais uma foda. Estupro, como o filme sugere, é um termo difícil de ser usado quando se descrevem relações sexuais forçadas com uma mulher sexualmente ativa (neste caso, é chamado de "quase estupro"). Afinal de contas, como muitas pessoas negras — mulheres e homens — enfatizaram em conversas comigo, "ela ligou pra ele, ela queria ser sexual, ela queria isso". Impregnada em tal pensamento está a suposição machista de que a mulher como sujeito desejante, como iniciadora ativa, como sedutora sexual, é responsável pela qualidade, pela natureza e pelo conteúdo da resposta masculina.

Não é de se surpreender que Nola se veja como responsável, embora sua habilidade de julgar situações com clareza seja questionada ao longo do filme. Ainda que seja completamente coerente com sua personalidade quando rotula o estupro como um "quase estupro", o fato é que ela foi estuprada. Embora seja retratada sentindo prazer no ato, isso não altera o fato de que foi forçada a agir sexualmente sem seu consentimento. Mostrar uma mulher curtindo a violação é perfeitamente compatível com fantasias pornográficas machistas sobre estupro. Uma vez que mentalidades machistas põem a responsabilidade na mulher, afirmando que ela está realmente no controle, tal fantasia permite que ela (que, de fato, é a vítima) tenha o poder de transformar esse ato violento numa experiência prazerosa.

Sendo assim, o olhar no rosto de Darling durante o estupro, que começa com uma careta de dor, termina com um olhar fixo de prazer, satisfação. Isso com certeza é mais uma fantasia imaginativa e machista de estupro — que nós como espectadores passivos e silenciosos aceitamos com nossa cumplicidade. Protestos do público poderiam ter mudado, pelo menos, a aceitação passiva dessa representação de estupro. De forma condizente com a realidade do patriarcado, com o machismo em nossa cultura, quando eu vi o filme, os espectadores satisfeitos com o estupro comemoraram a ação de Jaime, expressando sua aprovação.

O momento da verdade é quando Jaime estupra Nola e agressivamente exige que ela responda à pergunta: "de quem é essa buceta?" — o momento em que ela pode se declarar independente, sexualmente livre, quando ela pode afirmar sua autonomia sexual com orgulho através da resistência (pois o filme sublinha sua determinação de ser sexualmente ativa, escolher muitos parceiros, não pertencer a ninguém). Ironicamente, ela não resiste à violência física. Não defende a primazia do direito a seu corpo. Ela é passiva. É irônico porque, até este momento, nós tínhamos sido seduzidos pela imagem dela como uma mulher poderosa, uma mulher que ousa ser sexualmente assertiva, exigente, ativa. Somos seduzidos e traídos. Quando Nola responde à pergunta "de quem é essa buceta?" dizendo "sua", é difícil para qualquer um que acreditou em sua imagem sexualmente livre não se sentir deixado na mão, desapontado, tanto pela personagem quanto pelo filme. De repente, não estamos testemunhando um questionamento radical da passividade sexual da mulher ou uma celebração da autoafirmação sexual da mulher, mas a reconstrução do mesmo velho conteúdo machista de uma forma nova e mais interessante. Enquanto algumas de nós estávamos passivamente enojadas, incomodadas, espectadores machistas que se sentiram difamados comemoraram, explorando sua satisfação pela mulher negra arrogante ter sido posta em seu lugar — pela dominação masculina e a ordem patriarcal terem sido restauradas.

Depois do estupro, Nola para de ser sexualmente ativa e escolhe ficar num relacionamento monogâmico com Jaime, o parceiro que a coagiu. Ideologicamente, tal cenário grava na consciência de homens negros, e de todos os homens, a suposição machista de que o estupro é uma maneira efetiva de controle social patriarcal, que restaura e mantém o poder masculino sobre mulheres. Ao mesmo tempo, isso sugere às mulheres negras, e a todas as mulheres, que ser sexualmente assertiva pode levar à rejeição e à punição. Numa cultura em que uma mulher é estuprada a cada dezoito segundos, em que há uma enorme ignorância sobre o estupro, em que o patriarcado e as práticas machistas promovem e toleram o estupro de mulheres por homens como uma forma de manter a dominação masculina, é perturbador testemunhar essa cena não só porque reforça estereótipos perigosos (uma questão central é a de que mulheres gostam de estupro), mas porque sugere que o estupro não tem consequências severas e graves para as vítimas. Sem aconselhamento nem apoio, Nola restabelece o seu eu normal, autoconfiante, ao fim do filme. Em silêncio sobre a sua sexualidade ao longo do filme, ela de repente fala. É ela quem vai chamar o estupro de "quase estupro", como se não fosse realmente grande coisa.

Entretanto, é o estupro que muda a direção do filme e da autoexploração ficcional de Nola Darling. Como uma expressão de sua autoafirmação recém-adquirida, ela calmamente denuncia o "quase estupro", explica que o relacionamento com Jaime não funcionou, enquanto enfatiza seu direito de se autodefinir independentemente. Sem a bravata e o entusiasmo que caracterizam suas ações anteriores, essas declarações não dispersam o sentido dominante de que testemunhamos uma mulher de quem o poder foi retirado, e não uma mulher alcançando o poder. Isso parece se reafirmar quando a escolha de Nola de verdadeiramente se autodefinir significa que ela vai ficar sozinha, sem parceiro sexual.

Perfeitamente ao contrário de *A cor púrpura*, em que o relacionamento homossexual entre mulheres é representado como uma fonte de afirmação mútua, erótica, não exploratória, que serve como catalisador do autodesenvolvimento, a sexualidade lésbica em *Ela quer tudo* é negativamente representada. Não significa uma alternativa à prática heterossexual destrutiva. A personagem lésbica é predatória, um "cachorro" tanto quanto qualquer homem. Claramente, Nola não acha difícil rejeitar indesejáveis avanços sexuais de outra mulher, afirmar os direitos de seu corpo, suas preferências. Totalmente identificada com o olhar masculino, ela não valoriza suas amigas mulheres. Embora sejam personagens subdesenvolvidas no filme, as duas amigas são cativantes e interessantes. A aparente dedicação e disciplina que a baixista demonstra com relação à sua música permanecem em forte contraste com a abordagem apática de

Nola com a sua própria arte, pois a baixista parece confortável com sua autonomia de um jeito que Nola não é.

A autonomia não é representada para Nola como uma escolha de valorização da vida, de empoderamento. Sua decisão de se autodefinir a deixa em um vácuo, tão vazia quanto apareceu no começo, sem a esperteza que evocara em seu papel de *vamp*. No fim do filme, nós a vemos sozinha, enrolada em suas cobertas, uma imagem familiar que não sugere transformação. Será que é para imaginarmos que ela deixou de desejar o "tudo" que tanto queria? Será que é para pensarmos que o "tudo" tem múltiplas implicações, afinal, que pode não ser sexo, mas um senso de autoconhecimento que ela deseja? Ela fez sexo ao longo do filme; o que ela conseguiu foi um senso de autoconhecimento que lhe permite ser completamente autônoma e sexualmente assertiva, independente e livre. Sem um senso de autoconhecimento firme, as tentativas de se tornar um sujeito desejante, ao invés de objeto, são fadadas ao fracasso. Nola não pode entrar na luta pelo poder sexual entre mulheres e homens como objeto e tornar-se sujeito. O desejo, sozinho, não é suficiente para fazer dela sujeito, para libertá-la (o filme mostra esse ponto, mas isso não é nenhuma revelação). Uma imagem nova, que ainda não vimos em filmes, é a mulher negra desejante que prevalece, que triunfa, não dessexualizada, sozinha, mas "junta" em todo o sentido da palavra. Em sua introdução a *Women and Their Sexuality in the New Film* [Mulheres e sua sexualidade no novo cinema], Joan Mellen enfatiza que a tentativa recente de retratar imagens radicais e transformadoras da sexualidade feminina provou ser uma decepção e, na maior parte das vezes, um fracasso:

> A linguagem das mulheres independentes pode ser permitida com relutância, mas a substância permanece inalterada. Se as afirmações da boca pra fora fornecem uma pseudoantecipação do desafio a velhos valores e imagens, a questão real apresentada é reformar a visão estabelecida, agora fortalecida pela referência nominal da "conscientização". Este truque de mágica é o método de cooptação. O cinema é uma arena na qual o processo tem sido refinado. Portanto, a própria imagem das mulheres livres e autossuficientes, quando é arriscada na tela, é apresentada impalatavelmente e empregada para reforçar os modos antigos.

Embora o cineasta Spike Lee tenha intencionado representar uma nova imagem radical da sexualidade da mulher negra, *Ela quer tudo*, de modo geral, reforça e perpetua antigas normas. De forma positiva, o filme nos mostra a natureza das disputas de poder entre homens negros e mulheres negras, as contradições, a loucura, e isso é uma direção nova importante. Porém, é a ausência de uma reconciliação libertadora convincente que enfraquece o potencial progressista radical deste filme. Mesmo que as cenas de nudez, de jogos sexuais, constituam uma importante imagem da sexualidade dos negros, uma vez que não são grotescas nem pornográficas, ainda não vemos uma imagem de um relacionamento mútuo e sexualmente satisfatório entre mulheres e homens negros em um contexto de não dominação. Realmente não importa se a mulher é dominadora e o homem, submisso — é o mesmo velho cenário opressivo. Por fim, é um relato patriarcal — no qual a mulher não emerge triunfante, realizada. Enquanto aplaudimos a frágil tentativa de Nola contar uma nova história ao final do filme, essa história não é convincente, nem suficiente — ela não satisfaz.

19.
a escrita de mulheres negras: criando mais espaço

Para muitas pessoas, escritoras negras estão em todo lugar — na capa da *Newsweek*, da *New York Times Magazine*, em programas de entrevistas, nos circuitos de palestras. Outro dia eu estava numa livraria e a atendente que me vendia o romance *Praisesong for the Widow* [Elogio à viúva], de Paule Marshall, disse que, se eu pretendia escrever um romance, aquele era o momento — porque "eles" estavam procurando por escritoras negras. "Eles" são os editores e estão supostamente procurando por nós porque nosso trabalho é uma nova mercadoria. O invisível "eles" que controla a publicação pode só ter percebido recentemente que há um mercado para ficção escrita por mulheres negras; mas isso não significa necessariamente que estejam efetivamente tentando encontrar mais material de mulheres negras, que mulheres negras estejam escrevendo muito mais do que antes, ou que é de algum modo mais fácil para escritoras negras desconhecidas encontrarem formas de publicar seu trabalho. É mais provável que essas escritoras negras, que há algum tempo têm escrito despercebidas, que já encontraram maneiras de pôr o pé na porta ou conseguiram abri-la mais, tenham conseguido entrar e agora encontrem editores para os seus trabalhos. A publicação do trabalho delas me lembra e também a muitas escritoras/leitoras negras que nossas vozes podem ser ouvidas, que podemos criar, que há "esperança" de que nosso trabalho seja publicado um dia. Sempre fico animada quando ouço que outra escritora negra foi publicada (ficção ou qualquer outro gênero), especialmente se ela é nova e desconhecida. Quanto mais entrarmos no mundo editorial, mais vamos escrever. Porém, não estamos sendo publicadas em grande quantidade. Toda vez que alguém comenta sobre a "tremenda" atenção que escritoras negras estão recebendo, sobre como está sendo fácil para nós encontrar editores, sobre quantas de nós existem, eu paro e conto, faço listas, sento em grupos de mulheres e tento encontrar novos nomes. O que temos percebido é que o número de escritoras negras de ficção publicadas com visibilidade não é grande. Qualquer pessoa que dê cursos sobre ficção de mulheres negras sabe como é difícil encontrar os trabalhos de mulheres negras (eles saem logo do catálogo, não são reeditados, ou, se reeditados, saem em edições mais caras do que estudantes e professores de meio período, como eu, podem pagar, e com certeza não podem ser abordados em aulas em que muitos livros têm que ser comprados). A edição reimpressa de *Maud Martha*, de Gwendolyn Brooks, publicado pela primeira vez em 1953, é um exemplo. Entretanto, é melhor ter reimpressões caras do que nenhuma reimpressão. Livros como *The Street* [A rua], de Ann Petry, *Plum Bun* [Pão de ameixa], de Jessie Fausett, *Iola Leroy*, de Frances Harper, *The Survivors* [Os sobreviventes] e *The Lakestown Rebellion* [A rebelião de Lakestown], de Kristin Hunter, não estão sempre disponíveis. Porém, todas estas escritoras negras foram ou são bem conhecidas e seus trabalhos foram ou são lidos amplamente.

Eu suponho que existam cotas de publicação determinando o número de mulheres negras que irão publicar livros de ficção anualmente. Tais cotas não são conscientemente negociadas e decididas, mas são resultado de racismo institucionalizado, machismo e classismo. Esses sistemas de dominação operam de tal modo a garantir que somente poucos livros de mulheres negras sejam publicados num determinado período. Isso tem muitas implicações negativas para as escritoras negras, para aquelas que são publicadas e as que ainda estão para ser publicadas. Escritoras negras publicadas, mesmo aquelas que são famosas, estão bem cientes de que seus sucessos não garantem que seus livros estejam nas prateleiras das livrarias daqui a alguns anos. Elas sabem que o espírito do modismo da nova mercadoria que estimula muito do interesse atual na escrita de mulheres negras pode se dissipar. É provável que essas escritoras saibam que devem "agarrar a oportunidade com unhas e dentes", e saber disso dá a sensação de que não podem esperar sempre pela inspiração, não podem protelar muito entre a publicação de um novo livro e a escrita de outro. Elas são frequentemente forçadas a se envolver em muitos projetos ao mesmo tempo — ensinando, escrevendo, dando palestras com o objetivo de garantir o sustento, mas também com o objetivo de promover uma conscientização da existência e da importância do trabalho delas. Essas pressões, sejam impostas ou escolhidas, afetarão necessariamente o trabalho da escritora.

Escritoras negras que não foram publicadas, que ainda estão nutrindo e desenvolvendo suas habilidades, muitas vezes descobrem como é difícil manter a noção de que o que têm a dizer é importante, especialmente se não estão num ambiente onde o compromisso delas com a escrita é encorajado e afirmado.

Elas também devem lutar com as demandas da sobrevivência econômica enquanto escrevem. A dificuldade desse processo para mulheres negras tem mudado pouco ao longo dos anos. Para cada escritora negra que consegue ser publicada, centenas, senão milhares, param de escrever porque não conseguem suportar as pressões, não conseguem sustentar o esforço sem encorajamento, ou porque têm medo de pôr tudo em risco em busca de um trabalho criativo que parece ridículo porque tão poucas irão chegar até o fim.

Frequentemente, novas escritoras descobrem que cursos de escrita criativa oferecem uma atmosfera positiva onde seus trabalhos serão lidos, criticados, encorajados. Mulheres negras que cursam universidades podem e realmente encontram nesses cursos um lugar de fortalecimento das habilidades de escrita criativa. Entretanto, estudantes negras raramente estão presentes nesses cursos nos campi onde os alunos são predominantemente brancos. Em campi onde os estudantes negros são maioria, é comum haver pouco ou nenhum interesse em escrita criativa. Jovens negras reconhecem a precariedade de nossa condição econômica coletiva (desemprego crescente, pobreza etc.) e tendem a procurar cursos que vão fortalecer a habilidade de ter sucesso em suas carreiras. A promissora jovem escritora negra que precisa trabalhar para se sustentar ou para ajudar a sustentar a família quase nunca encontra energia ou tempo para se concentrar e desenvolver sua escrita. Já outras mulheres negras profissionalizadas (professoras, médicas, advogadas etc.), que também são escritoras, descobrem que as demandas do trabalho deixam pouco espaço para o cultivo do trabalho criativo.

Poucas mulheres negras imaginaram que poderiam ganhar a vida escrevendo. Eu tinha treze anos quando decidi que queria ser escritora. Naquele tempo, escrevia principalmente poesia e percebi que não seria capaz de ganhar a vida com a escrita. Então escolhi estudar literatura, pois pensava que ela me levaria a uma profissão compatível com a escrita. Quando a poesia era minha preocupação principal, eu era fascinada com a vida profissional de poetas que, além de terem outras profissões, escreviam extensivamente. Muitos desses poetas eram homens — Langston Hughes, Wallace Stevens, William Carlos Williams. Quando li sobre a vida deles, não refleti sobre o papel de apoio desempenhado pelas mulheres na vida de escritores homens heterossexuais, que provavelmente não lidavam com tarefas domésticas ou com a criação dos filhos enquanto trabalhavam em empregos profissionais e escreviam (as companheiras provavelmente desempenhavam essas atividades). Raras são as mulheres escritoras de qualquer raça que são livres (de tarefas domésticas ou do cuidado dos outros — crianças, pais, companheiros) para se dedicar apenas à escrita. Eu conheço poucas escritoras negras que foram capazes de se concentrar somente em seu desenvolvimento como escritoras, sem trabalhar em outros empregos ao mesmo tempo.

Olhando para trás, lembro que eu sempre estava tentando cursar a faculdade, segurar dois trabalhos de meio período e criar espaço para a escrita, além de tomar conta dos assuntos domésticos. Ali ficou nítido para mim que eu era mais livre para me desenvolver como escritora/poeta quando estava em casa com meus pais e eles me forneciam apoio econômico, com mamãe fazendo a maioria das tarefas domésticas e toda a comida. Esse foi o momento da minha vida em que tive tempo para ler, estudar e escrever. Meus pais e meus irmãos também sempre encorajavam minha criatividade, incentivando-me a desenvolver meu talento (depois de fazer as poucas tarefas designadas a mim). Eu sempre ouvi deles e de outras pessoas na comunidade que talento é um presente de Deus e deve ser levado a sério, nutrido e desenvolvido; caso contrário seria tomado. Mesmo não encarando mais essa mensagem de forma literal — que a habilidade de escrever será tomada de mim —, eu noto que quanto mais escrevo, mais fácil e mais prazeroso o trabalho se torna. Quanto menos eu escrevo, mais difícil é para mim escrever, e acaba se tornando uma tarefa tão árdua que eu procuro evitá-la. Eu acredito que qualquer futuro escritor que evite escrever por algum tempo pode então "perder" o desejo, a habilidade, o poder de criar.

É preciso escrever e é preciso ter tempo para escrever. Tendo tempo para escrever, tempo para esperar entre silêncios, tempo para ir ao papel e à caneta ou à máquina de escrever quando a reviravolta finalmente chega afeta o tipo de trabalho que se escreve. Quando leio ficção contemporânea de mulheres negras, vejo muita similaridade na escolha dos assuntos, na localização geográfica, no uso de linguagem, na formação de personagens e no estilo. Pode haver muitas razões para tais similaridades. Por um lado, há a realidade da posição social compartilhada por mulheres negras, moldada pelo impacto do machismo e do racismo em suas vidas, além de experiências culturais e étnicas compartilhadas. Por outro lado, é possível que muitas de nós padronizemos nosso trabalho depois de ver a ficção daquelas escritoras que têm sido publicadas e são capazes de ganhar a vida como escritoras. É possível também que certo tipo de escrita (a história de narrativa linear) seja mais fácil de escrever porque é mais aceita pelo público leitor do que trabalhos experimentais, especialmente aqueles que não enfatizam temas da experiência negra nem narram a história de uma maneira mais convencional. Essas restrições se aplicam a muitos grupos de escritoras em nossa sociedade. É importante haver diversidade nos tipos de ficção que mulheres negras produzem, e que vários tipos de escritas de mulheres negras recebam atenção e sejam publicados. Não deveria haver uma imagem estereotipada de uma escritora negra ou uma suposição preconcebida sobre o tipo de ficção que ela irá produzir.

Não se deve supor que o sucesso de escritoras negras contemporâneas como Toni Morrison, Alice Walker, Paule Marshall, Toni Cade Bambara, Ntozake Shange, entre outras, indique a chegada de um novo dia para a maioria — ou até mesmo para uma substancial minoria — das escritoras negras. O sucesso individual e o desenvolvimento criativo contínuo delas são componentes cruciais do que deveria ser um movimento artístico completo para encorajar e apoiar a escrita de mulheres negras. Tal movimento poderia tomar muitas formas. Num nível mais básico, ele pode começar com as comunidades enfatizando a importância de crianças negras adquirirem habilidades de leitura e escrita, desenvolvendo conjuntamente uma atitude positiva com relação à leitura. Muitos de nós aprendemos a ler e escrever, mas detestamos ou odiamos escrever. Ao longo dos meus seis anos de ensino de meio período numa série de universidades, tenho testemunhado o horror e a angústia de muitos estudantes com a escrita. Muitos reconhecem que seu ódio e seu medo de escrever vieram à tona na escola primária e ganharam impulso no ensino médio, atingindo um pico paralisante nos anos de universidade.

Escolas e comunidades devem fazer um esforço intenso para criar e apoiar o interesse na escrita. Pais, professores e amigos de jovens escritores e escritoras deveriam encorajá-los a entrar em concursos de escrita. Mulheres negras e outras pessoas interessadas no futuro desenvolvimento de escritores negros deveriam criar mais concursos de escrita, em que os prêmios poderiam ser pequenos, para estimular o interesse das pessoas negras. Deveria haver programas de bolsas para escritoras negras recém-publicadas, mas que ainda não têm sucesso; assim poderíamos ter um verão ou um ano para nos concentrar somente em nosso trabalho. Embora existam programas de financiamento a escritores, como o National Endowment for the Humanities [Bolsa nacional para as humanidades], só as escritoras negras sortudas ocasionalmente recebem um prêmio desses. Frequentemente, os mesmos poucos escritores recebem uma série de bolsas de diferentes fontes. Ainda que isso seja bom para o indivíduo, não aumenta o número de escritoras negras beneficiadas com uma ajuda. Seria possível dar dinheiro a uma quantidade de universidades para patrocinar mulheres negras como parte de programas de escrita criativa.

Parece mais fácil às escritoras negras receber apoio monetário — bolsas, palestras, vagas como docentes — ao alcançar o sucesso depois de lutar muito em isolamento. Porém, são poucas as escritoras negras que conseguem apoio dessa forma. Eu levei sete anos para terminar de escrever *Ain't I a Woman*: por um lado, porque fiz uma extensiva pesquisa antes de escrever, mas também porque todas as minhas buscas por apoio financeiro fracassaram. Eu escrevia depois de trabalhar oito horas por dia numa empresa de telefonia, e depois de outros empregos. Quando o livro foi concluído, quase três anos antes de ser publicado, eu o enviei a várias editoras, que o rejeitaram. Embora sempre pedisse aos editores uma explicação sobre por que o trabalho não tinha sido aceito, nunca recebia nenhuma resposta. Sem o apoio do meu companheiro, que me ajudou financeira e emocionalmente (me encorajando como escritora), teria sido impossível continuar. Ouço a mesma história de outras mulheres negras que conhecem em primeira mão, como eu, o quão devastador pode ser trabalhar sozinha. Em várias ocasiões, contatei escritoras negras publicadas buscando reconhecimento, conselhos e críticas, mas consegui poucas respostas. Entretanto, Alice Walker foi uma das que me disse que estava muito ocupada, mas encontraria um tempo para ler o manuscrito, se conseguisse. Eu não enviei pois senti que estava incomodando, talvez tirando a atenção dela de seu trabalho. Também acredito que as outras escritoras negras de quem me aproximei eram constantemente solicitadas a responder, a dar apoio e conselho às escritoras mais jovens, e há um ponto em que, se se está sobrecarregada, deve-se dizer não.

As mulheres negras não precisam ser o único grupo a apoiar e encorajar escritoras negras aspirantes. Professores, amigos ou colegas podem dar o encorajamento e o reconhecimento que incentivam e promovem o trabalho. Quando encontrei a então recém-publicada escritora negra Gloria Naylor, autora de *The Women of Brewster Place* [As mulheres de Brewster Place], perguntei-lhe como tinha conseguido um editor. Gloria era estudante em Yale e trabalhava em seu mestrado em escrita criativa. Ela conseguiu no ambiente acadêmico apoio e encorajamento para o seu trabalho. Com a ajuda de um amigo, foi capaz de encontrar um editor que leu o seu romance e considerou publicá-lo. Ter pessoas ao redor que te apoiem durante o processo da escrita é tão vital para o escritor aspirante quanto encontrar alguém que publique o seu trabalho.

Quando eu era estudante de graduação e fazia aulas de escrita criativa, lembro que um poeta negro me aconselhou a não me preocupar com a publicação, mas a me dedicar à escrita; só quando tivesse produzido um corpo de trabalho é que eu deveria me preocupar em encontrar um editor. Esse breve conselho tem sido muito útil ao longo dos anos, pois me lembra de que a primeira ênfase para um escritor aspirante tem que ser a produção do trabalho. Dando aulas de escrita criativa, percebi que escritores aspirantes estão tão desesperados pelo reconhecimento que não têm interesse em reescrever suas obras ou reservar um pouco do tempo para regressar aos textos. Depois de *Ain't I a Woman* ser rejeitado, passei quase nove meses longe do trabalho antes de tirar a caixa do seu esconderijo no armário e começar uma reescrita massiva. Assim como Gloria Naylor, descobri, por um amigo que tinha visto a propaganda num jornal de mulheres da região de San Francisco, que a South End Press estava buscando livros sobre feminismo e raça. Em retrospecto, apesar da dor que sofri quando ele foi continuamente rejeitado, posso ver agora que o manuscrito não estava pronto para a publicação naquele momento. Agora fico feliz que ninguém o tenha aceitado na época. Eu concluí dois livros sobre questões feministas, um manuscrito de poesia, uma dissertação, dois manuscritos de romances, e ainda enfrento diariamente a dificuldade de me sustentar economicamente enquanto procuro crescer e me desenvolver como escritora.

Quando contei sobre este ensaio a Chinosole, uma amiga negra e pesquisadora-escritora, ela comentou sobre como é maravilhoso o quanto de escrita nós, mulheres negras, conseguimos produzir mesmo quando estamos mortas de preocupação com as finanças e as pressões do trabalho. É minha esperança que o atual interesse por trabalhos de algumas poucas escritoras negras leve ao reconhecimento da necessidade de encorajar e promover tal escrita — não somente o trabalho de mulheres negras famosas, mas o trabalho de escritoras desconhecidas que lutam; aspirantes que precisam saber o quanto seu trabalho criativo é importante, merece toda a sua concentração e não pode ser abandonado.

20.
ain't i a woman: olhando para trás

Este ensaio foi escrito logo depois da publicação de *Ain't I a Woman*. Agora não consigo nem lembrar em qual contexto o escrevi. Ao reler o ensaio, fiquei surpresa com quantas frases começavam com a palavra "eu". O texto parecia cru e estranho. Pensei em não incluí-lo neste livro, ou escrever uma versão mais atualizada, mas decidi deixar essa voz falar mesmo que eu não faça as mesmas afirmações da mesma maneira neste momento.

Não consigo me lembrar da primeira vez em que ouvi a palavra "feminista" ou compreendi o seu significado. Sei que foi no início da infância, quando comecei a refletir sobre papéis sexuais, quando comecei a ver e sentir que a experiência de ser "feita" mulher era diferente da de ser "feito" homem; talvez eu estivesse bem consciente disso porque meu irmão era minha companhia constante. Uso a palavra "fazer" porque era óbvio na nossa casa que os papéis sexuais eram socialmente construídos — que todo mundo concordava sobre criancinhas pequenas serem muito mais parecidas, diferentes umas das outras só psicologicamente, mas todos gostavam do processo de nos transformar em garotinhas e garotinhos, homenzinhos e mulherzinhas, com diferenças construídas socialmente. Como uma garotinha sem expectativas sobre seu papel sexual, eu podia acompanhar meu pai descendo a Rua Virginia, que, naquele tempo, era um mundo de homens negros com barbearias, salões de bilhar, lojas de bebida e casas de penhor. Meu pai e, às vezes, meus tios me levavam lá, compartilhavam comigo a intimidade desse mundo de união e afinidade masculina negra. Quando comecei a crescer, minha mãe decidiu que esses passeios tinham que acabar — a Rua Virginia não era lugar para uma garotinha. Me disseram que eu chorei amargamente quando não me deixaram mais ir lá.

Nos meus anos de adolescente, aprendi essa lição muito bem. Eu tinha medo do mundo da Rua Virginia. Não sentia mais a doce intimidade da companhia de homens negros estranhos, mesmo de velhos rostos familiares. Eles eram os inimigos da virgindade. Tinham o poder de transformar a realidade da mulher — de transformá-la de uma boa mulher em uma má mulher, de fazer dela uma puta, uma vagabunda. Mesmo as mulheres "boas" sofriam, estavam de algum modo sempre à mercê dos homens, que podiam nos julgar inadequadas, indignas de amor, gentileza e ternura, que podiam, se assim escolhessem, nos destruir. Foi no mundo daquela rua e da nossa comunidade negra segregada que eu vi pela primeira vez homens ativamente oprimindo o crescimento das mulheres, e mulheres resistindo, correndo riscos, se esforçando. Foi nesse mundo que aprendi sobre a violência masculina contra mulheres, mulheres negras morrendo no parto, sobre assédio sexual de mulheres negras no trabalho, sobre a necessidade de ficar afastada de homens brancos porque eles poderiam nos estuprar impunemente. Foi nesse mundo que eu disse a mamãe: "eu não acho que vou me casar um dia, parece que mulheres sempre perdem alguma coisa no casamento". Foi nesse mundo que meu pai, com o consentimento da minha mãe, procurou me negar o direito de cursar a Universidade Stanford porque era muito longe para uma garota do interior ir sozinha. Eu aceitei a decisão de início, mas depois me rebelei.

Essas experiências forjaram e temperaram meu espírito feminista, e eu ansiosamente respondi ao fervor do movimento feminista contemporâneo no campus. Fiz aulas, fui a reuniões e a festas exclusivas de mulheres. Foi na minha primeira aula de estudos sobre mulheres, ministrada por Tillie Olsen, que notei a total ausência de material feito por mulheres negras e de qualquer discussão sobre elas. Comecei a me sentir distante e alienada do enorme grupo de mulheres brancas que celebravam o poder da "irmandade". Não conseguia compreender por que elas não percebiam ou não se importavam com as "ausências". Quando confrontei nossa professora, ela mostrou arrependimento e começou a chorar. Eu não me abalei. Não queria simpatia, queria ação. Estava sozinha naquela sala de mulheres brancas que nem mesmo começavam a compreender meus sentimentos ou a se importar com eles: tudo o que sabiam era que eu estava estragando a celebração delas, a "irmandade" delas, a "intimidade" delas. Ao contrário do que muitas pessoas pensam, as críticas referentes à ausência de material sobre mulheres negras em tais aulas não emergem porque as mulheres negras estão ansiosas para chamar a atenção de mulheres brancas por seu racismo, pô-las para baixo ou fazê-las se sentirem mal, mas porque nós vamos para essas aulas esperando ganhar conhecimento, fortalecer nossa consciência sobre nossa história e nossas lutas. São as mesmas razões pelas quais muitas estudantes brancas vêm para aulas de estudos sobre mulheres, exceto que elas não se sentem desapontadas pelas ausências, ou por não haver nenhum foco em sua realidade. Elas não saem de tais aulas imersas em um vácuo no qual ainda são invisíveis, suas histórias são desconhecidas e sua realidade, negada.

Cursando essas aulas, cheguei a um ponto muito real de desespero e urgência: precisava saber sobre a realidade da mulher negra. Precisava mesmo compreender esse sentimento de diferença e separação das companheiras brancas. Em um nível intuitivo, eu sabia que toda experiência cotidiana de ser uma mulher negra nesta cultura era ter uma realidade social distinta da de homens brancos, mulheres brancas e até mesmo de homens negros, mas não sabia como explicar essa diferença. Não conhecia o suficiente sobre a história das mulheres negras. Quando comecei a longa busca por materiais em textos de história, sociologia, psicologia, eu ficava realmente surpresa, e até mesmo chocada, por mulheres negras raramente serem categorizadas nos índices; quando se escrevia sobre nós, raramente éramos consideradas em mais de uns poucos parágrafos ou sentenças. (Eu não sabia então da riqueza de material a ser encontrado por e sobre mulheres negras em dissertações, especialmente aquelas de estudantes de faculdades predominantemente de negros.) Embora pesquisasse em fontes primárias e secundárias, eu não encontrava material que fizesse conexões entre racismo e machismo, ou trabalhos sobre mulheres negras que consideravam completamente diferenças de gênero.

Em retrospecto, vejo que muito do meu desapontamento, do meu senso de urgência, se relacionava com o medo de que a ausência de material sobre mulheres negras estivesse conectada à ausência de um modelo de libertação que nos livraria da tirania do racismo e do machismo. Eu já tinha começado a questionar e examinar as maneiras como o machismo e o racismo trabalhavam juntos para garantir a opressão e a exploração de mulheres negras, mas queria aprender de outras fontes. Durante esse período de desespero e urgência, eu reclamava sem parar sobre a escassez de material para meu companheiro negro, com quem eu morava. Quando não conseguia encontrar fontes, quando expressava crescente amargura e raiva, ele me encorajava a escrever o livro que eu estava pesquisando. Eu sempre me refiro à sugestão dele tanto para desfazer a noção de que "todos" os homens negros se opõem e oprimem o interesse de mulheres negras em refletir criticamente sobre gênero e enfrentar o machismo, quanto para apontar para a realidade de que naquele tempo eu não teria me imaginado como uma escritora criando tal livro. Aos dezenove anos, vinda de uma pequena cidade do Kentucky, nunca me imaginara com o poder de definir minha realidade social, dando voz na forma escrita aos meus pensamentos sobre a experiência da mulher negra com o machismo. Essas autopercepções foram moldadas pelo racismo e pelo machismo.

Meu desejo de encontrar fontes que pudessem explicar a experiência da mulher negra (especialmente minha ideia de que livros escritos por pessoas brancas poderiam conter tal informação) é precisamente um reflexo da socialização de grupos explorados e oprimidos numa cultura de dominação. Nós aprendemos que não temos o poder de definir nossa própria realidade ou de transformar estruturas opressivas. Aprendemos a buscar aqueles empoderados pelo próprio sistema de dominação que nos machuca e fere para alguma compreensão de quem somos, que será libertadora, e nunca encontramos. É necessário que nós mesmos façamos o trabalho se quisermos saber mais sobre nossa experiência, se quisermos ver essa experiência a partir de perspectivas não moldadas pela dominação.

Ain't I a Woman não surgiu de nenhum desejo de minha parte de explicar mulheres negras a mulheres feministas brancas, ou capitalizar em cima de um interesse em assuntos raciais. Naquele tempo, raça não era um assunto popular entre feministas. O livro surgiu do meu desejo por autorrecuperação, por educação para uma consciência crítica — por um jeito de compreender a experiência da mulher negra que nos libertaria da mentalidade colonizadora estimulada num contexto racista e machista. Foi fundado no meu desejo de ver o fim das formas de sofrimento desnecessárias na vida das mulheres negras, na vida das pessoas negras. Dada essa origem, eu sentia que meu esforço para escrever esse livro era em si um gesto político, um ato de risco e de enfrentamento. A pesquisa e a escrita eram o lugar de muita educação para uma consciência crítica. Foi extraordinário vir a compreender como o machismo tem moldado a experiência e a posição social de mulheres negras; o mundo começou a ser um lugar diferente para mim.

Nos estágios iniciais, o livro foi moldado de acordo com textos sociológicos, e boa parte da escrita era rígida, artificial, prolixa. O primeiro rascunho do livro expôs muitas fraquezas na minha consciência como sujeito da escrita. O maior problema era que eu estava tentando falar para todos os públicos possíveis, agradar e apaziguar. A escrita do livro era complicada pelo fato de eu ser estudante e trabalhar num emprego de tempo integral. Depois de escrever os primeiros rascunhos, fui trabalhar como operadora de telefonia em um escritório predominantemente de negros e mulheres. As dimensões negativas da experiência da mulher negra, especialmente aquelas experiências configuradas pelo machismo em nossas vidas, eram um tópico recorrente nas conversas. Lá se aprofundou minha convicção de que mulheres negras e outras pessoas precisavam compreender o quanto o machismo, junto com o racismo, era uma força opressiva na vida das mulheres negras. Esse foi um ano importante para trabalhar no livro, pois as mulheres negras que trabalhavam comigo diariamente sentiam a importância de alguém tentar falar às pessoas sobre os aspectos negativos da nossa realidade social. Elas davam apoio e reconhecimento ao projeto — o tipo de apoio que eu não tinha encontrado no ambiente universitário. Elas não estavam preocupadas com minhas qualificações, habilidades de escrita, formação. Elas, como eu, queriam alguém para falar coisas que trariam mudança ou uma compreensão mais profunda sobre nossas vidas.

Depois de um ano de trabalho na companhia telefônica, comecei a pós-graduação em inglês, um ambiente hostil para qualquer estudante de pós-graduação que não se dedicasse apenas à literatura. Ali, eu sofri para fazer meu trabalho e para reescrever e repensar o manuscrito. Quando conversava com pessoas sobre o livro, elas não me apoiavam. Muitas pessoas brancas e até mesmo homens negros queriam saber por que era importante falar sobre mulheres negras, e minhas explicações raramente eram persuasivas o suficiente. Mesmo que a maioria deles nunca tivesse pensado sobre o assunto, eles tinham confiança de que sabiam mais do que eu. Eu estava ansiosa para ter uma resposta sobre as ideias do livro, então continuei a discutir sobre elas apesar da grande reação negativa. Não me ocorreu procurar por um ambiente mais "feminista" para trabalhar. Eu não pensava que havia algo inapropriado em tentar integrar o feminismo e o meu trabalho sobre mulheres negras e machismo ao ambiente em que eu estava vivendo.

Agora vejo como foi importante não escrever em um ambiente

separado e claramente definido como feminista, pois a maioria das mulheres, e certamente a maioria das mulheres negras, não vive em tais ambientes e deve adquirir a habilidade e as estratégias necessárias para sobreviver de maneira saudável e progressista onde quer que estejamos. De certa forma, o feminismo como movimento político tem sido enfraquecido por nossa incapacidade de integrar pensamento feminista e ação em todos os espaços sociais. Recentemente, depois de ter concluído um novo livro dentro de um ambiente acadêmico, onde eu trabalhava como professora de estudos sobre mulheres e as publicações eram vistas como importantes (mas não em termos de como promovem mudança política), eu vejo com mais clareza que a escrita de *Ain't I a Woman* foi moldada pelas minhas circunstâncias (vir para casa e tentar escrever e pensar depois de oito horas de trabalho). Essa experiência me permitiu saber como era ser um crítico social, ou, como diz Toni Cade Bambara, um "trabalhador cultural" no mundo cotidiano. As mulheres negras com as quais eu trabalhava na companhia telefônica queriam que eu escrevesse um livro que melhorasse nossas vidas, que fizesse outras pessoas compreenderem as dificuldades de ser negra e mulher. Era diferente escrever em um contexto onde minhas ideias não eram vistas como separadas das pessoas reais e das vidas reais.

Acredito que todas nós, mulheres negras que trabalhavam em empregos não administrativos naquela empresa de telefonia, nos sentíamos o tempo todo à mercê das estruturas dominantes. Éramos profundamente conscientes da exploração econômica. Em partes, foi a dor daquela experiência que me enviou de volta à pós-graduação. Porém, o livro provavelmente nunca teria sido escrito se não fosse por aquela experiência. Eu senti então que meu coração estava na escrita de *Ain't I a Woman*, que era o livro do coração, expressando o profundo e apaixonado desejo por mudança na posição social de mulheres negras, pelo fim da dominação machista e da exploração. Com as mulheres negras do trabalho, eu sentia esse desejo de ser compreendida — compartilhada. E digo isso porque sinto que o recente interesse na escrita de mulheres negras pode obscurecer a realidade de que foi sempre difícil para mulheres negras, especialmente para mulheres negras da classe trabalhadora, produzir escrita nesta cultura, sobretudo uma escrita de natureza política radical.

Durante o tempo em que estava escrevendo *Ain't I a Woman*, os anos de reescrita e de repensar, eu me sentia terrivelmente desencorajada com o meu destino individual como mulher negra nos Estados Unidos, e mais desencorajada ainda com o nosso destino coletivo. Enquanto escrevia, muitas vezes sentia um intenso desespero, tão avassalador que realmente me questionei sobre como podíamos suportar estar vivas nesta sociedade, como podíamos nos manter vivas. Fui profundamente desencorajada pelas muitas forças que conspiram para sustentar o mito da supermulher negra forte, e parecia impossível obrigar o reconhecimento da exploração e da dominação das mulheres negras. Não é que mulheres negras não fossem e sejam fortes; é que isso é só uma parte da nossa história, uma dimensão, como o sofrimento é outra dimensão — que tem sido ainda mais despercebida e desconsiderada. Eu participo de grupos feministas em que mulheres brancas e mulheres negras gastam bastante energia falando sobre a força de mulheres negras, e se recusam a reconhecer suas limitações. Há pouco tempo, convidei uma pesquisadora branca feminista que tinha publicado um livro sobre mulheres negras para falar no meu curso sobre Mulheres e Raça. Os alunos perceberam que uma imagem consistente ao longo do trabalho dela era a da mulher negra "forte", e tiveram medo de fazer a pergunta que mais lhes parecia pertinente: se mulheres negras são tão fortes assim, por que sua voz feminina branca era a que articulava nossa história, e não a voz daquelas mulheres negras fortes que ajudaram a dar material para o trabalho, que deram entrevistas e contaram suas histórias?

Quando terminei *Ain't I a Woman*, com toda a reescrita e a reflexão, mais de seis anos haviam passado. Eu enviei o texto para uma série de editores, que o rejeitaram. Desencorajada, coloquei o manuscrito de lado. E então "raça" se tornou um assunto importante nos círculos feministas. Era importante porque mulheres brancas decidiram que estavam prontas para ouvir sobre raça. Quando mulheres negras conversavam sobre raça à nossa própria maneira, as mulheres brancas não consideravam relevante. Não por acaso, essa mudança nas preocupações feministas criou um contexto no qual eu pude encontrar um editor para *Ain't I a Woman*. Certa noite, dei uma palestra sobre o meu trabalho em uma livraria de mulheres em San Francisco. Nossa discussão estava extremamente acalorada quando expressei minha raiva com o fato de que a supremacia branca dentro do movimento feminista significava que mulheres brancas, e não mulheres negras ou outras mulheres não brancas, determinaram para nós quando "raça" poderia ser um tópico de discussão feminista. Nessa palestra, três mulheres brancas me disseram que haviam visto num jornal feminista da região de San Francisco uma propaganda de um editor procurando por trabalhos sobre raça e feminismo. Eu enviei o livro para a South End Press e eles quiseram publicá-lo porque eram um coletivo.

No final da reescrita, o livro tinha se tornado uma séria polêmica sobre mulheres negras e feminismo. Quando a mulher branca editora da South End, que estava trabalhando com o manuscrito, falou comigo sobre o livro pela primeira vez, disse que os membros do coletivo sentiam o livro em um tom muito raivoso e estavam preocupados com que não tivesse uma inclinação positiva. Respondi que eu não estava com raiva, apenas tinha escrito de forma direta e objetiva, como é o modo costumeiro da fala da minha família negra do sul dos Estados Unidos. Nossas diferentes percepções da implicação da minha fala, do meu tom, eram importantes indicadores da forma como raça e classe moldam nossas maneiras de falar e ler. Muitas pessoas negras sinceras passam por experiências nas quais as paixões, a intensidade e a convicção em nossa fala são interpretadas como raiva por ouvintes brancos. Acho que esse é o caso especialmente em culturas nas quais as pessoas não falam de forma direta. E, quando se fala diretamente e também se é crítico, pode-se ser visto como uma expressão de hostilidade. Isso tem a ver com a atitude com relação à crítica que predomina em nossa sociedade. Infelizmente, a maioria das pessoas sente a crítica como algo negativo, dirigida a diminuir o que quer que esteja sendo criticado. Com certeza fui intransigente em *Ain't I a Woman* sobre mulheres negras terem muito a ganhar por meio da participação no movimento feminista, muito embora eu tenha sido também intransigente na minha crítica sobre tendências dominantes no movimento que eu sentia que diminuíam sua importância. Eu não vi meu livro como o representante "do" trabalho feminista ou "da" declaração da mulher negra no feminismo. Ele foi e continua a ser um trabalho polêmico.

Quando a editora sugeriu que eu fizesse mudanças, que fosse mais positiva, recusei. Eu já havia dado mais do que o necessário da minha vida à escrita desse livro, não podia escrever mais. Não queria escrever sobre o movimento feminista em termos que mudassem minha perspectiva, mesmo que a editora sentisse o livro "muito negativo". Concordei em fazer mudanças somente em um assunto: os meus comentários críticos sobre os esforços de ativistas feministas para tornar lesbiandade e feminismo sinônimos. Apesar de ter discutido com a editora que comentários críticos sobre a relação da lesbiandade com políticas feministas não necessariamente implicam ódio ou apoio à homofobia, realmente concordei que oferecer só a crítica negativa em uma sociedade homofóbica podia reforçar a homofobia. Uma vez que não estava disposta a trabalhar de novo no manuscrito, sugeri que todos aqueles comentários críticos fossem removidos — e foram. Em retrospecto, essa não era a única solução possível, pois levou muitos leitores a supor que eu queria negar a presença de lésbicas no movimento feminista, ou que eu era tão homofóbica que não conseguia pronunciar a palavra "lésbica". Uma vez que o tom geral do livro era crítico, teria sido melhor afirmar que os comentários críticos sobre lesbiandade e movimento feminista não tinham o objetivo de promover ou encorajar a homofobia.

Apesar de mulheres feministas (das quais muitas são brancas) frequentemente dizerem que querem ouvir mulheres que não têm falado, elas nem sempre querem ouvir o que temos a dizer. Muitas vezes, quando falamos, nossas ideias não só são expressas de forma diferente — elas são diferentes —, e essa diferença nem sempre é reconhecida. Para falar sobre feminismo, aquelas de nós que têm origens étnicas e raciais diferentes devem primeiro trabalhar para superar o racismo, o machismo e a exploração de classe que tem nos condicionado a acreditar que nossas palavras não são importantes. Foi difícil para mim me prender à visão de que escrever sobre mulheres negras é importante enquanto tantas pessoas me sugeriam que não era, enquanto os muitos livros que eu lia sugeriam que não éramos um assunto importante. Para mim, escrever meu primeiro livro foi um ato de autorrecuperação, um gesto de resistência. Mais do que qualquer coisa, com *Ain't I a Woman* eu quis falar sobre a realidade de que o machismo é uma força opressiva e exploradora na vida das mulheres negras. Essa foi a promessa do livro para mim — e essa promessa foi cumprida.

21.
escrevendo uma autobiografia

Para mim, contar a história da minha infância estava intimamente ligado ao desejo de matar o eu que eu era, sem realmente ter que morrer. Eu queria matar esse meu eu na escrita. Uma vez que o meu eu tivesse ido embora — fora da minha vida para sempre —, seria mais fácil me tornar o eu de mim. Obviamente, era da Gloria Jean da minha infância atormentada e angustiada que eu queria me libertar, a garota que estava sempre errada, que sempre era castigada, sempre sujeita a uma ou outra humilhação, sempre chorando, a garota que iria acabar numa instituição psiquiátrica porque não podia ser nada além de doida — pelo menos era o que lhe diziam. Ela era a garota que enfiara um ferro quente no braço implorando que a deixassem sozinha, a garota que mostrava a cicatriz como uma marca de sua loucura. Mesmo agora, posso ouvir a voz das minhas irmãs dizendo: "mamãe, faz a Gloria parar de chorar". Ao escrever a autobiografia, não era só dessa Gloria que eu estava tentando me livrar, mas do passado que me segurava, que me mantinha afastada do presente. Eu não queria esquecer o passado, mas romper suas amarras. Essa morte na escrita deveria ser libertadora.

Até começar a tentar escrever uma autobiografia, eu acreditava que o relato da história de alguém era uma tarefa simples.

Porém, tentei ano após ano, sem escrever mais do que poucas páginas. Interpretei minha inabilidade de escrever a história como uma indicação de que não estava pronta pra abandonar o passado, que não estava pronta para estar inteira no presente. Psicologicamente, considerei a possibilidade de ter me apegado aos sofrimentos e feridas da minha infância, de ter me agarrado a eles, bloqueando meus esforços de ser autorrealizada, inteira, de me curar. Uma mensagem-chave no romance *The Salteaters* [Os comedores de sal], de Toni Cade Bambara, que conta a história da tentativa de suicídio de Velma, de seu colapso nervoso, é expressa quando o curandeiro pergunta: "você tem certeza, querida, que quer ficar bem?".

Havia claramente alguma coisa bloqueando minha capacidade de contar minha história. Talvez fossem as inesquecíveis broncas e punições quando mamãe me ouvia dizer algo que ela achava que não devia ser dito para um amigo ou estranho. Discrição e silêncio eram questões centrais. A discrição sobre a família, sobre o que acontecia no ambiente doméstico, era um vínculo entre nós — era parte do que nos fazia uma família. Havia um medo de romper esse vínculo. No entanto, eu não conseguia crescer dentro da atmosfera de discrição que invadia nossa vida e a vida de outras famílias. É estranho eu sempre ter desafiado essa discrição enquanto crescia, sempre deixando escapar alguma coisa que não deveria ser dita; entretanto, como escritora encarando o espaço solitário do papel, fiquei amarrada, presa ao medo de que um vínculo se perdesse ou se partisse no relato. Eu não queria ser a traidora, a contadora dos segredos da família e, entretanto, queria ser escritora. Com certeza, dizia a mim mesma, eu poderia escrever um trabalho puramente imaginativo, um trabalho que não indicasse realidades privadas.

E então tentei. Mas sempre havia vestígios intrometidos, aqueles elementos da vida real disfarçados. Para mim, reivindicar a liberdade de crescer como escritora criativa estava ligado a ter a coragem de abrir, de ser capaz de dizer por escrito a verdade da própria vida como eu a tinha experimentado. Falar sobre a vida de alguém — isso eu poderia fazer. Escrever sobre isso, deixar um vestígio, era assustador.

Quanto mais eu demorava para começar a escrever a autobiografia, mais distante daquelas memórias eu ficava. Conforme os anos passavam, algumas memórias iam perdendo clareza. Eu não queria perder a vivacidade, a lembrança, e sentia uma necessidade urgente de começar a escrever e de terminar. Mas não conseguia começar, embora confrontasse alguns dos porquês de estar bloqueada, como estou bloqueada bem agora neste texto porque estou com medo de expressar na escrita a experiência que serviu como catalisador para retirar aquele bloqueio.

Eu tinha conhecido um jovem homem negro. Tínhamos um caso. O fato de ele ser negro é importante. De alguma maneira misteriosa, ele era uma ligação com esse passado que eu estava me esforçando para agarrar, para nomear na escrita. Com ele, relembrei incidentes, momentos do passado que eu tinha suprimido completamente. Era como se a paixão do contato fosse hipnótica, permitisse derrubar barreiras e, portanto, entrar por completo, reentrar, naquelas experiências passadas. O cheiro dele, os odores combinados de cigarro, às vezes de álcool e do cheiro do seu corpo, pareciam ser um aspecto-chave. Eu pensava com frequência na frase "cheiro da memória", pois foram aqueles cheiros que me levaram de volta ao passado. E havia ocasiões específicas quando era muito evidente que a experiência de estar na companhia dele era um catalisador para essa recordação.

Dois acontecimentos específicos vêm à mente. Um dia, no meio da tarde, nós nos encontramos na casa dele. Bebíamos conhaque e dançávamos uma música do rádio. Ele fumava cigarros (eu não só não fumo como geralmente faço o esforço de evitar a fumaça). Enquanto estávamos agarrados, aqueles cheiros combinados de álcool, suor e cigarros me levaram a falar, sem pensar muito, "tio Pete". Eu não tinha me esquecido do tio Pete. Mas eu tinha me esquecido da experiência infantil de encontrar com ele. Ele bebia com frequência, fumava cigarros, e nas poucas ocasiões que encontramos com ele quando crianças, ele sempre nos segurava com abraços apertados. Era a lembrança daqueles abraços — de como eu odiava e desejava evitá-los —, foi disso que lembrei.

Outro dia fomos ao meu parque favorito alimentar os patos e estacionamos o carro em frente a uns arbustos bem altos. Enquanto estávamos lá sentados, de repente ouvimos o som de um trem se aproximando — um som que me assustou, pois evocou outra memória há muito tempo reprimida: a de cruzar os trilhos do trem no carro do meu pai. Lembrei de um incidente quando o carro parou nos trilhos e meu pai nos deixou sentados lá dentro enquanto levantava o capô e tentava fazer o carro funcionar. Não tenho certeza se esse incidente de fato aconteceu. Quando criança, eu ficava aterrorizada que isso pudesse acontecer — talvez com tanto medo, que essa memória se criou na minha mente como se tivesse de fato acontecido. Essas são apenas duas formas nas quais esse encontro agiu como um catalisador, derrubando barreiras que me permitiram finalmente escrever a tão desejada autobiografia da minha infância.

Todo dia eu me sentava à máquina de escrever e diferentes memórias eram escritas em pequenos esboços. Elas vinham em turbilhão, como se fossem uma tempestade súbita. Vinham num estilo surreal, onírico, o que me fez parar de pensar nelas como estritamente autobiográficas, porque parecia que mito, sonho e realidade tinham se fundido. Havia muitos incidentes sobre os quais eu conversava com os meus irmãos para saber se eles se recordavam. Muitas vezes lembrávamos juntos de um esboço de acontecimento, mas os detalhes eram diferentes para cada um de nós. Esse fato era um lembrete recorrente das limitações da autobiografia, do quanto a autobiografia é um relato de uma história muito pessoal — uma narração única de eventos, não tanto como eles aconteceram, mas como nos lembramos e os inventamos. Uma memória que eu podia jurar ser "a verdade, nada mais do que a verdade" era sobre um carrinho que meu irmão e eu dividíamos quando crianças. Eu me lembro de que brincávamos com esse carrinho só na casa do meu avô, o dividíamos, eu dirigia e meu irmão me empurrava. Porém, uma faceta da memória era enigmática, eu me lembro de sempre voltar para casa com hematomas ou arranhões por causa desse brinquedo. Quando liguei para minha mãe, ela disse que nunca existiu carrinho nenhum, nós dividíamos um carrinho de mão vermelho que sempre ficou na casa do meu avô porque naquela parte da cidade havia calçada. Morávamos numa colina onde não tinha calçada. De novo fui forçada a encarar a ficção que é parte de todo relato, de toda recordação. Comecei a pensar no trabalho que eu estava fazendo como sendo tanto ficção quanto autobiografia. Parecia cair na categoria de escrita chamada por Audre Lorde em *Zami*, seu trabalho autobiográfico, de biomitografia. Conforme escrevia, sentia que não estava tão preocupada com a precisão de detalhes quanto com evocar na escrita o estado de espírito, o espírito daquele momento particular.

O anseio de narrar uma história e o processo de contar são simbolicamente um gesto de desejo de recuperar o passado de modo que se experimente tanto uma sensação de reunião quanto de alívio. Foi o desejo do alívio que me levou a escrever, mas, ao mesmo tempo, foi a alegria da reunião que me permitiu ver o ato da escrita da autobiografia como uma maneira de me reencontrar com aquele aspecto do eu e da experiência que pode não ser mais uma parte da vida de fato, mas é memória viva moldando e explicando o presente. A escrita autobiográfica foi para mim uma forma de evocar a experiência específica de crescer negra em comunidades segregadas no sul dos Estados Unidos. Foi uma forma de recapturar a riqueza da cultura negra do sul. A necessidade de recordar e manter o legado daquela experiência, e também o que isso me ensinou, tem sido ainda mais importante desde que comecei a viver em comunidades predominantemente brancas e a ensinar em faculdades predominantemente brancas. A experiência de pessoas negras do sul foi a base da vida ao meu redor quando eu era criança; aquela experiência não existe mais em muitos lugares onde, um dia, era toda a vida que conhecíamos. Capitalismo, mobilidade ascendente, assimilação de outros valores, tudo conduz à rápida desintegração da experiência das pessoas negras ou, em alguns casos, ao desgaste gradual daquela experiência.

No mundo da minha infância, nós nos agarrávamos ao legado de uma cultura negra distinta ouvindo os mais velhos contarem suas histórias. A autobiografia era bastante experimentada através da arte de narrar histórias. Eu me lembro de sentar na casa da Baba (minha avó por parte de mãe), na Rua Broad, 1.200, e ouvir as pessoas chegarem e narrarem suas experiências de vida. Naquele tempo, sempre que levava uma amiga na casa da vovó, Baba pedia um breve esboço da autobiografia dela antes de começarmos a brincar. Ela não só queria saber quem era a família dela, mas quais eram os seus valores. Às vezes era uma experiência maravilhosa e assustadora ficar lá respondendo a todas aquelas perguntas, ou testemunhar outra amiga sendo submetida ao processo, e ainda assim era como vínhamos a conhecer a nós mesmas e a história familiar uma da outra. É a ausência desta tradição na minha vida adulta que torna a narrativa escrita da minha infância muito mais importante. Conforme os anos passarem e essas memórias gloriosas se esvaírem, ainda vai existir a claridade contida nas palavras escritas.

Conceitualmente, a autobiografia foi enquadrada como um baú de enxoval. Eu lembrava do baú de enxoval da minha mãe, com todos os cheiros maravilhosos de cedro, e lembrava dela pegando os itens mais preciosos e colocando todos lá dentro, por segurança. Certas memórias foram para mim um tesouro semelhante. Eu queria depositá-las em algum lugar, por segurança. Uma narrativa autobiográfica parecia um lugar apropriado. Cada acontecimento, encontro, experiência em particular tinham sua própria história, às vezes contadas em primeira pessoa, às vezes em terceira pessoa. Muitas vezes eu sentia que estava em transe na minha máquina de escrever, que o formato de uma determinada memória não era decidido conscientemente, mas por tudo o que é obscuro e profundo em mim; inconsciente, mas presente. O ato de torná-la presente, trazê-la para o aberto, por assim dizer, era libertador.

Na perspectiva de tentar compreender minha psique, foi também interessante ler toda a narrativa depois que concluí o trabalho. Não me ocorreu que trazer o passado e a memória juntos em uma narrativa completa me permitiria vê-los a partir de uma perspectiva diferente, não como eventos isolados singulares, mas como parte de um contínuo. Lendo o manuscrito completo, senti que estava diante de um panorama não da minha infância, mas daquelas experiências profundamente gravadas na minha consciência. É claro que o ausente, o que foi deixado de fora, não incluído, era também importante. Fiquei chocada por descobrir, no fim da minha narrativa, que eu havia me recordado de poucos acontecimentos envolvendo minhas cinco irmãs. A maioria dos acontecimentos era entre meu irmão e eu. Havia uma percepção de distanciamento das minhas irmãs presente na infância, um sentido de estranhamento. Isso estava refletido na narrativa. Outro aspecto interessante do manuscrito completo, para mim, foi como os incidentes descrevendo homens adultos sugeriam que eu os temia intensamente, com a exceção do meu avô e de alguns homens velhos. Escrever a narrativa autobiográfica me permitiu olhar para o passado a partir de uma perspectiva diferente, e usar esse conhecimento como um meio de autocrescimento e mudança de uma forma prática.

No final, não me senti como se tivesse matado a Gloria da minha infância. Em vez disso, eu a resgatei. Ela não era mais o inimigo dentro de mim, a garotinha que tinha de ser aniquilada para a mulher poder existir. Na escrita sobre ela, reivindiquei aquela parte de mim que eu tinha há muito tempo rejeitado, abandonado, justamente como ela se sentiu muitas vezes: sozinha e abandonada quando criança. Recordar era uma parte do ciclo de reconciliação, da junção de fragmentos, "os pedacinhos do meu coração" que a narrativa fez inteiro novamente.

22.
à Gloria, seja ela quem for: sobre usar um pseudônimo

No fim do meu primeiro ano de docência em tempo integral, num jantar de despedida para celebrar, para me despedir por alguns meses, propus um brinde: "à Gloria, seja ela quem for". Entre as risadas de amigos, levantei a questão da identidade, de nomear. Uma vez que escrevo usando um pseudônimo, sou frequentemente confrontada por leitores procurando uma explicação. Nesta mesma festa de despedida, nomear entrou em jogo porque, para uma das pessoas presentes, eu era conhecida pelo pseudônimo bell hooks. De início, era só um nome para a escrita — então comecei a usá-lo quando dava palestras, para evitar confusões.

bell hooks é um nome de família. É o nome da minha bisavó materna. No começo, tomei esse nome porque estava publicando um pequeno livro de poemas numa comunidade onde alguém tinha o mesmo primeiro nome que eu. Tratou-se, então, de uma escolha mais prática — que pude fazer facilmente porque eu não era apegada ao nome "Gloria". Sempre pareceu ser um nome que não era meu, evocando muito do que eu não sou. Conforme ficava mais velha, comecei a associar esse nome com frivolidade e vertigem (como no estereótipo da loira burra, frequentemente chamada de Gloria). Embora eu às vezes seja tonta e bastante frívola, tinha medo naquele momento de que esse nome me dominasse, se tornasse minha identidade antes que eu pudesse fazer o que quisesse com ele. Acolhi a chance de escolher e usar outro nome.

Escolhi o nome bell hooks porque, além de ser um nome de família, soava forte. Durante minha infância, este nome era usado para falar da memória de uma mulher forte, uma mulher que falava o que vinha à cabeça. No então mundo segregado da nossa comunidade negra, uma mulher forte era alguém capaz de fazer o seu próprio caminho neste mundo, uma mulher com características geralmente associadas somente aos homens — ela mataria pela família e pela honra, faria o que fosse necessário para sobreviver, ela honrava a sua palavra. Reivindicar este nome era uma maneira de vincular minha voz a um legado ancestral da fala das mulheres — do poder da mulher. Quando usei este nome primeiro com a poesia, ninguém jamais questionou o uso do pseudônimo, talvez porque o campo da escrita criativa é considerado mais privado do que social.

Quando comecei a escrever *Ain't I a Woman*, o pseudônimo começou a exercer um papel muito diferente na minha vida como escritora. A Gloria, como eu pensava sobre ela, como me tornava ela, não era alguém particularmente preocupada com política. Eu estava mais preocupada com a vida contemplativa, com a disputa interna pela autorrealização, pela iluminação espiritual. Quando comecei a pensar sobre assuntos políticos, sobre política feminista, tive dificuldade de reconciliar essa nova paixão com o padrão da minha vida. Eu me via como uma poeta que, embora abordasse questões políticas na escrita, não estava buscando uma voz pública. Eu tinha dezenove anos quando escrevi o primeiro rascunho de *Ain't I a Woman* e era um manuscrito longuíssimo, mais de quinhentas páginas. Lendo-o, eu não conseguia ouvir na escrita nenhuma voz que pudesse reivindicar como minha. As vozes no texto pareciam, ao contrário, variar de acordo com o grupo sobre o qual se falava: mulheres brancas, homens negros, mulheres negras, homens brancos. Havia tantas vozes porque eu tinha medo de a minha voz ficar sozinha. Tinha medo de dizer a coisa errada. O medo de dizer ou fazer o que será considerado "errado" frequentemente inibe membros de grupos explorados e/ou oprimidos. Esse fator inibidor age suprimindo e reprimindo a criatividade tanto em termos de pensamento crítico quanto de expressão artística. Muito do que dizemos se endurece e é contido pelo medo de dizermos o que pode ser considerado "errado", e o que constitui ser errado é a possibilidade de punição. Na infância, eu era frequentemente punida por dizer a coisa errada, por pensar de maneiras que os adultos ao meu redor não consideravam apropriadas. Essa primeira socialização teve um tremendo impacto na minha capacidade de autoexpressão.

Como estratégia de sobrevivência, muitos indivíduos de grupos oprimidos aprendem a reprimir ideias, especialmente aquelas consideradas opositoras. Da escravidão em diante, as pessoas negras nos Estados Unidos aprendemos a nos resguardar em nossa fala. Dizer a coisa errada podia levar à punição severa ou à morte. Esse padrão de expressão contida ainda continuou durante muito tempo depois do fim da escravidão. Uma vez que a opressão racial permaneceu como norma social, pessoas negras ainda percebiam ser necessário limitar a liberdade de expressão, empenhar-se na autocensura. Muitas pessoas negras mais velhas foram criadas em ambientes racialmente segregados onde dizer a coisa errada, especialmente para uma pessoa branca, podia levar ao castigo. Frequentemente, nossos mais idosos diziam que nos puniam para nos ensinar nosso lugar, para nos manter na linha; assim não seríamos castigados por pessoas brancas, não seríamos destruídos. Tais atitudes tiveram um profundo impacto na forma como crianças negras foram criadas e na nossa capacidade para a expressão criativa.

Quando penso sobre isso, me vem à mente a imagem da mulher negra que conheci porque nós duas éramos compradoras assíduas nos brechós do Exército da Salvação — estávamos lá todo dia. Ela quase sempre trazia para a loja uma neta bem novinha, uma menina de três ou quatro anos. Dizia a essa criança para ficar quieta até que chegasse a hora de voltar para casa, mesmo se a avó fizesse compras por horas. Ela não podia conversar, rir ou brincar, e certamente não podia ficar circulando por lá. Só falava quando tinha permissão. Percebi o quanto tanto pessoas brancas quanto negras frequentemente faziam comentários positivos sobre a obediência, o "bom" comportamento da menina. Eu imaginava o que acontecia com ela na escola, se era incapaz de conversar, com medo de falar. Será que ela algum dia recuperaria os espaços extremamente criativos dentro de si própria depois de anos de aprendizagem de silêncio, obediência? Não é um legado fácil de se desfazer.

Depois de anos ouvindo pessoas me dizerem que eu falava a coisa errada, sendo punida, tive que lutar para encontrar minha própria voz, para sentir que podia falar sem ser castigada. Escrevendo *Ain't I a Woman*, fui obrigada a enfrentar esse medo de me expressar. Esse esforço parecia impossível. Como Gloria poderia encontrar sua voz, falar firme e diretamente, quando eu estava tão acostumada a encontrar maneiras de expressão veladas, abstratas, pouco claras? Para mim, o pseudônimo tinha uma função muito mais terapêutica. Através do uso do nome bell hooks, fui capaz de reivindicar uma identidade que me garantia o direito à fala. Gloria, como eu a tinha construído, deveria levar uma vida monástica, espiritual, ou a vida de uma escritora reclusa e solitária; não deveria ser uma escritora de livros feministas. De novo, é importante lembrar que eu tinha dezenove anos quando comecei esse tipo de escrita. bell hooks podia escrever livros feministas e ter uma voz. E me pareceu bastante adequado usar um bom e antiquado nome do século XIX. Tradições de mulheres negras intelectuais foram fortes naquele século. Mulheres como Anna Cooper, Frances Ellen Harper e Mary Church Terrell deram expressão à visão radical de mulheres negras preocupadas com política, com lutas libertadoras. Era adequado e apropriado para mim extrair força e coragem de uma mulher negra desconhecida do século XIX, cujo legado de força e fala séria era levado adiante na história oral, era lembrado. Bell Hooks, como vim a conhecê-la através dessas contações da história familiar, na forma em que eu sonhava com ela e a inventava, tornou-se um símbolo do que eu poderia me tornar, tudo o que meus pais nunca esperaram que a pequena Gloria fosse. Gloria deveria ter sido uma garota do sul doce, quieta, obediente, agradável. Não deveria ter esse jeito rebelde que caracterizava as mulheres do lado da minha mãe. Na verdade, parecia que minha mãe, Rosa Bell, tinha orgulho de ter aprendido a controlar os seus impulsos selvagens e criativos, de obedecer e se conformar.

Escolher esse nome como pseudônimo foi um gesto rebelde. Fazia parte de uma estratégia de empoderamento, permitindo-me entregar Gloria, devolvê-la para aqueles que a tinham criado; assim eu poderia criar e encontrar a minha própria voz, minha identidade. Embora ansiosa por deixar para trás o aspecto obediente de quem Gloria deveria ser, eu não queria abandonar minha crença na primazia da espiritualidade como uma força vital. Essa crença era um incentivo maior para usar um pseudônimo. Muito do pensamento religioso que me movia enfatizava o desapego, o abandono do ego, do sempre presente eu. Usar o pseudônimo era um lembrete constante de que minhas ideias eram expressões de mim, mas não eram a imagem completa. Eu não queria estar hiperidentificada com essas ideias, tão apegada a elas a ponto de ser incapaz ou não estar disposta a mudar perspectivas, a abandoná-las se necessário, a admitir os erros em meu pensamento. Isso era especialmente importante à medida que muitas hipóteses que eu tinha sobre experiências de mulheres negras eram desafiadas por um novo material que eu encontrava. Estar sempre consciente de que eu não estava criando uma identidade minha nesse trabalho, mas somente compartilhando ideias, era crucial para o meu crescimento intelectual. Nos ambientes acadêmicos, testemunhei o extremo apego de pesquisadores às suas ideias, agindo como se fossem propriedades a serem controladas, mantidas a qualquer custo. Entre pensadoras feministas, testemunhei a relutância em mudar percepções sobre a natureza da experiência da mulher branca, do movimento pelos direitos das mulheres nos Estados Unidos. Parecia muitas vezes que a hiperidentificação com ideias, vendo-as não meramente como expressões de um eu, mas como representações absolutas do eu, impedia a criatividade, o pensamento crítico e o crescimento intelectual. Ao usar o pseudônimo, eu conscientemente procurei fazer a separação entre ideias e identidade para poder estar aberta ao desafio e à mudança.

Embora não seja uma solução ao problema, um pseudônimo certamente cria distância entre o trabalho publicado e o autor.

No nível da experimentação, eu estava curiosa sobre como usar um pseudônimo afetaria a maneira pela qual eu veria a mim mesma — a maneira como eu veria o trabalho. De início, não estava certa de que isso me permitiria sentir uma distância não só entre mim mesma e o trabalho publicado, mas em relação às respostas a esse trabalho. Achei que essa distância criada artificialmente teria pouco impacto — o que se provou não ser o caso. Quando o livro publicado chegou pelo correio, segurei-o nas mãos e, olhando o nome bell hooks, senti uma distância que eu sabia que não estaria lá se meu primeiro nome estivesse na capa. Então, olhando o *layout* da capa, refleti sobre a ligação entre bell hooks e o título; bell hooks escrito em letras minúsculas, e *Ain't I a Woman* todo escrito em letras maiúsculas. Para mim, as questões de identidade foram levantadas pela ausência de aspas em torno da pergunta "*ain't I a woman*", nenhum comentário nas páginas internas reivindicando aquelas palavras como propriedade de Sojourner Truth, cujo nome de nascimento, Isabelle Bumfree, fora descartado, pois ela afirmava que, quando deixou a escravidão, queria deixar todos os sinais do cativeiro para trás.[15] Com o nome Sojourner Truth, ela evocava tanto o seu novo chamamento político revolucionário quanto o seu trabalho espiritual — um nome libertador. No movimento feminista contemporâneo, o nome Sojourner Truth e a frase "*ain't I a woman*" foram bastante apropriados, usados e explorados, da mesma forma que o trabalho de mulheres negras é

15. "Ain't I a woman" é o nome pelo qual ficou conhecido um discurso proferido pela ex-escravizada e líder abolicionista norte-americana Sojourner Truth (1797-1883) em uma convenção de mulheres ocorrida na cidade de Akron, no estado de Ohio, nos Estados Unidos, em 29 de maio de 1851. [N.E.]

utilizado e explorado no patriarcado capitalista de supremacia branca. Significativamente, eu não achava que estava mascarando a identidade de Sojourner Truth ou reivindicando as palavras dela como se fossem minhas; em vez disso, eu reivindicava a experiência que elas evocavam, desviando a atenção da identidade pessoal da falante para as próprias palavras e o significado que elas evocavam, como deve ser. Tinha a sensação de que essa frase ainda era uma questão contemporânea que mulheres negras vêm sendo obrigadas a levantar conforme confrontamos uma sociedade racista e machista que nos nega a nossa feminilidade.

Desejando desviar a atenção da personalidade, do eu, para as ideias, justifiquei meu uso de um pseudônimo. Na minha perspectiva, os cultos à personalidade limitavam severamente o movimento feminista, pois com frequência parecíamos estar mais engajadas com quem falava/escrevia do que com o que se estava dizendo. Vivendo como vivemos, numa cultura que promove o narcisismo, que o encoraja porque desvia a atenção da nossa capacidade de formar compromissos políticos que abordem questões além da identidade, eu queria construir um trabalho que distanciasse a personalidade e a identidade do falante do assunto sobre o qual se fala. Minha esperança era a de que o texto fosse mais atraente, mais lido, não pelas impressões preconcebidas e pelas ideias sobre a escritora. Uma vez que bell hooks era uma escritora e pensadora desconhecida, era impossível para os leitores se referirem a uma personalidade. O ponto do pseudônimo não era mascarar, esconder minha identidade, mas mudar o foco, torná-la menos relevante. O livro foi protegido por direitos autorais no meu nome verdadeiro, que aparecia na página de rosto. Quando foi publicado pela primeira vez, alguns leitores críticos sugeriram que eu usava um pseudônimo para evitar assumir a responsabilidade por esse trabalho terrível e ultrajante. Diferentemente do que ocorre no campo da escrita criativa, o uso de um pseudônimo para fazer trabalho acadêmico, crítica social, era considerado inapropriado e inaceitável, uma ação suspeita. Certa editora concordou em publicar o livro se eu não usasse o pseudônimo. Respostas como essas permitiram que alguns críticos pusessem ainda mais valor na identidade pessoal como meio de reforçar suas críticas. Ironicamente, o uso do pseudônimo falhou como estratégia para desviar a atenção para longe da personalidade. Conforme o livro era mais lido, conforme os leitores queriam conhecer mais sobre a autora, conforme eu começava a discutir o trabalho publicamente, eu era sempre questionada sobre a minha opção de usar um pseudônimo. Era desencorajador sobretudo quando aquilo era o assunto principal que a plateia queria discutir depois de uma palestra. E escrevo este ensaio, por um lado, como uma resposta a esses questionamentos.

Dentro dessa sociedade capitalista consumista, o culto da personalidade tem o poder de incluir ideias, de transformar em produto a pessoa, a personalidade, e não o trabalho em si. Estratégias de propaganda e marketing reforçam a ênfase na pessoa como produto. Quando isso é acoplado ao desejo de escritores por reconhecimento, pela consideração da nossa presença, e também do nosso trabalho, ficamos vulneráveis à exploração. É essa área do ego que cria o foco narcisista sobre o eu que pode, como dizia minha avó, levar à perda da alma. Um tempo atrás, ouvi a escritora negra Ann Petry, com seus setenta anos, falando sobre como os cultos da personalidade, especialmente no modo como afetam a vida do escritor, encorajam uma fragmentação do eu que ameaça a capacidade de ser inteiro. Falando sobre o seu próprio sucesso nos anos 1940, ela tratou de como o foco do público em sua vida pessoal começou a obscurecer sua identidade como pensadora e escritora. Foi especialmente emocionante ouvi-la falar sobre como tamanha atenção em sua identidade pessoal naquele momento a fizera sentir como se estivesse deixando pedacinhos de si aqui e ali. Usar o pseudônimo tem sido uma forma de evitar me tornar um "produto". É parte de um esforço contínuo de manter meu bem-estar interno enquanto me envolvo em um processo de partilha pública, tanto através do meu trabalho como da discussão pública.

Usar o pseudônimo não alterou realmente o foco do leitor na identidade do escritor, na personalidade de um autor tanto quanto eu esperava que fosse alterar. Entretanto, de fato levou a uma maior conscientização sobre a relação entre autor, identidade e texto. Mesmo sem informações sobre bell hooks, os leitores frequentemente compartilham comigo a identidade que construíram com base no nome e em como o trabalho é escrito. É interessante para mim chegar a lugares onde bell hooks vai falar e encontrar pessoas esperando que ela apareça — certos de que vai haver alguma coisa sobre a maneira como se apresenta, alguma coisa que o nome e o trabalho tenham sugerido, que permitirá que essas pessoas a reconheçam: como ela é, como vai se portar. Eu sei disso porque muitas pessoas generosamente compartilham suas impressões. Com frequência, mulheres me dizem que imaginavam que bell hooks fosse uma mulher maior com uma voz poderosa. E eu imagino se tais percepções se justificam por imagens estereotipadas de feminilidade negra nas quais a mulher negra assertiva, que fala o que vem à mente, é representada como fisicamente grotesca. Em outras ocasiões, testemunho a decepção de leitores que inventaram uma bell hooks que eu não incorporo, leitores que se sentem desapontados ou até traídos pelo meu nome verdadeiro. A interface entre eu como pessoa real e autora invisível me força a examinar nossas obsessões com a personalidade, com as representações do eu. Um tempo atrás, entrei numa cozinha cheia de mulheres negras esperando para dar as boas-vindas a bell hooks; a primeira impressão foi de surpresa. Eu não era como elas tinham imaginado. Tivemos uma discussão divertida sobre como as pessoas imaginam que eu sou e falamos sobre como enfatizamos excessivamente a aparência das pessoas.

Outro aspecto de usar um pseudônimo é que frequentemente ouço perspectivas sobre o meu trabalho de pessoas que não sabem de início que estão falando com a autora. Às vezes isso é desconcertante e bastante divertido. Como certa vez em que um leitor negro, sentado na casa de um amigo, discutindo intensamente comigo sobre feminismo, disse que eu deveria ler bell hooks. Ou quando me mudei e minha vizinha da porta do lado, ajudando a carregar as tralhas para o apartamento, falou sobre trabalhos feministas e deu uma ótima resenha de *Ain't I a Woman*, encorajando-me a lê-lo. Foi um prazer compartilhar os meus pensamentos sobre esse trabalho com ela. Descrevo esses breves fatos, dentre muitos outros, porque têm sido parte da experiência, do jogo construtivo de que usar um pseudônimo é se envolver em e com. Inevitavelmente, essas interações levantam sérias questões sobre nomear e identidade.

Nomear é um processo sério. É uma preocupação crucial para muitos indivíduos de grupos oprimidos que lutam pela autorrecuperação, pela autodeterminação. É importante para pessoas negras nos Estados Unidos. Pense nos muitos escravizados afro-americanos que se renomearam depois da emancipação, ou no uso de apelidos em comunidades folclóricas tradicionais, onde tais nomes dizem algo específico sobre o portador. Em muitas tradições folclóricas do mundo, como entre os Inuíte e os aborígenes australianos, nomear é uma fonte de empoderamento, um importante gesto no processo de criação. A primazia dada ao ato de nomear é como um gesto que molda e influencia profundamente a construção social do eu. Como em tradições folclóricas afro-americanas do sul dos Estados Unidos, um nome é percebido como uma força que tem o poder de determinar se um indivíduo será ou não completamente autorrealizado, se ela ou ele será capaz ou não de realizar o seu destino, encontrar o seu lugar no mundo.

Para mim, nomear tem a ver com empoderamento — além de ser também uma fonte de tremendo prazer. Eu nomeio tudo — máquina de escrever, carros, a maioria das coisas que uso —, isso me dá alguma coisa. É uma forma de reconhecer a força vital em todo objeto. Frequentemente, os nomes que dou às coisas e às pessoas estão relacionados com o meu passado. São maneiras de preservar e honrar aspectos daquele passado. Falar sobre reconhecimento ancestral dentro das tradições africanas é uma maneira de falar sobre como aprendemos com os povos que podemos nunca ter conhecido, mas que vivem em nós novamente. Nas tradições ocidentais, fala-se sobre esse mesmo processo como inconsciente coletivo, os meios pelos quais herdamos a sabedoria e as maneiras de nossos ancestrais. Conversando sobre nomes com um homem negro idoso, ele me lembrou de que, na nossa tradição folclórica negra do sul, temos a crença de que uma pessoa nunca morre enquanto seu nome for lembrado, chamado. Quando o nome bell hooks é chamado, o espírito da minha bisavó ressuscita.

23.
entrevista

por Yvonne Zylan

Não seria um exagero dizer que Gloria Watkins é motivo de muita controvérsia, crítica, elogio e curiosidade em quase todos os setores da comunidade de Yale. Suas aulas este ano receberam o dobro ou o triplo de matrículas esperadas e sua palestra na Faculdade de Direito, em fevereiro, atraiu tantas pessoas que teve de ser transferida para uma sala maior, ainda incapaz de acomodar a multidão.

Como estudante em sua aula de literatura afro-americana no último semestre, logo aprendi que Gloria não é a típica professora de Yale. Como explica nesta entrevista, ela gosta de desafiar — tanto os outros como a si própria. É esse constante desafio das normas sociais que torna Gloria Watkins uma professora inspiradora, uma autora instigante da teoria feminista radical e um ótimo assunto de conversas na hora do jantar.

O que se segue é uma entrevista que fiz com a Gloria no dia 24 de março, na qual ela fala sobre seus livros, sobre suas visões das "políticas de dominação" e sobre sua palestra na Faculdade de Direito, intitulada "We long to be loved and we long to be free; we long to be free and we long to be loved" [Nós desejamos ser amados e desejamos ser livres; nós desejamos ser livres e desejamos ser amados].

Você mencionou antes que recebeu muitas críticas sobre a ausência de discussão sobre lesbiandade depois de *Ain't I a Woman*...

Bom, acho legítima a crítica para levantar a questão de por que não havia discussão sobre lesbiandade, e isso é realmente complicado. Barbara [Smith] e outras pessoas têm me acusado de homofobia. Eu me lembro de que, quando encontrei Adrienne Rich pela primeira vez, ela disse: "eu não gosto do que você fez com as lésbicas em *Ain't I a Woman*"; e eu respondi: "o que eu fiz?". Havia toda uma percepção de que eu estava sendo homofóbica através do silenciamento. Eu vejo a homofobia como pessoas que sentem medo das pessoas gays e preconceito contra elas. Com certeza o silêncio *pode* ser uma expressão disso. *Ain't I a Woman*, como você sabe, é um livro polêmico. Sou crítica com praticamente todo mundo e, nem preciso dizer, quando as lésbicas apareciam no livro (o que de fato acontecia no manuscrito original), era num contexto crítico, e minha editora naquela época, uma mulher branca lésbica, sentiu que eu deveria dizer coisas mais positivas sobre mulheres lésbicas. Basicamente, eu criticava toda a equivalência de feminismo e lesbiandade, e também levantava a questão sobre se mulheres lésbicas, em certa medida, tinham ou não mais a perder no movimento feminista no sentido de construir uma cultura, construir diferentes lugares de encontro etc. Nossa discordância estava no fato de ela dizer: "eu acho que, se você vai dizer coisas críticas, você deveria dizer algo positivo". Naquele momento, eu estava cansada de escrever. Quer dizer, foram anos de escrita, então eu disse: "não, eu não quero escrever mais nada". Mas disse também: "eu percebo que esta é uma cultura homofóbica", e dizer coisas críticas sobre pessoas gays sem dizer coisas positivas de fato leva você a correr o risco de perpetuar a homofobia. Então tirei todo comentário em que a palavra "gay" ou "lésbica" era utilizada. E aí você tem Cheryl Clarke dizendo sobre mim, em *Home Girls* [Garotas de casa], sabe, "bell hooks é tão homofóbica que nem consegue pronunciar a palavra lésbica". Não coloquei "lésbica" antes dos nomes delas, isso significa que eu as estava silenciando? Eu disse: "quer saber, não coloquei a orientação sexual de *ninguém* antes dos respectivos nomes...". Para mim, esses assuntos são todos tão complexos. Eu acho que tinha diferenças ideológicas reais que meio que ficaram obscurecidas sob uma crítica geral sobre homofobia.

Acha que essa crítica te influenciou quando estava escrevendo *Feminist Theory: From Margin to Center*, porque obviamente há muito mais referência à heteronormatividade e à homofobia e como elas afetam...

Eu acho que uma das coisas com que tive que lidar era que tudo é um processo. Acho que devemos lembrar que comecei a escrever *Ain't I a Woman* com dezenove anos... Escrevi muito em Palo Alto e Wisconsin. E com certeza, no momento em que cheguei a *Feminist Theory*, morando na região de San Francisco, tendo aulas com estudantes predominantemente lésbicas, e vivendo meio período com um casal lésbico em San Francisco, quer dizer, toda minha perspectiva mudou de muitas formas e também se expandiu com todo o processo de aprendizagem e interação, durante o período em que ensinei na Universidade de San Francisco. Eu acho que muitas daquelas experiências deram forma a *Feminist Theory*. Não quero menosprezar o fato de que eu estava profundamente machucada, como alguém que sempre se viu como anti-homofóbica e lutou sempre, dia a dia, contra a homofobia. Eu estava realmente arrasada. Nunca vou me esquecer de que estava bem pra baixo no dia em que fui à livraria e vi *Home Girls* e virei justamente na página onde Cheryl Clarke dizia que eu era muito homofóbica, e comecei a gritar e chorar. Eu me senti muito ferida com o fato de, com base nas análises desse livro, as pessoas começarem simplesmente a fazer essas afirmações incríveis sobre mim, como pessoa... Acho que todos nós precisamos ter realmente cuidado quando saímos colocando rótulos como este com base em algo que outra pessoa escreveu, especialmente em algo como *Ain't I a Woman*, onde o pecado tinha a ver com o que eu não disse, e não com o que eu disse. Por exemplo, nenhuma daquelas pessoas que fizeram essas críticas jamais me ligou e perguntou: "por que você não fez comentários sobre lesbiandade no seu livro?".

Vamos falar um pouco sobre a sua palestra na Faculdade de Direito no mês passado. Houve bastante hostilidade declarada ao final, durante o momento de perguntas e respostas, e parecia haver uma certa quantidade de hostilidade em relação à maneira como você aborda o ensino e o material que está discutindo. Você falou em *Feminist Theory* sobre como, muitas vezes, onde há hostilidade e raiva e lágrimas, isso pode ser uma maneira efetiva de mudar ou ajudar alguém ou a si mesmo a chegar a uma nova perspectiva. Há uma tentativa consciente de sua parte de gerar esse tipo de confronto?

De jeito nenhum. Sempre *há* uma tentativa consciente da minha parte de desafiar. Quer dizer, não há sequer um dia da minha vida em que não estou me criticando e olhando pra mim mesma pra ver se minhas políticas nascem da maneira como vivo e da maneira como falo e me apresento. Acho que umas das melhores leituras de *Ain't I a Woman*, para mim, veio de uma estudante branca de Santa Cruz, uma estudante de pós-graduação, Katie King, que disse que sentiu que eu estava sempre pedindo às pessoas que mudassem seus paradigmas, e sempre que eu pedia às pessoas para mudarem seus paradigmas, elas respondiam com hostilidade. Nunca senti que estava sendo hostil [na palestra da Faculdade de Direito]. Sinto que demonstrei muito poder, e não sinto que demonstrei isso com a intenção de dominar, mas realmente demonstrei. Acho que nós, mulheres, temos muita dificuldade com toda a questão da afirmação do poder. Frequentemente sinto que muito da hostilidade que as pessoas sentem em relação a mim existe porque simplesmente vivemos em um mundo onde as mulheres muitas vezes não afirmam o poder, e as pessoas ficam muito irritadas quando as mulheres fazem isso. Eu sinto que às mulheres, especialmente, não se permite ter um estilo que não seja de cuidado. Com isso quero dizer que pessoas vão aplaudir professores homens que têm estilos excêntricos, mas essas mesmas características numa mulher são submetidas a escrutínio real e crítico. Senti que estava sendo muito aberta, complacente e muito vulnerável na palestra. Eu não fui nada disso no momento de perguntas e respostas. Eu estava cansada e, conforme me cansava, ficava menos disposta a carregar todo o fardo da discussão. Uma das coisas que disse foi que, na maioria dos casos, tentei devolver as perguntas das pessoas para elas mesmas, mas veja lá de novo, a gente trabalha dentro de um paradigma onde palestrantes são muito solidários durante os momentos de perguntas e respostas, muito receptivos, ou dão um ar de receptividade, e eu definitivamente não coloquei nenhum ar de receptividade. Eu fiquei surpresa comigo mesma, pois nunca tinha sentido tal divisão antes, mas acredito que a *palestra* foi muito difícil para mim. Acho que as pessoas realmente não me deram muita folga em termos de dificuldade na conversa sobre dominação masculina num lugar onde as pessoas com certeza não estão conversando sobre dominação masculina todo dia, ou sobre a dificuldade de trabalhar num lugar onde você fala sobre a sua vida pessoal — quantas pessoas aqui tentam integrar experiência pessoal com trabalho teórico e analítico? Poucas. Tudo isso tornou a palestra muito, muito estressante. É interessante que eu disse diversas vezes, mesmo antes da palestra, que estava cansada, mas isso não fez as pessoas mudarem suas expectativas. Fiquei impressionada que a maioria do *feedback* que recebi tenha sido sobre o momento de perguntas e respostas, e não sobre a palestra em si.

Você acredita que, muitas vezes, a maneira como você apresenta algo desvia a atenção do que você está dizendo? É esse o caso?

Sim, eu acho que a gente tem realmente que suspeitar disso: como as pessoas não querem lidar com a dominação masculina, o quanto é conveniente transferir a discussão sobre dominação masculina para uma crítica sobre mim? Recentemente, dei uma palestra num festival de filmes sobre mulheres negras, e foi interessante porque o tema era para ter sido sobre mulheres negras e sobre encontrar uma voz feminina negra. O público e os membros do painel em nenhum momento focaram esses assuntos. Mas isso parece lógico numa cultura onde mulheres negras são a base da hierarquia social e econômica. E então eu tive que dizer às pessoas que elas tinham que tirar um minuto e examinar como a gente estava interagindo lá, porque toda vez que o assunto sobre mulheres negras surgia, a gente mudava para outra coisa. Eu queria que examinássemos qual era a nossa própria dificuldade em realmente falar sobre mulheres negras, em levar a sério a experiência das mulheres negras. Isso acontece muito com questões feministas. As pessoas desviam dessas questões de todas as maneiras.

Você falou em *Ain't I a Woman* e em *Feminist Theory* sobre as pessoas sempre te perguntarem: "o que é mais importante pra uma mulher negra, a questão do racismo ou a questão do machismo?". E você parece pontuar que elas estão interligadas e são igualmente importantes, porém, em alguns dos seus argumentos, há uma noção de primazia das questões do racismo, que é mais endêmico à nossa sociedade, às estruturas que dominam e oprimem as pessoas.

Bom, uma das coisas que eu definitivamente tentei dizer é que temos visto muito mais mudanças estruturais na posição das mulheres, especialmente mulheres brancas e mulheres privilegiadas na nossa cultura, do que podemos dizer sobre raça. Com certeza, a luta feminista não é nem de perto tão velha quanto a luta contra o racismo nesta cultura. Eu acredito que dizer que são de igual importância não contradiz o fato de que há também ocasiões em que uma pode ser mais importante que a outra. Quer dizer, conforme fico mais velha, percebo que assuntos sobre dominação machista e de gênero preocupam muito mais a minha psique, e é porque muitas das coisas com as quais me debati em relação à raça têm se tornado, conforme me estabeleci, menos problemáticas do que questões interpessoais de dominação. E eu acho que a gente deve estar disposta a permitir que, em diferentes momentos da vida, um assunto tenha primazia sobre o outro.

Em *Feminist Theory*, você fala sobre as coisas que são um divisor em termos de "irmandade" e a falsa sensação de união ligada à opressão compartilhada, mas não é essa opressão compartilhada, ou essa percepção de opressão compartilhada, que une as mulheres ao redor do feminismo, em primeiro lugar? Isso não é necessário?

Não parece ser, Yvonne, em termos de mulheres negras e brancas, porque nossas noções de opressão são muito diferentes. Ou, vamos dizer, mulheres brancas e mulheres não brancas. Eu acho que, repito, é uma coisa complexa. Volto a pensar em algumas das sessões que tive semana passada, quando nosso grupo de mulheres negras sentou e conversou sobre coisas diferentes que estavam acontecendo em nossas vidas. Havia um senso de união por causa da similaridade daquelas experiências, mas eu acho que, se tivesse uma mulher branca na sala, o senso daquele compartilhar se modificaria, porque muito do que nós falávamos era influenciado tanto pela opressão de raça quanto de sexo. É claro que se pode encontrar uma base de conexão em experiências compartilhadas e experiências de opressão compartilhadas, mas isso não é um tipo de união que realmente vai transcender raça, classe e linhas étnicas. Eu vejo como uma forma de união que ainda pode existir pra gente, mas acho que a gente tem que insistir numa união sobre comprometimento político com o feminismo. E, vou te dizer, tendo saído de um forte contexto feminista, tanto de experiência de vida quanto de experiência de trabalho, na Califórnia, aqui, quando entro em ambientes não feministas, a diferença é muito grande para mim. Quer dizer, recentemente eu estava num painel com duas mulheres que não eram comprometidas com o feminismo, e isso fez diferença em como lidamos umas com as outras enquanto mulheres, e em como a discussão transcorreu. Para mim, é realmente maravilhoso e lindo me ligar às mulheres por um comprometimento compartilhado ao feminismo — e com os homens também.

Parece que uma coisa que se repete nos seus argumentos é a ideia de que as mulheres brancas burguesas, que estavam envolvidas na organização do feminismo recente, tomando controle etc., envolveram-se no feminismo como um meio de conseguir acesso aos privilégios que só os homens podiam aproveitar no sistema capitalista. Você fala sobre mulheres que estão no poder não fazerem nada diferente com aquele poder, que elas fazem o que os homens fazem... Você acha que isso é uma falha fundamental no feminismo contemporâneo, que foi fundado como um veículo para as mulheres tirarem mais proveito do sistema capitalista?

Eu acho importante as pessoas lerem trabalhos como *The Radical Future of Liberal Feminism* [O futuro radical do feminismo liberal], de Zillah Eisenstein, que tenta documentar o fato de o feminismo ser um movimento liberal e que põe bastante ênfase na reforma. Por exemplo, o movimento dos direitos civis também enfatizou bastante a reforma. E eu acho que tem sido uma tradição que a maioria dos movimentos de reforma sob o capitalismo, exceto o comunismo ou outros movimentos anticapitalistas, tenha tido como intento básico a luta por alguns dos privilégios daqueles que estão no poder. Então, dessa maneira, não enxergo o movimento feminista contemporâneo como único, mas, ao mesmo tempo, eu bem acho que era uma base para um movimento que automaticamente excluiria muitíssimas pessoas. Olhe alguns dos gestos simbólicos que vemos nomeando o começo do movimento: a queima dos sutiãs, protestos contra o concurso Miss América... E se nossos gestos simbólicos fossem mulheres numa fábrica protestando pelas condições de trabalho? Isso teria um impacto muito mais radical na nossa consciência do que a imagem de pessoas queimando sutiãs ou outros gestos simbólicos que vieram a ser vistos pela mídia popular como indicativos da direção do movimento feminista. E ainda que as pessoas digam "bom, nunca foi sobre isso", não importa, pois esses se tornaram os símbolos que o público de massa conhece. De certo modo, se é assim que as pessoas percebem o feminismo, nós ainda temos que lidar com isso. Por que não escolhemos outros símbolos que teriam sido mais relevantes para nós, em termos de intenção política?

Você de fato critica, em *Feminist Theory*, a argumentação de Zillah Eisenstein de que há potencial radical no feminismo liberal. Você acha que não há por causa do tipo de...

Bom, eu acho que não há potencial político em nenhum movimento em que as pessoas imaginam que é possível manter o privilégio de classe sob o capitalismo e ter uma transformação radical. Eu acho que tem muitas coisas úteis no livro de Zillah, mas simplesmente não vejo sustentação nas ideias que ela apresenta, porque, teoricamente, se a análise dela estivesse certa, a gente estaria testemunhando esse avanço radical. E o que estamos testemunhando é justamente o oposto, um retrocesso, um afastamento das questões feministas, e não um empurrão agressivo para o radicalismo, como ela sugere naquele texto.

No seu capítulo "Rethinking the Nature of Work" [Repensando a natureza do trabalho], você falou sobre o fato de não haver nenhum atrativo nessa ideia de mulheres saindo e conseguindo trabalhos para se libertarem — para as mulheres pobres, mulheres não brancas, mulheres de classe baixa. Isso indica que não há nenhum valor em mulheres que não conseguem manter trabalhos remunerados, estabelecendo certa independência econômica? Ou não há nenhum potencial libertário no trabalho, dado o contexto capitalista?

O principal que eu estava tentando dizer é que, para as pessoas que trabalham por salários muito baixos, não existe autossuficiência econômica a ser encontrada no trabalho. O fato é que simplesmente não se ganha o suficiente para se viver, então a noção de que se está de fato trabalhando rumo a algo que te permitirá ter um grau de liberdade de movimento ou liberdade de opções, opções materiais ou outra coisa, não existe para essas pessoas. Não existe a ideia de que o trabalho irá realmente te libertar para ter tempo livre. Vamos dizer que você é casada, você trabalha meio período e se sente oprimida naquele casamento, mas sua renda conjunta com a do seu marido te permite ter tempo; tempo para fazer compras, tempo para caminhar no parque, tempo para ler. O que vai te motivar a querer desistir disso — mesmo que você se sinta oprimida, deprimida ou reprimida nesse casamento — por uma situação em que você vai ter que trabalhar muito mais horas por semana e não ter nenhum tipo de flexibilidade econômica ou flexibilidade de tempo? Havia uma espécie de mentira no fato de que muito da ênfase no trabalho no movimento feminista realmente tinha a ver com carreiras, que são por sua própria natureza muito diferentes do tipo de trabalho que a maioria das pessoas faz. Se você vem para a força de trabalho com um doutorado ou outras habilidades que pode usar, não está falando sobre conseguir um trabalho mal pago de quarenta horas semanais. Na minha própria vida, depois de anos recebendo uma renda muito baixa, porque eu estava trabalhando meio período nos últimos cinco ou seis anos, é excitante [agora] ter uma renda que me dá flexibilidade, com a qual posso enviar algum dinheiro pra casa, fazer uma viagem ou fazer alguma coisa. Esse tipo de trabalho é, eu acho, experimentado como libertário pelas pessoas. Mas com o tipo de trabalho que você faz, onde tem que fazer, e no final do mês ainda não tem dinheiro nenhum, sua vida não mudou de nenhuma maneira significativa, você simplesmente não experimenta isso como libertário. [*Pausa, risos.*] Não esquece de pôr uma risada aqui. [*Mais risadas.*]

Você discute o efeito divisor de classismo, racismo e machismo sobre a solidariedade da mulher, e eu não quero chover no molhado, mas, e o heterossexismo? Parece estar evidentemente ausente...

Bom, agora eu tenho tido muitas discussões sobre isso. Eu sinto que a crítica sobre heterossexismo, para mim, é incluída na noção de machismo. Eu não vejo heterossexismo como uma categoria separada, porque acho que o heterossexismo é definitivamente cria do machismo. É cria da opressão de gênero. Quer dizer, quando penso sobre machismo como um tipo de categoria geral de patriarcado, eu tendo a pensar sobre isso como de fato englobando todos esses subtítulos, como homofobia. Quer dizer, se você quer ter este pequeno mundo onde homens e mulheres se casam como parte de sua visão machista, então acho que a homofobia vai ser necessariamente um dos modos de pensamento que você vai encorajar. Eu tenho discutido com pessoas que realmente sentem que uma coisa simplesmente não abarca a outra. Acho que a gente não tem insistido na realidade de que o heterossexismo é uma dimensão central do que é o machismo.

Mas isso, em suas manifestações específicas, em termos da divisão entre as mulheres, não mereceria alguma menção explícita?

Sim, acho que as argumentações que construí certamente teriam sido fortalecidas falando sobre o que... Eu gosto muito dos termos "identificada como mulher" e "identificado como homem", não em termos indicativos de orientação sexual, mas em termos de quem você põe no centro das suas ações, sua noção de eu, ou o que quer que se tenha. Eu me lembro [em uma das minhas aulas na Califórnia] de que os alunos estavam lamentando que eu não tinha uma identidade lésbica e alguns deles diziam que se sentiam realmente mal porque achavam que uma feminista forte como eu deveria ser lésbica. Betty, a mulher negra lésbica com quem eu morava, dizia: "Gloria é uma mulher que se identifica como mulher cujos interesses afetivos se encontram em um homem". Acho que o sentido geral do sentimento de se importar com *todas* as mulheres, de sempre que você vir uma mulher em dificuldade você sentir algum tipo de senso de unidade, é o que penso quando penso sobre me identificar como mulher. Sempre que estou em círculos não feministas, falando, eu realmente consigo ter noção do que é isso, em termos de mulheres cuidando de mulheres, em termos de mulheres *reconhecendo* mulheres. Nesse congresso ao qual fui recentemente, fiquei surpresa com como as diferentes mulheres membros do painel nunca olhavam umas para as outras. Elas olhavam diretamente para os homens, falavam com os homens e serviam aos interesses dos homens. Se nós todas fôssemos identificadas como mulheres naquela sala [no festival de filmes de mulheres negras], não estaríamos sofrendo com a questão de por que não podíamos pôr mulheres negras no centro do discurso. A noção de que "a verdadeira feminista é uma lésbica" veio de todo esse sentimento sobre o que significa ser identificada como mulher. Como você provavelmente sabe, há muitas mulheres lésbicas que não sentem essa noção de solidariedade política com mulheres.

E você discutiu na sua palestra [na Faculdade de Direito] sobre lésbicas que se vestem como homem e assumem esses acessórios de poder. É essa a mulher identificada como homem?

Bom, eu costumava falar, com bons amigos, sobre essas mulheres, a gente costumava chamá-las de "garotinhas do papai", porque muitas delas eram mulheres que cresceram se identificando com os pais e realmente odiando as mães. Quer dizer, eu conheço uma mulher assim que sempre dizia que não suportava a incapacidade da mãe, seu modelo de poder vinha do pai. E é possível encontrar mulheres assim por aí — elas podem fazer sexo com mulheres, mas muito dos seus bons amigos são homens, e de fato elas sentem uma identificação mais forte com homens do que com mulheres. E, de algum modo, elas se tornam homens honorários, que, como homens, dormem com mulheres, mas que de fato não têm um sentimento de respeito por mulheres em geral, e de fato podem ter um tremendo senso de desprezo com relação a qualquer mulher que não tenha o mesmo estilo de força e determinação. Eu me lembro do período da minha vida em que pensava que queria que as pessoas me levassem mais a sério, como aluna de graduação. Sentia uma necessidade real de, por exemplo, ter cabelo curto e vestir um certo tipo de roupa que não sugerisse sensualidade ou sexualidade. Quer dizer, uma das coisas que eu dizia era que a maioria das roupas masculinas não evoca sexualidade ou sensualidade, especialmente se pensarmos sobre as cores das roupas masculinas. Tome, por exemplo, o terno como um símbolo, um símbolo de vestimenta do poder masculino ou, até mesmo, por exemplo, o tipo de roupa sobre o qual eu estava falando na minha palestra, os uniformes dos homens da classe trabalhadora. Meu pai foi zelador nos correios da nossa cidade por mais de trinta anos e a roupa que ele sempre usava era amarronzada. Não há nenhuma sugestão de sexualidade e sensualidade naquela vestimenta. De certo modo, uma das coisas que sabemos é que é papel da mulher ser sexual e sensual, e é papel do homem, sob o patriarcado e dentro do machismo, conquistar essa sexualidade. Está imbricado como um significado nas roupas que usamos. Sei que quando queria ser levada a sério como pensadora, mulher jovem intelectual, eu sentia a necessidade de meio que destruir os sinais de sensualidade e sexualidade na minha vestimenta. Foi realmente um grande momento para mim (porque você sabe o quanto eu me interesso por moda) quando eu estava na Espanha, em Barcelona, certa noite, uns verões atrás, e os garis estavam lá na rua. Todos eles vestiam uniformes alaranjados brilhantes, e fiquei super empolgada. Eu me lembro, quando criança, de que nunca gostei dos garis porque os via, de algum modo, como pessoas sujas. Um dos muitos artigos que eu quero escrever sobre moda tem a ver com o quanto, nesta cultura, nós meio que fazemos do trabalho a personalidade de uma pessoa. Fiquei feliz quando vi aqueles homens porque pareciam brilhantes, pareciam alegres, pareciam com pessoas para quem você podia olhar. Geralmente, o uniforme deles é meio cinza e amarronzado, e não é algo convidativo, porque não é algo que os separa da tarefa que estão fazendo e nos lembra de sua humanidade e dignidade como pessoas.

Muito da sua análise se volta a como o capitalismo fundamenta sistemas de opressão (me corrija se eu estiver errada), então é uma questão de desmantelar o capitalismo ou é uma questão de desmantelar cada um dos sistemas de opressão?

Bom, sim, eu vou discordar de você. Eu acho que muito da minha análise se volta a uma insistência sobre sistemas interligados de dominação, algo ao qual ocasionalmente me refiro como "políticas de dominação". Acho que o capitalismo é simplesmente uma manifestação dessa política de dominação. Acho que qualquer forma de socialismo que sobrepõe valores materiais a valores humanos pode ser também integrada num sistema de dominação; dessa forma, não acho que o capitalismo é o único mal, que vamos eliminá-lo... Mas com certeza acho que é a parte central deste sistema de dominação que tem que ser desmantelado.

Então, quando você fala sobre uma "política de dominação" que se refere a todos esses sistemas interligados de opressão...

E também se refere à base ideológica que eles compartilham, que é uma crença na dominação e uma crença nas noções de superioridade e inferioridade, componentes de todos esses sistemas. Para mim, é como uma casa, eles compartilham da fundação, mas a fundação é a crença ideológica em torno da qual noções de dominação são construídas. Uma delas, da qual falo muito, durante minhas aulas, é o dualismo metafísico ocidental: toda a noção de bom, mau, maligno, o triunfo do bem sobre o mal e todos esses tipos de noções.

E sobre a pergunta de Matt [Hamabata, professor de sociologia] ao final da sua palestra na Faculdade de Direito: por que os homens deveriam querer mudar, quer dizer, o que eles investem nisso?

Sabe, o que realmente me pegou em relação àquela questão, pensei nisso por dias, é que tantas pessoas expressem essa noção real e inflexível de que os homens nunca vão mudar. Daí pensei: você poderia imaginar o desespero das pessoas negras sob a escravidão se tivessem acreditado que não haveria nada naquele sistema que pudesse mudar, que nada mudaria em relação às pessoas brancas como um grupo, ou como indivíduos? E me parece que uma das minhas frases favoritas, que digo muito, mas que não disse naquela noite porque estava muito cansada, é toda a noção de que "o que não conseguimos imaginar não pode acontecer". Sinto que temos que acreditar que os homens podem mudar, e acredito profundamente que há casos individuais de homens mudando. Não podemos desacreditar dessa realidade insistindo que, para essas pessoas, não há nada a perder, que não há esperança de que possam mudar. Quer dizer, de certo modo, foi muito irônico que o Matthew Hamabata tenha perguntado isso. O próprio fato de um homem como ele ter nascido neste mundo num ambiente favorável à sua identificação com mulheres e com a luta das mulheres pela liberdade, pra mim, é um indicador da possibilidade de mudança.

Bom, e então o Matt continuou a pergunta, depois que você fez a comparação de pessoas brancas terem mudado, e ele disse: "bom, eu não vejo pessoas brancas desistindo do reinado de poder, sério...". Pode haver enormes mudanças, mas o patriarcado capitalista de supremacia branca ainda permanece intacto.

Isso é verdade. Mas não acho que significa que vamos parar de enfrentar o sistema, ou que vamos desistir da esperança de que vá se alterar, ou que vai *ser* alterado, vamos dizer, porque não vai se transformar sozinho. E não acho também que tenhamos que ver a mudança necessariamente como aqueles com privilégio desistindo do privilégio. Pode ser aqueles com privilégio tendo seus privilégios retirados pelas massas de pessoas que não compartilham deles. E certamente vemos isso acontecendo nas lutas revolucionárias ao redor do planeta. Vemos um compromisso por parte das pessoas oprimidas, em lugares como Nicarágua e El Salvador, de lutar e tornar a vida muito diferente e muito difícil para os que têm privilégio e oprimem. Mas a palestra dizia que já há homens que estão sofrendo, e me parece que a transformação feminista poderia ser uma maneira de sair dessa dor.

Agora, se os homens vão ou não adotar essa saída, acho que eu tenderia a me sentir muito negativa em relação a isso. Mas ainda acho que temos que insistir nisso como um espaço e um lugar para mudanças.

24.
mulheres negras e feminismo

No final de 1987, dei uma palestra na Universidade Tufts durante um jantar anual para mulheres negras. Meu tópico foi "Mulheres negras em instituições predominantemente brancas". Eu estava animada com a ideia de falar com tantas jovens mulheres negras, mas fiquei surpresa quando sugeriram que o machismo não era um assunto político de interesse para mulheres negras, que a questão séria era o racismo. Ouço essa resposta muitas vezes, porém, de algum modo, não esperava precisar provar várias vezes que o machismo garante que muitas mulheres negras sejam exploradas e vitimadas. Confrontada por essas jovens mulheres negras, para quem o machismo não era importante, senti que o feminismo tinha falhado em desenvolver uma política que envolvesse mulheres negras. Particularmente, sentia que mulheres negras ativas nas lutas de libertação negra entre os anos 1960 e o começo dos anos 1970, que tinham falado e escrito sobre machismo (lembra da antologia *The Black Women* [As mulheres negras], editada por Toni Cade Bambara?), tinham desapontado nossas irmãs mais novas ao não fazer um esforço político prolongado de modo que mulheres negras (e pessoas negras) tivessem uma compreensão maior do impacto da opressão machista em nossas vidas.

Quando comecei a compartilhar minhas próprias experiências de racismo e machismo, apontando para incidentes (especialmente em relacionamentos com homens negros), um véu foi levantado. De repente, o grupo reconheceu o que tinha sido previamente negado — as maneiras como o machismo nos machuca como mulheres negras. Antes, eu tinha falado sobre como muitas estudantes negras em instituições predominantemente brancas permanecem em silêncio nas aulas, afirmando enfaticamente que nosso progresso nesses lugares requer que tenhamos uma voz, que não fiquemos em silêncio. Na discussão seguinte, mulheres comentaram sobre pais negros que tinham dito a suas filhas que "ninguém quer uma mulher negra que fala alto". O grupo expressou sentimentos ambivalentes sobre falar, sobretudo de assuntos políticos, no ambiente escolar, onde eram frequentemente atacadas ou desamparadas por outras estudantes negras.

Sua relutância anterior em reconhecer o machismo me lembrou de discussões prévias com outros grupos de mulheres sobre o livro e o filme *A cor púrpura*. Nossas discussões quase só focavam em se a representação brutal da dominação machista de uma mulher negra por um homem negro tinha alguma base na realidade. Fiquei chocada com o quão longe as pessoas iam para argumentar que o machismo nas comunidades negras não provocara o abuso e a subjugação de mulheres negras por homens negros. Essa negação feroz tem suas raízes na história da resposta de pessoas negras ao racismo e à supremacia branca. Tradicionalmente, tem sido importante para pessoas negras defender que a escravidão, o *apartheid* e a contínua discriminação não têm prejudicado a humanidade de pessoas negras, que não só a raça tem sido preservada, mas também a sobrevivência das famílias e das comunidades negras, que são o testemunho vivo da nossa vitória. Reconhecer, então, que nossas famílias e comunidades têm sido prejudicadas pelo machismo requereria não somente reconhecer que o racismo não é a única forma de dominação e opressão que nos afeta como povo, mas significaria também desafiar criticamente a suposição de que nossa sobrevivência como povo depende da criação de um clima cultural no qual homens negros possam alcançar a masculinidade em paradigmas construídos pelo patriarcado branco.

Muitas vezes a história da nossa luta como pessoas negras é construída como sinônimo dos esforços de homens negros que têm poder e privilégio patriarcal. Como apontou uma estudante negra: "para redimir a raça, temos que redimir a masculinidade negra". Se tal redenção significa criar uma sociedade na qual homens negros assumem o modelo estereotipado masculino do provedor e chefe de família, então o machismo não é visto como destrutivo, mas como essencial para a promoção e manutenção da família negra. Tragicamente, é nossa aceitação desse modelo que nos impede de reconhecer que a dominação machista do homem negro *não* melhorou nem enriqueceu a vida da família negra. Os aspectos aparentemente positivos do patriarcado (cuidador e provedor) têm sido os mais difíceis de alcançar para as massas de homens negros, e os aspectos negativos (manter o controle através de violência psicológica e física) são praticados diariamente. Até que as pessoas negras redefinam de uma maneira revolucionária não sexista os termos da nossa liberdade, mulheres negras e homens negros serão sempre confrontados com a questão de que apoiar os esforços feministas para acabar com o machismo é contrário aos nossos interesses como povo.

Em seu esclarecedor ensaio "Considering Feminism as a

Model for Social Change" [Considerando o feminismo como um modelo de mudança social], Sheila Radford-Hill faz a relevante crítica de que as mulheres negras que produzem teoria feminista, inclusive eu, enfatizam mais o racismo de mulheres brancas no movimento feminista e a importância da diferença racial do que os meios pelos quais a luta feminista poderia fortalecer e ajudar as comunidades negras. Em parte, a direção do nosso trabalho foi moldada pela natureza da nossa experiência. Não só havia poucas mulheres negras escrevendo teoria feminista, como a maioria de nós não estava vivendo ou trabalhando com comunidades negras. O objetivo de *Ain't I a Woman* não era focar no racismo das mulheres brancas. Seu principal objetivo era estabelecer que o machismo determina fortemente o status social e a experiência de mulheres negras. Não tentei examinar como a luta para acabar com o machismo beneficiaria pessoas negras, mas essa é minha preocupação atual.

Muitas mulheres negras insistem que não se juntam ao movimento feminista porque não conseguem criar laços com mulheres brancas racistas. Se alguém argumenta que há realmente algumas mulheres brancas enfrentando e desafiando o racismo, que estão genuinamente comprometidas com o fim da supremacia branca, é acusado de ser inocente, de não reconhecer a história. A maioria das mulheres negras, ricas e pobres, geralmente tem contato com mulheres brancas no ambiente de trabalho. Nesses ambientes, mulheres negras cooperam com mulheres brancas apesar do racismo. Porém, mulheres negras são relutantes em expressar solidariedade a feministas brancas. A consciência de mulheres negras é moldada pelo racismo internalizado e pelos interesses reacionários de mulheres brancas conforme expressos na cultura popular, tal como em novelas, no mundo da moda branco ou nos cosméticos, que massas de pessoas negras consomem sem rejeitar essa propaganda racista e a desvalorização de mulheres negras.

Imitar mulheres brancas ou se ligar a elas nessas áreas "apolíticas" não é consistentemente questionado ou desafiado. Porém, não conheço uma única mulher negra militante feminista que não seja bombardeada por interrogatórios constantes de outras pessoas negras sobre se ligar a mulheres brancas racistas (como se nos faltasse sagacidade política para determinar se mulheres brancas são racistas, ou quando é de nosso interesse agir em solidariedade a elas).

Às vezes, a insistência no feminismo ser realmente "uma coisa de mulher branca que não tem nada a ver com mulheres negras" mascara a raiva de mulheres negras em relação às mulheres brancas, uma raiva enraizada na relação histórica servidora/servida usada por mulheres brancas para dominar, explorar e oprimir. Muitas mulheres negras compartilham dessa animosidade, que é novamente evocada quando mulheres brancas tentam exercer controle sobre nós. Essa resistência à dominação da mulher branca deve ser separada da recusa da mulher negra de se vincular às mulheres brancas engajadas na luta feminista. Essa recusa está enraizada também em modelos machistas tradicionais: mulheres aprendem a se ver como inimigas, como ameaças, como adversárias. Ver mulheres brancas como competidoras por trabalho, companhia, validação numa cultura que só valoriza grupos seletos de mulheres funciona como uma barreira para se criar laços, mesmo em ambientes onde mulheres brancas radicais não agem de maneira dominadora. Em alguns contextos, banalizar o feminismo tem se tornado uma maneira de mulheres negras superarem mulheres brancas.

Mulheres negras devem separar o feminismo como uma agenda política das mulheres brancas, senão nunca seremos capazes de focar a questão de como o machismo afeta as comunidades negras. Embora haja poucas mulheres negras (eu sou uma) que defendem que nós nos empoderemos usando o termo "feminismo" ao abordar nossas preocupações como mulheres negras, e também nossa preocupação com o bem-estar da comunidade humana global, temos alcançado pouco impacto. Pequenos grupos de teóricas feministas e ativistas negras que usam o termo "feminismo negro" (por exemplo, o Coletivo Combahee River) não têm tido muito sucesso em organizar grupos maiores de mulheres negras, ou em estimular um interesse difundido no movimento feminista. Sua declaração de intenções e seus planos de ação pretendem exclusivamente fazer com que mulheres negras reconheçam a necessidade de formas de separação. Aqui o argumento de que mulheres negras não advogam coletivamente o feminismo por causa da indisposição de se vincular a mulheres brancas racistas parece mais problemático. As questões-chave que servem como barreiras para mulheres negras defenderem políticas feministas são heterossexualidade, o medo de ser vista como traidora dos homens negros ou promotora de ódio aos homens e, como consequência, tornar-se menos desejável para os companheiros masculinos; homofobia (pessoas negras me dizem com frequência que todas as feministas são lésbicas); e atitudes profundamente impregnadas de misoginia umas com as outras, perpetuando pensamentos machistas e competição machista.

Recentemente, conversei com várias mulheres negras sobre por que não estão mais envolvidas no pensamento e no movimento feminista. Muitas falaram sobre o duro tratamento de outras mulheres negras, sobre serem socialmente relegadas ao ostracismo, ou referidas de formas negativas e desrespeitosas em encontros exclusivamente de mulheres ou em congressos sobre questões de gênero. Algumas pessoas comprometidas com políticas feministas descreveram situações em que encontraram apoio de mulheres brancas e resistência de companheiras negras. Uma mulher negra escalada para um painel chegou atrasada e não conseguiu encontrar um lugar para se sentar na sala. Quando entrou, ficou por um tempo em pé, eu a cumprimentei calorosamente do palco e a encorajei a se juntar a mim, pois havia assentos na parte da frente. Ela não só escolheu ficar em pé, como me disse durante o intervalo: "como você ousa me envergonhar me pedindo para ir para a frente?". Seu tom era bastante hostil. Fiquei incomodada por ela ter visto o gesto como uma tentativa de envergonhá-la, em vez de um gesto de reconhecimento. Esse não foi um caso isolado. Há muitas ocasiões em que testemunhamos a incapacidade de mulheres confiarem umas nas outras, quando nos aproximamos umas das outras com suspeita.

Anos atrás, fui a um pequeno simpósio com aproximadamente vinte mulheres negras. Nós organizaríamos um congresso nacional sobre feminismo negro. Vínhamos de várias posições políticas e orientações sexuais. Uma pesquisadora negra bem conhecida, de uma instituição de prestígio, cujo pensamento feminista não era considerado apropriadamente avançado, foi tratada com desprezo e hostilidade. Foi um momento perturbador. Muitas mulheres negras presentes tinham companheiras e parceiras brancas. Entretanto, em relação à questão de se a participação de mulheres brancas seria permitida ou não no congresso, elas foram intransigentes, disseram que deveria ser somente para mulheres negras, e que mulheres brancas sempre tentam nos controlar. Não havia nenhum espaço para o diálogo crítico construtivo. Como podiam confiar que suas companheiras brancas desaprendessem o racismo, não fossem dominadoras, e, nesse contexto, agir como se todas as mulheres brancas fossem nossas inimigas? O congresso nunca aconteceu. Pelo menos uma mulher negra foi embora dessa experiência determinada a nunca participar de uma atividade organizada sobre feministas negras ou qualquer outra feminista. Como grupo, falhamos em criar um ambiente de solidariedade. Os únicos laços estabelecidos foram junto às linhas muito tradicionais entre as pessoas famosas, que falavam mais e mais alto, mais politicamente corretas. E não houve nenhuma tentativa de permitir que mulheres negras com diferentes perspectivas se juntassem.

É nossa responsabilidade coletiva, de cada mulher negra comprometida com o movimento feminista, trabalhar para criar espaços onde mulheres negras, que estão apenas começando a explorar questões feministas, possam fazer isso sem medo de tratamento hostil, julgamentos superficiais, rejeição etc.

Percebi que mais mulheres negras do que nunca estão aparecendo em painéis sobre gênero. Porém, tenho observado, assim como outras pensadoras negras, que essas mulheres muitas vezes veem gênero como um assunto de discurso ou de aumento da visibilidade profissional, não de ação política. Muitas mulheres negras profissionais com formação acadêmica são bastante conservadoras politicamente. Sua perspectiva difere bastante da das nossas antepassadas que eram politicamente perspicazes, assertivas e radicais no trabalho de mudança social.

A práxis feminista é muito moldada por mulheres e homens acadêmicos. Uma vez que não há muitas mulheres negras acadêmicas comprometidas com políticas radicais, especialmente com foco em gênero, não há nenhuma base coletiva na academia para tecer uma política feminista que inclua massas de mulheres negras. Existem muito mais trabalhos de mulheres negras sobre gênero e machismo emergindo de pesquisadoras que fazem crítica literária e de escritoras de ficção e teatro do que de mulheres nas áreas de história, sociologia e ciência política. Ainda que isso não invalide o comprometimento com políticas radicais, na literatura é mais fácil separar o trabalho acadêmico de interesses políticos. Ao mesmo tempo, se acadêmicas negras não estão comprometidas com uma ética feminista, com uma conscientização feminista, elas acabam organizando congressos nos quais as interações sociais espelham normas machistas, incluindo as maneiras como mulheres negras consideram umas às outras. Para aquela mulher iniciante que chega para ver e aprender como deve ser o feminismo centrado na mulher negra, isso pode ser uma grande desilusão.

Muitas vezes, nesses contextos, a palavra "feminismo" é evocada negativamente, embora questões de machismo e gênero sejam discutidas. Ouço acadêmicas negras reivindicando o termo "mulherista" ao passo que rejeitam "feminista". Não acho que Alice Walker pretendia que esse termo se desviasse do comprometimento feminista, entretanto é assim que ele é frequentemente evocado. Walker define mulherista como uma feminista negra ou feminista não branca. Quando ouço mulheres negras usando o termo mulherista, é em oposição ao termo feminista, visto como constituindo algo separado da política feminista formada por mulheres brancas. Para mim, o termo mulherista não está suficientemente vinculado a uma tradição de comprometimento político radical de luta e mudança. Como seria uma política mulherista? Se é um termo para feministas negras, então por que aquelas que o aceitam rejeitam o outro?

Radford-Hill esclarece esse ponto:

> Nem todas as feministas negras praticam ou acreditam no feminismo negro. Muitas veem o feminismo negro como uma depreciação vulgar do objetivo da solidariedade feminina. Outras de nós, inclusive eu, vemos o feminismo negro como um passo necessário em direção ao fim do racismo e do machismo, dada a natureza da opressão de gênero e a magnitude da resistência da sociedade à justiça racial.

Eu acredito que as mulheres deveriam pensar menos no feminismo como uma identidade e mais em termos de "advogar o feminismo", movendo-se da ênfase nas questões de estilo de vida pessoal em direção à criação de paradigmas políticos e modelos radicais de mudança social que enfatizem tanto a mudança coletiva quanto a individual. Por essa razão, não me chamo de feminista negra. Mulheres negras devem continuar a insistir no nosso direito de participar da formação de teoria e prática feministas que incluam nossas preocupações raciais e nossas questões feministas. A pesquisa feminista atual pode ser relevante para as mulheres negras formularem análises críticas de questões de gênero sobre pessoas negras, particularmente o trabalho feminista sobre parentalidade. (Quando li Dorothy Dinnerstein pela primeira vez, foi interessante pensar sobre o trabalho dela em termos de relacionamentos entre mãe e filho negros).

As mulheres negras precisam construir um modelo inclusivo de teorização e pesquisa feminista que amplie nossas opções, que melhore nossa compreensão sobre a experiência negra e de gênero. Significativamente, a tarefa mais básica que feministas negras (independentemente dos termos que usamos para nos identificar) devem confrontar é educar umas as outras e também as pessoas negras sobre machismo, sobre como enfrentar o machismo. Isso pode empoderar as mulheres negras, em um processo que torna o compartilhamento de uma visão feminista mais difícil. Radford-Hill identifica "a crise da feminilidade negra" como um sério problema que deve ser considerado politicamente, e afirma que "a dimensão do quanto feministas negras podem articular e resolver a crise da feminilidade negra é a dimensão da transformação feminista pela qual as mulheres negras passarão".

As mulheres negras devemos identificar como o pensamento e a prática feministas podem auxiliar nosso processo de autorrecuperação, e compartilhar esse conhecimento com nossas irmãs. Essa é a base sobre a qual construir solidariedade política. Quando essa base existir, mulheres negras estarão completamente engajadas no movimento feminista que transforma o eu, a comunidade e a sociedade.

bibliografia selecionada

ANZALDÚA, Gloria. *Borderlands: La Frontera*. San Francisco: Spinsters, 1987.

APTHEKER, Bettina. *Woman's Legacy: Essays on Race, Sex and Class*. Amherst: University of Massachusetts Press, 1982.

ARGUETA, Manlio. *One Day of Life.* Nova York: Vintage, 1983.

BAMBARA, Toni Cade (org.). *The Black Woman.* Nova York: New American Library, 1970.

______. *The Salteaters.* Nova York: Random House, 1980.

BELL, Derrick. *And We Are Not Saved: The Elusive Quest for Racial Justice*. Nova York: Basic Book, 1987.

BREITMAN, George. *The Last Year of Malcolm X: The Evolution of a Revolutionary*. Nova York: Pathfinder, 1970.

BROOKS, Gwendolyn. *Maud Martha.* Nova York: AMS Press, 1974.

BUNCH, Charlotte et al. *Building Feminist Theory: Essays from Quest*. Nova York: Longman, 1981.

______. *Passionate Politics.* Nova York: St. Martin's, 1987.

BUNCH, Charlotte; MYRON, Nancy. *Class and Feminism.* Baltimore: Diana, 1974.

CAGAN, Leslie. "Talking Disarmament", em *South End Press News*, v. 2, n. 2, pp. 1-7. Boston: South End Press, 1983.

EISENSTEIN, Zillah. *The Radical Future of Liberal Feminism.* Nova York: Longman, 1981.

FREIRE, Paulo. *Pedagogy of the Oppressed.* Nova York: Herder and Herden, 1970. [Ed. bras.: *Pedagogia do oprimido*. Rio de Janeiro: Paz e Terra, 1987.]

FRYE, Marilyn. *The Politics of Reality: Essays in Feminist Theory*. Trumansburg: Crossing, 1983.

HAUG, Frigga. *Female Sexualization: A Collective Work of Memory*. Londres: Verso, 1987.

HEMINGWAY, Ernest. *The Sun Also Rises.* Nova York: Scribner, 1970. [Ed. bras.: *O sol também se levanta.* Trad. de Berenice Xavier. Rio de Janeiro: Bertrand Brasil, 2014.]

HERESIES: Racism is the Issue. n. 15. Nova York, 1982.

HODGE, John (org.). *Cultural Bases of Racism and Group Oppression.* Berkeley: Two Readers, 1975.

IRIGARAY, Luce. *Speculum of the Other Women.* Ithaca: Cornell University Press, 1985.

JOHNSON, James Weldon. *The Book of American Negro Poetry.* Nova York: Harcourt, Brace and Co., 1958.

KOEN, Susan et al. *Ain't Nowhere We Can Run: A Handbook for Women on the Nuclear Mentality*. Norwich: WAND, 1980.

KRISTEVA, Julia. *Desire in Language.* Nova York: Columbia University Press, 1980.

LORDE, Audre. *Sister Outsider.* Trumansburg: Crossing, 1984.

MELLEN, Joan. *Women and Their Sexuality in the New Film.* Londres: David-Poynter, 1974.

MORRISON, Toni. *The Bluest Eye.* Nova York: Holt, Rinehart and Winston, 1970. [Ed. bras.: *O olho mais azul.* Trad. de Manoel Paulo Ferreira. São Paulo: Companhia das Letras, 2003.]

______. *Sula.* Nova York: Knopf, 1973.

NAYLOR, Gloria. *The Women of Brewster Place.* Nova York: Penguin, 1982.

PARTNOY, Alicia. *The Little School: Tales of Disappearance and Survival in Argentina*. Pittsburgh: Cleis, 1986.

PETRY, Ann. *The Street.* Nova York: Pyramid, 1946.

RODRIGUEZ, Richard. *Hunger of Memory.* Boston: David Godine, 1982.

RUDDICK, Sara. *Working It Out.* Nova York: Pantheon, 1977.

RUSS, Joanna. *How to Suppress Women's Writing.* Austin: University of Texas Press, 1983.

SERTIMA, Ivan van. *They Came Before Columbus.* Nova York: Random House, 1976.

SMITH, Barbara (org.). *Home Girls.* Nova York: Kitchen Table/Women of Color, 1983.

STACK, Carol. *All Our Kin.* Nova York: Harper & Row, 1974.

WALKER, Alice. *The Color Purple.* Nova York: Washington Square Press, 1982. [Ed. bras.: *A cor púrpura*. Trad. de Betúlia Machado, Maria José Silveira e Peg Bodelson. Rio de Janeiro: José Olympio, 2016.]

WALKER, Lenore. *The Battered Woman.* Nova York: Harper & Row, 1979.

WOMEN and the New World. Philadelphia: Pacesetters, 1976.

X, Malcolm. *The Autobiography of Malcolm X.* Nova York: Grove, 1964.

Foto: Shea Carmen Swan / New School News

bell hooks nasceu em 1952, em Hopkinsville, então uma pequena cidade segregada do Kentucky, no Sul dos Estados Unidos, e morreu em 2021, em Berea, também no Kentucky, aos 69 anos, depois de uma prolífica carreira como professora, escritora e intelectual pública. Batizada como Gloria Jean Watkins, adotou o pseudônimo pelo qual ficou conhecida em homenagem à bisavó, Bell Blair Hooks, "uma mulher de língua afiada, que falava o que vinha à cabeça, que não tinha medo de erguer a voz". Como estudante, passou pelas universidades de Stanford, Wisconsin e da Califórnia, e lecionou nas universidades Yale, do Sul da Califórnia, no Oberlin College e na New School, entre outras. Em 2014, fundou o bell hooks Institute. É autora de mais de trinta obras sobre questões de raça, gênero e classe, educação, crítica cultural e amor, além de poesia e livros infantis, das quais a Elefante já publicou *Olhares negros* e *Anseios*, em 2019; *Ensinando pensamento crítico*, em 2020; *Tudo sobre o amor* e *Ensinando comunidade*, em 2021; *A gente é da hora*, *Escrever além da raça* e *Pertencimento*, em 2022.

Primeira edição, maio de 2019
Quarta reimpressão, maio de 2023
São Paulo, Brasil

Título original:
Talking Back: Thinking Feminist, Thinking Black, bell hooks

Dados Internacionais de Catalogação na Publicação (CIP)
Angélica Ilacqua CRB-8/7057

---

hooks, bell, 1952-2021
Erguer a voz: pensar como feminista, pensar como negra / bell hooks; tradução de Cátia Bocaiuva Maringolo. São Paulo: Elefante, 2019.
384 p.

ISBN 978-85-93115-25-7
Título original: Talking Back: Thinking Feminist, Thinking Black

1. Negras 2. Feminismo 3. Racismo 4. hooks, bell, 1952-2021
I. Título II. Maringolo, Cátia Bocaiuva

19-0516 CDD 305.48896073

Índices para catálogo sistemático:
1. Negras: Feminismo

---

elefante

editoraelefante.com.br
contato@editoraelefante.com.br
fb.com/editoraelefante
@editoraelefante

Aline Tieme [vendas]
Katlen Rodrigues [mídia]
Leandro Melito [redes]
Samanta Marinho [financeiro]

fontes H.H. Samuel e Calluna
papéis Cartão 250 g/m² & Pólen natural 70 g/m²
impressão BMF Gráfica